中国博士后科学基金第72批面上项目（2022M721671）

国际人才流入
对中国技术进步的
影响研究

谷媛媛◎著

中国社会科学出版社

图书在版编目（CIP）数据

国际人才流入对中国技术进步的影响研究/谷媛媛著 . —北京：
中国社会科学出版社，2023.6
ISBN 978-7-5227-2101-9

Ⅰ . ①国… Ⅱ . ①谷… Ⅲ . ①人才引进—影响—技术进步—
研究—中国 Ⅳ . ①F121.25

中国国家版本馆 CIP 数据核字（2023）第 112727 号

出 版 人	赵剑英	
责任编辑	任睿明	刘晓红
责任校对	周晓东	
责任印制	戴 宽	

出 版	中国社会科学出版社	
社 址	北京鼓楼西大街甲 158 号	
邮 编	100720	
网 址	http://www.csspw.cn	
发 行 部	010-84083685	
门 市 部	010-84029450	
经 销	新华书店及其他书店	

印 刷	北京君升印刷有限公司
装 订	廊坊市广阳区广增装订厂
版 次	2023 年 6 月第 1 版
印 次	2023 年 6 月第 1 次印刷

开 本	710×1000 1/16
印 张	14.75
插 页	2
字 数	218 千字
定 价	79.00 元

凡购买中国社会科学出版社图书，如有质量问题请与本社营销中心联系调换
电话：010-84083683

序

  只要对近代科学发展史稍有了解的人都清楚，从近代科学诞生起直至 20 世纪 30 年代初，世界科学研究的中心一直都在欧洲。例如，德国哥廷根大学从 19 世纪末至 20 世纪 30 年代一直是世界数学研究中心，丹麦哥本哈根大学则是 20 世纪二三十年代全世界的量子力学研究中心。但自 20 世纪 30 年代中期，世界科学研究中心则开始转移到美国（约瑟夫·本戴维，1988）。美国成为世界科学中心，固然是由于当时其强大的经济实力及以后其政府对科研的高度重视和大规模投入，而发生这种转移不可忽视的因素则是一批顶尖的科学人才的流入。1933 年德国希特勒上台后，掀起疯狂的种族主义与排犹风潮，后又挑起第二次世界大战。欧洲许多科学家在法西斯迫害下，纷纷背井离乡，很多人移居到远离战火的美国。例如，当时哥廷根大学希尔伯特学派的数学家库朗、勒维、冯·诺伊曼、诺特、外尔等都因是犹太人而不得不逃离德国而到了美国，这使美国意外获得了"无可估量的财宝"。外尔应聘为普林斯顿高等研究院教授，他像"磁石一样吸引大批数学家来到普林斯顿"，使普林斯顿取代哥廷根成为世界数学中心；而库朗则在纽约大学创建了数学与力学研究所（后更名为"库朗应用数学研究所"）①。著名物理学家爱因斯坦也是在这样的背景下移居到美国的。1932 年 12 月，他到美国加州理工学院讲学；1933 年 1 月 30 日纳粹上台，爱因斯坦即于 3 月 10 日在帕萨那（加州理工学院所在地）发表不回德国的声明，并于 4 月宣布辞去普鲁士科学院职

---

  ① 百度百科："戴维·希尔伯特"，http：//baike. baidu. com/ithttps：//baike. baidu. com/item/.

1

务；后定居于普林斯顿，应聘为该校高等学术研究院教授（许良伟，1979）。

世界科学研究中心的转移，不仅印证了科学技术是第一生产力，也表明人才是第一资源。谷媛媛的这本专著基于这样的基本原理，针对当前经济全球化和高等教育国际化的趋势，结合中国现代化的历史进程和现实需要，提出了国际人才的流入对一个国家的技术进步究竟有何影响的问题。比起顶尖科学人才的流向对世界科学中心的转移有何影响的问题来，这一问题其实更具普遍性和一般性，也会涉及更广泛多样的因素。

从教育经济学的角度来看，国际人才的流入，必然影响到流入国的人力资本积累，这无疑是影响技术进步的重要因素。然而，本著作并不局限于此，还根据经济全球化的特点和充分考虑到文化因素，从国际人才流入与外商直接投资和对外直接投资的关系，从国际人才流入与多元文化创新的关系等方面更深入、全面地探讨了其对技术进步的影响。

细想一下，后三者与国际人才流入的相关性实际上是有迹可循、顺理成章的。外商直接投资量和对外直接投资量都是经济全球化时代一个国家经济国际化程度的重要指标，一方面，它们与技术进步程度密切关联，某领域产品外商直接投资量的增长一般都会带来该领域产品技术程度的提高；而某领域产品对外直接投资量的增长，也总需要基于该领域产品技术程度的较高水平；另一方面，它们与国际人才的流入量也相互影响，外商直接投资量和对外直接投资量的增长总会伴随着国际人才的更多流入。而国际人才的流入在一定程度上会导致多元文化的交融和碰撞而产生新视角、新思想，以致促进技术创新，在道理上则似乎是不言而喻的。

在理论上从以上四方面说清国际人才流入如何影响技术进步也许并不很难，但要以实际数据测算或验证国际人才流入究竟在多大程度上促进了人力资本的积累以及外商投资和对外直接投资却是极其困难的。限于数据的可获得性，作者仅选择了国际留学生为研究对象以替代流入国际人才。

这种替代无疑有不足之处，但又有一定的合理性。时过境迁，与前述 20 世纪 30 年代那种政治避难性质的国际人才流入完全不同，第二次世界大战后，和平与发展成为时代主流，随着高等教育国际化的进程，留学成为国际人才流入极为重要的渠道。据有关媒体报道，2020 年和 2021 年，在美外国留学生总数超过 120 万人，其中加州就有 20 万余人。[①] 而这些留学生学成后相当多的一部分都选择留美工作。

我国虽然仍是发展中国家，但近年来，随着经济的发展和国力的不断增强以及教育和科技水平的不断提高，中国大学对国外学生群体的吸引力也在不断上升。据国家教育部发布的有关数据，2017 年有 48.92 万名国际学生正在中国大学求学。而 2018 年则增加到 49.22 万名，可以说中国已成为国际学生留学的主要目的地国家之一。虽然低于某些发达国家留学生最终留下的比例，但在中国的国际学生也有不少希望留在中国工作，而且在中国学习期间可通过兼职参与到企业生产活动中；同时国际学生来源地的分布与投资外商和我国对外直接投资的地域分布也都有关联。这些因素都会涉及国际学生与技术进步的关系。

在描述和分析近年来我国大学中国际学生数量和各方面结构变化数据的基础上，本书作者利用收集到的有关数据和运用适当的数学模型，分别检验了国际人才流入促进人力资本积累、促进外商直接投资和促进对外直接投资的影响效应。在检验国际人才流入对人力资本积累的影响效应时，作者得出了国际人才流入总体上可以显著促进地区人力资本的总量积累，但对我国东部和中西部人力资本的人均存量（密集度）的影响却有所差异，对中西部显著促进了人力资本人均存量的提升，对东部却并无明显影响。这种差异不难理解，因为东部地区本来教育就相对较发达，这些年来，由于东中西部的经济差距带来的"孔雀东南飞"又使人才较多地向东部聚集，而来华留学教育学历

---

① 百家号：《2021 年在美外国留学生数量下降，中国留学生较 2020 年减少 8%》，https：//baijiahao.baidu.com/s? id=1729503051663658936&wfr=spider&for=pc.

生及高层次学生比例较低，并不足以影响其人力资本的人均存量。在验证国际人才流入与外商直接投资（FDI）的影响效应时，作者得出的结论是：国际人才流入不仅与地区 FDI 水平显著正相关，而且与企业经营环境以及地理集聚水平之间存在某种替代效应，即其能在一定程度上弥补由于企业经营环境的缺失和地理集聚水平的低下所带来的负面影响。而通过验证国际人才流入对对外直接投资（OFDI）的影响效应，得到的结果则是，国际人才流入能有效促进 OFDI，但这种促进作用会随着国际人才流入的规模大小以及东道国地理距离远近而变化：当人才流入规模较大时，在投资风险规避效应下，对 OFDI 的促进作用更有效；当地理距离较近时，由于人才交流产生的文化壁垒降低效应，对 OFDI 的促进作用也更明显；但当人才流入规模较小或地理距离较大时，国际人才流入对 OFDI 的促进机制可能会失灵。实证检验所得出的这些结论，具有一定的可靠性，也是本书的独到之处。

在验证了国际人才流入在上述三方面的影响效应后，作者又进一步对国际人才流入对中国全要素生产率和中国城市层面创新的影响进行了实证研究。这里，作者以全要素生产率变化指数（TFP）、技术进步变化指数（TECH）、技术效率变化指数（EFF），以及京津冀城市群、长三角城市群、成渝城市群、长江中游城市群、中原城市群和关中平原城市群六大城市群的城市创新力指数（Innov）为研究的被解释变量，以国际人才流入量为解释变量，同时分别选择若干相关的控制变量，包括各省市的专利申请水平、国有企业改革水平、外商直接投资水平、对外开放程度、基础设施状况、人均教育支出和各城市的经济发展水平、人力资本水平、人口规模、固定资产投资水平、第二产业占比等，而后通过历年相关数据和回归解析，计算出解释变量的变化对被解释变量的影响参数。结果显示，国际人才流入规模每增加 1%，全要素生产率变化指数将增加 0.000055，技术效率变化指数将增加 0.000047，但对技术进步变化指数并无显著影响；而国际人才流入规模每增加 100 单位，城市创新力指数将增加 0.0657。

虽然计算结果的表述只是寥寥数语和几个简单的数字，但"看似寻常最奇崛，成如容易却艰辛"，仅仅是庞杂的初始数据的采集和输入，就需要花费大量的时间，即便有现成和便捷的计算工具，为提高计算精度而需要进行的繁复校验，也需要耗费难以低估的工作量。

也许，由于预设回归方程与因变量和诸多自变量之真实函数关系间的误差以及初始数据精确程度的限制，这里所获最终结果在其他情形下或许难以完全复制或重现，不像某些定性描述那样具有确定性而不容置疑，这其实也是社会科学领域不少量化研究难以避免的困难和尴尬处境。但在社会科学研究中，要开辟走向真理的通道，就需要不断寻找这种潜在的可否证性，而能够不惧困难提供这种具有潜在可否证性的结果，无疑是极可贵的一次科学尝试，因为探索真理的过程，常常会是不断试错的过程。

基于上述对于国际人才流入对技术进步影响全面深入的分析，本书最后在三个层面提出了有关政策建议，即在国家层面，要制定国际人才战略，降低人才流动壁垒；在地方层面，要配套人才优惠政策，注重城市品牌建设；在高校层面，要提升大学国际声誉，优化人才培养模式。这些建议无疑是有利于进一步完善我国吸引国际人才的相关制度和更好地促进技术进步的。

总的来说，这本书在国际人才流入与技术进步的关系上，做出了不少新的探讨、新的尝试，可以进一步补充和增新我们对这一问题的认识，也有利于我们更充分认识高等教育国际化的重要意义；从这两点来看，都是值得相关研究者和实际工作者一读的。

南京大学教授　冒荣

2023 年 2 月 6 日

摘　要

随着经济全球化的不断深入，大量的国际移民和频繁的人才跨国流动已经成为当今世界经济发展的重要现象之一。根据 UNDESA 的相关统计数据，国际移民的数量从 20 世纪 70 年代的 8446 万人增加至 2017 年的 2.57 亿人。然而，国际移民的主要目的国均为高收入国家，2017 年发达经济体的移民数量占国际移民总数的 63.8%，绝对数量达 1.64 亿人。其中，技术移民既是国际移民中最重要的形式之一，又是东道国最看重的移民群体；这类移民通常是根据申请者的学历程度、专业背景以及语言能力等多方面综合实力来申请移民。以澳大利亚为例，2017—2018 财年，澳洲政府共发放 16.24 万个永久居民名额，其中 11.09 万个为技术移民，技术移民占总名额将近 70%。由此可见，高素质的人力资本已成为世界各国经济发展与技术进步的最重要要素之一，更是各国竞相争夺的宝贵资源。技术进步与创新是一国经济持续发展的动力和源泉。改革开放 40 多年来，我国经济的高速发展在很大程度上依赖于劳动力和资源环境的低成本优势，随着我国经济进入新常态发展阶段，加快实现由低成本优势向技术创新优势的转换是我国经济持续发展的重要推动力量。2012 年党的十八大明确提出了创新驱动发展战略，2016 年 5 月，中共中央、国务院进一步发布《国家创新驱动发展战略纲要》，技术创新的重要性不言而喻。关于技术进步和经济增长动力机制，国内外学者进行了广泛而深入的探讨，其中既有涉及物质资本等传统要素投入的讨论，又有对高技术人才、研发等高素质要素的关注。由于技术的进步与创新更加依赖于人的能动性，因此人才才是最关键的要素之一。

Solow 指出，技术进步是指生产函数任意一种形式的变动，技术进步主要包括技术创新和技术效率两个方面，经济组织的变化、劳动力人

1

力资本存量的提升以及促使生产函数变化的各项因素均可纳入"技术变化",而创新则更加偏向于新技术和新方法的发明。一方面,对于技术水平相对较低的发展中国家和地区来说,利用发达国家的技术溢出是促进本国技术进步的重要途径之一;另一方面,创新是技术进步的核心动力,技术进步在很大程度上也取决于本国的创新水平。已有研究表明,国际知识溢出的渠道主要包括人力资本流动、外商直接投资、对外直接投资、国际贸易、专利的引用等;与此同时,关于移民与创新方面的研究发现,在东道国经济中产生更大的文化多样性是移民促进创新的一条重要机制。首先,本书从理论层面剖析和阐释国际人才流入促进中国技术进步的四条重要机制,即国际人才流入与人力资本累积、国际人才流入与外商直接投资、国际人才流入与对外直接投资以及国际人才流入与多元文化创新;其次,本书在基于留学视角对我国国际人才流入的现状进行分析的基础上,依次检验了国际人才流入对我国人力资本积累、外商直接投资以及对外直接投资的促进效应;最后,本书通过实证分析深入探讨了国际人才流入对我国全要素生产率和城市层面创新能力的影响。本书得到的主要结论如下:

关于机制检验部分的研究发现:①国际人才流入规模的增加可以显著地促进地区人力资本的积累,但这种促进作用存在一定的区域差异,即在东部地区,该促进作用并不明显,在中部地区,除政府奖学金留学生以外,国际人才流入对人力资本积累均有显著的促进作用,在西部地区,国际人才流入对人力资本积累的促进作用主要体现在学历留学生上。②国际人才流入能够显著促进地区外商直接投资水平的提高,同时还能够通过降低企业经营环境缺失和地理集聚水平低下的负面影响间接促进 FDI 水平的提升;此外,国际人才流入对 FDI 区位分布的影响在不同的经济区域存在一定的差异,即对长三角地区并无显著的促进作用,但对环渤海地区以及西部地区的影响则较为显著。③国际人才流入能够有效推动中国对外直接投资,但这种促进作用会随着国际人才流入的规模大小以及东道国地理距离的远近发生变化;当人才流入规模较大时,通过网络效应产生的投资风险规避效应会更加显著,因此对 OFDI 的促进作用更有效;当地理距离较近时,人才交流产生的文化壁垒降低效应会更加显著，因此对 OFDI 的促进作用更有效；而当人才流入规模较小或地理距离较大时，国际人才流入对OFDI 的促进机制可能会失灵。

关于国际人才流入对中国全要素生产率和城市层面创新能力影响的研究发现：①国际人才流入规模能够显著促进地区全要素生产率的提升，这种促进作用主要体现在全要素生产率变化指数和技术进步变化指数上，对技术效率变化指数则没有显著影响。进一步研究发现，国际人才对全要素生产率的促进效应更多地来自非学历留学生和自筹经费留学生人才。此外，通过选择外商投资水平和市场化程度作为门槛变量进一步构建门槛回归模型分析发现，外商直接投资对全要素生产率的影响呈现单一门槛特征，市场化程度对全要素生产率的影响则呈现出双门槛特征。②国际人才流入对城市创新能力的提升存在显著的促进作用，但对不同规模城市的影响存在显著的差异，即对超大城市的创新能力存在显著的促进作用，而对特大城市和大城市的创新能力没有显著的影响；同时，国际人才流入对处于不同城市群的城市创新能力影响也存在差异，即对京津冀城市群、成渝城市群以及中原城市群的城市创新能力存在显著的促进作用，而对长三角城市群、长江中游城市群以及关中平原城市群地区的影响并不显著；进一步引入空间计量模型分析发现，城市间创新能力存在内生交互效应，即一个城市的创新指数受到其邻近城市创新指数的影响，且国际人才流入规模能够显著促进本城市的创新能力，但对邻近城市却存在一定的负面影响；此外，选择高等教育水平、城市地理面积、基础设施水平以及城市蔓延指数作为门槛变量，进行门槛效应检验分析发现，国际人才流入对城市创新能力的影响的确存在显著的门槛效应，并且在门槛效应模型下的拟合度比线性估计更优。

本书基于我国目前国际人才流入的现状，同时借鉴主要发达国家吸引国际人才和推动技术进步的宝贵经验，将"他山之石"与我国国际人才流入现状相结合，分别从国家层面、地方层面以及高校层面提出切实可行的吸引国际人才的政策建议。

关键词：留学视角；国际人才流入；机制；技术进步；创新

目　录

第一章

绪　论

随着我国经济进入新常态发展阶段，加快实现由低成本优势向技术创新优势的转换是我国经济持续发展的重要推动力量。技术进步与创新是一国经济持续发展的动力和源泉，近年来携带着新技术、新思想和具有较强创造力的国际人才流入是值得关注的一个重要现象。本章作为研究的绪论部分，主要介绍本书的选题背景与研究意义、研究方法与技术路线、全书的整体结构以及本书可能的创新与不足之处，从总体上把握本书的研究思路和研究方法。

第一节　问题的提出

随着经济全球化的不断深入，大量的国际移民和频繁的人才跨国流动已经成为当今世界经济发展的重要现象之一。根据 UNDESA 的相关统计数据，国际移民的数量从 20 世纪 70 年代的 8446 万人增加至 2017 年的 2.57 亿人。然而，国际移民的主要目的国均为高收入国家，2017 年发达经济体的移民数量占国际移民总数的 63.8%，绝对数量达 1.64 亿人。[①] 其中，技术移民是国际移民中最重要的形式之一，也是东道国最看重的移民群体；这类移民通常是根据申请者的学历程度、专业背景以及语言能力等多方面综合实力来申请移民。以澳大利

---

① International Organization for Migration, *World Migration Report 2018.*

亚为例，2017—2018 财年，澳洲政府共发放 16.24 万个永久居民名额，其中 11.09 万个为技术移民，技术移民占总名额将近 70%。由此可见，高素质的人力资本已成为世界各国经济发展与技术进步的要素之一，更是各国竞相争夺的宝贵资源。

技术进步与创新是一国经济持续发展的动力和源泉。改革开放 40 多年来，我国经济的高速发展在很大程度上依赖劳动力和资源环境的低成本优势，随着我国经济进入新常态发展阶段，加快实现由低成本优势向技术创新优势的转换是我国经济持续发展的重要推动力量。2012 年党的十八大明确提出了创新驱动发展战略，2016 年 5 月，中共中央、国务院进一步发布《国家创新驱动发展战略纲要》，技术创新的重要性不言而喻。关于技术进步和经济增长动力机制，国内外的学者进行了广泛而深入的探讨，其中既有涉及物质资本等传统要素投入的讨论，又有对高级人才、科学技术、研发等高素质要素的关注，如 More（1985）指出，技术的进步与创新更加依赖人的能动性，人才才是最关键的要素之一。

为了吸引更多的国际人才来中国工作，中国政府也一直在不断地完成已有的人才配套制度。如 2008 年中央开始启动引进海外高层次人才的"千人计划"，随着《国家中长期人才规划纲要》等政策的颁布以及相关地方政策的不断完善，有效地推动了大量国际人才来华工作，据相关统计，2015 年境外来中国工作的专家达到 62.35 万人；同时政府出台了大量鼓励中国留学生回归创业的优惠政策，2015 年中国海外留学归国人员 40.91 万人，据统计，目前归国留学生中，博士毕业生和硕士毕业生大约各占 11.09% 和 81.45%。在过去的 40 多年，海外留学生人数急剧上升，从 1975 年全球 80 万人上升至 2017 年的 530 万人，增长了 5 倍多，在各类来华国际人才中，国际留学生也是中国吸引国际人才的重要群体。对我国而言，"留学经济"也正迅速发展。留学生与"家乡"之间保持着紧密的联系，这为我国经济长期发展提供了良好的契机，并从以下三个方面促进经济增长：一是双向贸易推动效应（Anderson and Douglas，2002；Berkowitz et al.，2006）；二是内需拉动效应（Krugman，1980）；三是吸引人才与技术

（Clemens，2009）。可见，大规模国际人才流入将成为中国释放"人才红利"的重要突破口，海外高层次人才对中国技术进步与创新发展具有十分重要的促进作用。本书是基于留学视角的研究，选择来华的国际留学生作为研究对象，因此本书主要关注的不是全部国际人才，而仅仅是国际留学生这一类人才。之所以选择国际留学生作为研究对象，主要基于以下三个方面考虑。

首先，在各类来华国际人才中，国际留学生是中国吸引国际人才的重要群体。相关统计数据显示，1999 年，中国留学生总数为 4.47万人，2010 年增长至 26.51 万人，2010 年 9 月，为进一步推动来华留学事业发展，教育部出台了《留学中国计划》，到 2018 年，国际留学生较 1999 年增长了 10 多倍，达到 49.22 万人。携带着新思想且具有较强创造力的国际留学生的大量涌入，必然会对中国的经济发展和技术进步产生较大的影响，与此同时，国际留学生在学习期间还可以通过兼职参与到企业的生产活动中。一项针对北京高校国际留学生的调查表明，约有 58% 的留学生曾找过兼职，且职位以普通白领居多，约 79%（韩维春，2014）。

其次，国际留学生毕业后可选择留在中国工作。2016 年 4 月首届来华留学人才招聘会的调查问卷显示，有 86.1% 的留学生计划在中国进行短期实习，希望留在中国工作的比例高达 95%。[①] 并且，2017 年1 月，人力资源社会保障部、外交部、教育部联合下发了《关于允许优秀外籍高校毕业生在华就业有关事项的通知》，拟允许在中国境内高校取得硕士及以上学位的外国留学生，以及在境外知名高校取得硕士及以上学位的外籍毕业生在华就业，为引进国际优秀人才进一步放宽了条件。

最后，考虑到数据的可得性问题。由于国际组织官方数据库以及中国相关数据库均未提供中国省级层面国际人才流入的相关统计数据，而关于国际留学生方面的官方统计数据较为翔实，为本书提供了

---

① 赵晓霞：《来华留学生："在中国工作是个好选择"》，《人民日报》（海外版），ht-tps：//www.sohu.com/a/137141496_654049，2017 年 4 月 28 日。

良好的数据基础。本书中使用的中国留学生统计数据包括毕业生，在中国留学的新生以及同年继续留学的学生，目前该统计数据不包括中国台湾、香港、澳门地区接受的国际留学生。

第二节 研究的意义

技术进步是经济增长的长期动力，技术扩散对经济增长的趋同具有重要意义，TFP 的增长来源于本国研发能力和对海外研发资本知识溢出的吸收能力，有大量文献对国际知识传播的潜在渠道和意义进行了研究。传统的观点认为，国际知识溢出效应主要是通过国际贸易（Grossman and Helpman，1991）、对外直接投资（Lichtenberg and Potterie，1998）以及专利的申请和引用（Eaton and Kortum，1996）三个渠道产生的。近年来，大量研究发现，人力资本流动不仅是另一条知识溢出的重要渠道（Burns and Mohapatra，2008），还是技术进步和经济增长的重要来源（彭中文，2006）。目前关于人才跨国流动、知识溢出与技术进步方面的研究主要集中在劳动经济学领域，以"国际人才流动""知识溢出""技术进步"等为关键词，在国内外相关数据库进行检索时，发现关于中国的相关研究并不多，尤其是当下随着大量国际人才进入中国以及中国留学生教育的快速发展，关于国际人才流入对中国技术进步的影响更是值得探讨的重要话题之一。

本书通过对国际人才、技术溢出等相关概念的界定，以及对与国际人才流动和技术进步相关的国内外文献的梳理和归纳总结，从理论层面剖析和阐释国际人才流入影响中国技术进步的四大渠道，即人力资本累积、外商直接投资、对外直接投资和文化多样性。依次检验了国际人才流入对我国人力资本累积、外商直接投资和对外直接投资的促进效应，并在此基础上进一步探讨了国际人才流入对我国全要素生产率和创新能力的影响。本书涉及教育经济学、劳动经济学、移民经济学以及宏观经济学等多个领域，尝试从多学科角度合理阐释国际人才流入对中国技术进步的影响，为国际人才流动研究构建了一个跨学科的理论框架，同时也为国家进一步吸引国际优质人才以及促进技术进步提供一定的政策参考与建议。

第三节 研究方法和技术路线

一 研究方法

本书以国际留学生人才为研究对象，重点探讨国际人才流入促进中国技术进步的理论机制，并在此基础上进行了翔实的实证研究。本书主要运用的研究方法如下：

第一，文献研究法。本书在梳理和深入剖析关于"国际人才流动"和"技术进步"研究文献的基础上，形成对国际人才流入研究的事实认识，进而归纳总结出国内外关于国际人才流动研究的现状，并对其进行评述。

第二，归纳演绎法。根据已有的相关研究，从定性的角度归纳出与本书相关的核心概念，并且通过梳理国际人才流动相关文献、技术进步相关文献以及国际人才流入与技术创新相关文献，归纳总结出国际人才流入促进技术进步与创新的理论机制，为后文关于国际人才流入对技术进步影响的实证分析奠定理论基础。

第三，计量分析法。在实证分析部分，分别利用面板数据的双向固定效应模型（FE）、工具变量法（IV-2SLS）以及交互项检验等实证分析方法进行研究；除此之外，本书还使用到数据包络分析方法（DEA）测算省级层面的 Malmquist 生产率指数，在分析国际人才流动对各地区技术进步的影响时，利用非线性计量模型中的门槛面板模型（Threshold Model）分析技术差距对国际人才流动的技术进步影响，并且在研究城市创新问题时，为了将邻近城市间的空间溢出效应考虑在内，研究中分别采用空间自回归模型（SAR）、空间误差模型（SEM）和空间杜宾模型（SDM）进行分析，并以 Queen 相邻来定义两个城市的"邻居"关系，使用 GeoDa 软件创建空间距离权重矩阵 W。

为保证上述研究方法的顺利进行，本书拟采用的分析软件主要包括：STATA 计量分析软件、数据包络分析软件（DEA）、相关的空间计量分析软件（如 ArcGIS 和 Geodata）等。

二 技术路线

本书基于留学视角重点探索国际人才流入对中国技术进步与创新的影响机理。本书首先在对已有文献进行梳理的基础上，总结归纳出国际人才流入促进中国技术进步与创新的内在机制，同时对中国国际人才流入的总体状况进行分析。其次，实证检验了国际人才流入促进技术进步的三个重要机制，即人力资本、外商直接投资和对外直接投资；在验证了影响机制的基础上，本书从全要素生产率和城市创新能力两个维度分别实证分析了国际人才流入对中国技术进步与创新的促进作用。最后，针对进一步吸引国际优质人才、不断促进我国的技术进步与创新提出相应的对策建议。本书的技术路线如图 1-1 所示，本书的总体研究思路如下：

第一，作为中国吸引国际人才的重要群体之一，国际留学生规模不断增长，从 1999 年的 4.47 万人迅速增长至 2018 年的 49.22 万人。为了研究国际留学生人才对中国技术进步的促进作用，本书首先对有关国际人才流动和技术进步方面的现有文献进行梳理，并在此基础上归纳总结出国际人才流入促进中国技术进步与创新的理论机制。

第二，根据理论机制分析部分可知，国际人才流入促进中国技术进步的四个重要机制，即国际人才流入与人力资本累积、国际人才流入与外商直接投资、国际人才流入与对外直接投资以及国际人才流入与多元文化创新；接着，为了夯实本书的现实基础，突出本书的现实背景与意义，本书基于留学视角对国际人才流动的总体概况进行介绍，并深入分析了中国国际人才流入的发展现状。

第三，本书实证分析了影响国际人才流入的相关因素，并依次检验了国际人才流入对我国人力资本积累、外商直接投资以及对外直接投资的促进效应。

第四，为了更好地检验国际人才流入对中国技术进步的促进作用，本书分别对国际人才流入对我国全要素生产率的影响以及对我国城市层面创新能力的影响进行实证分析。考虑到在线性模型下研究这

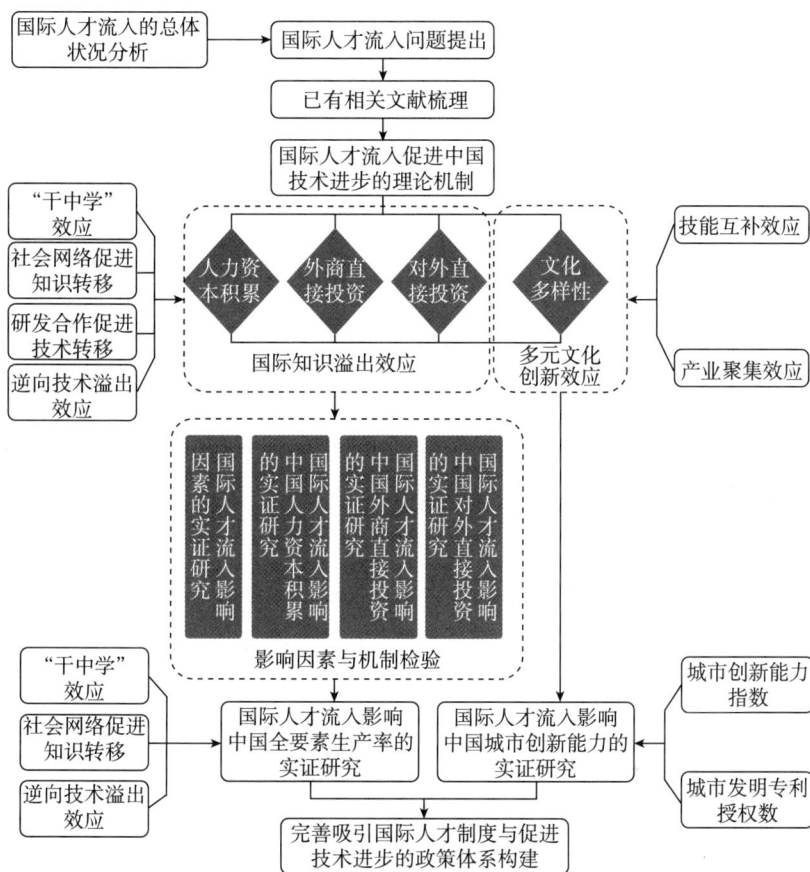

图 1-1 本书技术路线

种影响可能存在一定的误差，本书还使用非线性计量模型中的门槛效应面板模型进行分析；并且在研究城市创新问题时，为了将邻近城市间的空间溢出效应考虑在内，研究中还采用空间自回归模型、空间误差模型和空间杜宾模型进行对比分析。

第五，在对国际人才流入的理论机制进行分析并进行一系列实证研究的基础上，提出进一步完善我国吸引国家人才的相关制度与促进技术进步与创新的政策体系构建。

第四节 本书结构

本书的正文部分共分十一章进行展开，其逻辑结构和各部分的主要内容如下：

第一章为绪论，主要介绍本书的选题背景与研究意义，研究方法与技术路线，以及可能的创新与不足之处。

第二章为文献综述。根据研究的相关性，本章首先对本书的几个核心概念进行界定，其次围绕国际人才流动、技术进步以及技术创新等方面对现有文献进行综述。

第三章为国际人才流入影响中国技术进步的机制分析。本章从国际人才流入与人力资本积累、国际人才流入与外商直接投资、国际人才流入与对外直接投资以及国际人才流入与多元文化创新四个渠道详细阐述了国际人才流入影响中国技术进步的理论机制。

第四章为国际人才流入的总体状况分析。本章为本书的现实基础部分，突出本书的现实背景与意义，基于国际留学生的角度，一方面对国际人才流动的总体概况进行介绍，另一方面深入分析了中国国际人才流入的发展现状。

第五章为国际人才流入影响因素的实证研究。本章主要对影响国际人才流入的因素进行了实证分析，并在此基础上重点分析了市场化进程与来华留学教育发展之间的互动关系。研究结果显示，市场化进程对来华留学教育的发展有显著的促进作用，并且市场化进程对东部、中部、西部来华留学教育发展的影响存在一定差异。

第六章为国际人才流入促进人力资本积累的机制检验。本章首先使用教育回报率法测算各省份的人均人力资本，根据 Psacharopoulos（1994）中提供的相关数据，即中国教育回报率在小学教育阶段为0.18，中学教育阶段为0.134，高等教育阶段为0.151，同时还依据中国各省份制造业中不同行业的平均工资差距来估算人力资本的相对溢价，在此基础上实证分析国际人才流入对中国人力资本积累的影响，研究发现，国际人才流入可以显著促进地区人力资本的积累。

第七章为国际人才流入促进外商直接投资的机制检验。结果显示，国际人才流入与地区 FDI 水平显著正相关，但国际人才流入对 FDI 区位分布的影响存在一定的区域差异；同时，国际人才流入与企业经营环境以及地理集聚水平之间存在某种替代效应，即国际人才流入能够在一定程度上弥补由于企业经营环境的缺失和地理集聚水平的低下所带来的负面影响。

第八章为国际人才流入促进对外直接投资的机制检验。研究发现，国际人才流入能够有效推动中国对外直接投资，但这种促进作用会随着国际人才流入的规模大小以及东道国地理距离的远近发生变化；当人才流入规模较大时，通过网络效应产生的投资风险规避效应会更加显著，因此对 OFDI 的促进作用更有效；当地理距离较近时，人才交流产生的文化壁垒降低效应会更加显著，因此对 OFDI 的促进作用更有效；而当人才流入规模较小或地理距离较大时，国际人才流入对 OFDI 的促进机制可能会失灵。

第九章为国际人才流入影响中国全要素生产率的实证研究。本章分别从全要素生产率变化指数（TFP）、技术进步变化指数（TECH）、技术效率变化指数（EFF）3 个角度实证分析了国际人才流入对中国全要素生产率的促进作用。

第十章为国际人才流入影响中国城市创新的实证研究。本章使用中国城市创新指数来分析国际人才流入对城市创新活动的影响，分别从不同城市规模以及不同城市群的角度考察这种影响的差异性，同时考虑空间溢出效应并引入空间计量模型进行实证检验。

第十一章为研究结论与政策建议。本章在总结全书研究结果的基础之上得出研究结论，并提出进一步完善我国吸引国际人才的相关制度与促进技术进步和创新的政策体系构建。

第五节　可能的创新和不足

一　可能的创新

本书基于留学视角对国际人才流入影响中国技术进步与创新进行了理论机制分析与实证检验，其创新之处主要体现在以下几个方面。

（一）研究视角的创新

与以往研究不同，本书将国际人才流入影响一国技术进步的这一渠道与其他传统渠道进行融合，指出国际人才流入可以通过促进人力资本积累、外商直接投资、对外直接投资以及文化的多样性等渠道促进技术进步与创新；本书融合教育经济学领域的国际留学生问题、移民经济学以及劳动经济学的人力资本流动、宏观经济的技术进步领域知识，融合多学科交叉前沿领域，拓展了以往研究人才流动主要从劳动经济学领域研究的视角。

（二）研究方法的创新

在计量方法上，不仅使用固定效应模型等实证分析方法检验了国际人才流入促进技术进步和创新的人力资本积累机制、吸引外商直接投资机制和促进对外直接投资机制，同时选择地区空气质量（PM2.5）作为国际人才流入的工具变量，使用二阶段最小二乘工具变量法对研究结果进行稳健性检验。此外，在实证分析国际人才流入对我国全要素生产率和城市层面创新能力的影响时，考虑到可能存在的非线性关系以及空间溢出效应，本书还进一步使用非线性计量模型中的门槛效应面板回归模型和空间计量分析方法进行研究。

（三）研究内容的创新

研究国际人才流入及其对中国技术进步的影响这一主题具有较大的原创性，本书在借鉴国内外相关领域已有研究成果基础之上，基于留学视角对国际人才流入影响中国技术进步和创新的理论机制进行了系统的分析，得出国际人才流入促进中国技术进步的四个重要机制，即国际人才流入与人力资本累积、国际人才流入与外商直接投资、国际人才流入与对外直接投资以及国际人才流入与多元文化创新，并通过对理论机制的检验获得了一些重要的经验证据。研究结论说明，通过吸收国际人才流入的技术进步效应实现技术创新是实现"经济赶超"的路径，同时也为我国在全球人才竞争中合理引进海外高级人才提供了切实可行的政策建议。

二 不足之处

由于研究选题存在一定的难度，研究范围属于经济学与教育学的交叉领域，也受限于笔者的知识储备，以及研究经验和现有数据的可得性等方面的原因，本书还存在一些不足之处。具体而言，体现在以下三个方面。

第一，由于本书是基于留学的视角下展开的研究，因此在研究对象上主要关注的是国际留学生群体，并未拓展到更加广泛意义上的国际人才。然而，随着全球化的不断深化，越来越多的海外专家学者以及高层次人才选择来到中国工作，这些直接参与经济建设或科学研究的海外人才必将对中国的技术进步产生较大的影响。

第二，在理论机制方面，本书通过文献的梳理得出了国际人才流入促进中国技术进步与创新的四个重要机制，即国际人才流入与人力资本累积、国际人才流入与外商直接投资、国际人才流入与对外直接投资以及国际人才流入与多元文化创新；但是在机制检验过程中，由于省际层面国际留学生来源国信息的缺失，无法对国际留学生的多元文化创新效应进行测算，因此本书主要检验了国际人才流入对人力资本积累、外商直接投资以及对外直接投资的促进效应。

第三，在数据使用方面，本书主要使用的是省级层面和城市层面的面板数据，从数据能够反映的信息量来看，宏观数据存在一定的局限性，因为无法获取更详细的关于国际人才的个人特征信息。

第二章

文献综述

本章作为理论基础部分之一，首先对本书涉及的相关核心概念进行解释，继而对涉及国际人才流动、技术进步以及国际人才流入与技术创新等方面的已有相关研究进行梳理，具体包括主要概念界定、国际人才流动文献综述、技术进步文献综述以及国际人才流入与技术创新文献综述。本章通过追踪和梳理与本书相关的理论，整体上把握相关领域的研究动态，通过对已有研究的梳理和总结，从而为后续章节的理论机制分析提供有力的文献依据。

第一节　主要概念界定

一　国际人才

"人才"一词出于古老的《易经》"三才之道"，是指具有一定的专业知识或专门技能，进行创造劳动并对社会做出贡献的人。[①] "人才"一词是一个较为宽泛的概念，国内外学者在研究过程中对其含义进行了具体的界定，如 Mahroum（2000）把人才分为五类，即学生，学术工作者和科学家，管理者和行政人员，工程师和技术人员，企业家。随着全球化的不断深入，人才的跨国流动日益频繁，由此促成了

---

① 百度百科："人才"，https：//baike. baidu. com/item/人才/34170？fr＝aladdin#reference-［1］-8129128-wrap.

国际人才的诞生。通过引进高层次人才提高自主创新能力也是我国现阶段的重要人才战略之一（蔡昉，2009）。国际化人才，顾名思义，即可以在国际上起到重要作用的人才，其涵盖领域较广，包括经济、军事、政治等诸多方面（王通讯，2007）。国际人才应为具有在国际间工作的知识与技能，并且能够推动全球化发展的重要人才，戴长征和王海滨（2009）将国际人才大致分为三大类：直接性生产人才（如工程师、企业家等）、专业性人才（如科研工作者、国际留学生等）以及社科文教型人才（如医护人员、艺术家等）。

虽然目前关于国际人才的定义在学术界尚未统一，但是通过已有研究不难发现，国际人才主要包含以下几个方面的特征，即具备国际化的视野和思维方式，具备国际前沿的知识技术水平，同时还应具备较强的跨文化适应和交流能力。因此，基于已有的研究，本书将国际人才定义为具有国际化思维、国际化经验以及国际化知识储备，能够适应国际工作中所需要的跨文化交流合作的需要，同时能够为全球化发展做出贡献的人才。

二　国际留学生

留学生是指在母国以外进行留学的学生。"留学生"一词起源于中国唐朝时期中日文化交流，意为当遣唐使回国后仍然留在中国学习的日本学生，现在泛指留居外国学习或者研究的学生。[①] "国际留学生"一词在维基百科中，译为"International students"或"Foreign students"，主要是指选择在母国以外的其他国家接受全部或部分高等教育的，并出于学习目的而移居该国家的学生。然而，每个国家对"国际学生"或"外国学生"的定义则根据其本国的教育制度而有所不同。例如，在美国，国际学生是"持非移民的临时签证在美国学习的个人，移民，永久居民，公民，外来居民（'绿卡'持有者），以及难民则不包含在内"；加拿大将国际学生定义为"经移民官员批准可在加拿大学习的临时居民"；在澳大利亚，国际学生是指"持学生签证在澳大利亚学习的学生"。

---

① 百度百科："留学生"，https：//baike. baidu. com/item/留学生/1167205？fr=aladdin.

在中国，留学教育通过来华留学工作展开。来华留学工作是我国对外工作的组成部分，是教育国际合作与交流的重要内容，在建设世界知名高水平大学、促进中外青年友好交流、增进人民之间友谊等方面，具有重要意义。中华人民共和国成立后自 1950 年开始接受国际留学生，60 多年来，我国为世界上许多国家和地区，特别是广大发展中国家和地区培养出了大批科技、教育、外交、管理等各领域的人才。为我国增强和发展同世界各国政治、外交、经贸之间的关系，开展教育、文化和人员交流做出了积极贡献。国际留学生包括学历留学生（包括大专学生、学士生、硕士生和博士生）和非学历留学生（包括访问学生、高级访问学生、语言访问学生和短期留学生）。本书是基于留学视角的研究，选择国际留学生作为研究对象，因此主要关注的不是全部国际人才，而仅仅是国际留学生这一类人才。

三　技术溢出

技术溢出（Technology Spillover）是创新活动创造的技术知识，跨过组织边界向外界传播所产生的正外部效应。[1] 例如，某跨国公司发明一项新技术后，该技术被竞争企业复制或学习，即竞争企业在收集该项新技术相关知识的基础上，结合自身研究开发，得到与跨国公司类似的研究成果，继而市场中所有类似产品和服务都会体现该类技术，即技术产生了溢出效应。[2]

在已有的相关研究中，也有诸多学者给出了技术溢出概念的定义，如 Kokko（1994）将本地企业在未经外商企业正式转让的情况下获取外商企业的知识技术的现象定义为技术溢出；Caniels（2000）认为，技术溢出是一种通过信息交流而获取的智力成果，且知识的创造者无法获得补偿或获得小于知识本身价值的补偿。孔伟杰（2010）指出，当国外各类企业或相关研发机构的各种研发活动通过对外贸易、国际投资等跨国经济活动促进本国的技术创新或技术进步，并且国外机构无法获得收益或全部收益，这种情况下则存在国际技术溢出效

---

[1]　百度百科："技术溢出"，https：//baike. baidu. com/item/技术溢出/5106515.
[2]　百度百科："技术溢出效应"，https：//baike. baidu. com/item/技术溢出效应/9684253.

应。国际技术溢出既包含国外新思想和新技术的外溢，又包含先进的管理理念和人才培养及管理模式的传播，因此能够有效地促进东道国的技术创新和技术进步。

第二节 国际人才流动文献综述

一 国际人才流动相关研究

关于国际人才的跨国流动可能对东道国和流出国产生的影响方面的研究，最早可追溯到20世纪60年代英国皇家学会提出的"人才流失论"（Brain Drain Theory）。巴格瓦蒂（Bhagwati）等学者认为，人才的国际流动是一场零和博弈，国际人才的流入为东道国的经济发展注入了强劲动力，但大规模的人才外流对人才流出国来说是一种人力资源的损失；然而到了20世纪90年代，关于国际人才流动的文献中开始出现一种观点，即认为适当的人才外流可以对流出国产生一定的人力资本累积效应（Mountford，1997；Mayr and Peri，2009）。通过对已有文献的梳理可以发现，关于国际人才流动问题的研究发展大致经历了三个阶段，分别为"人才外流"论（Brain Drain）、"人才回流"论（Brain Gain）以及"人才环流"论（Brain Circulation）。

关于国际人才外流到底是增强了人才流出国的技术创新能力还是抑制了人才流出国的技术进步，"人才外流"论主要存在三种观点。第一，抑制观，该观点认为人才的国际流动是一场零和博弈，大多数高技能劳动者从发展中国家是永久移民至发达国家，从而导致发展中国家遭受严重的人力资本流失（Grubel and Scott，1966；Bhagwati，1976），因而国际人才外流对于人才流出国而言是一种净损失。第二，促进观，这一观点认为国际人才外流虽然会导致人才流出国的高技能人力资本流失，但同时可以通过人力资本投资的激励效应有效地促进人才流失国的人力资本积累（许家云等，2016），并且通过已有的移民网络效应促进人才流失国吸引更多的外商直接投资和对外贸易的发展，从而通过多种渠道有效地促进其技术创新和技术进步（Mountford，1997；Beine et al.，2008；李平，2011)。第三，双刃剑观，持该观点的学者指出，发展中国家大规模人才外流在短期可能会对其就业和产出产生负面影响，但长期来看这些外流人才又会通过不同渠道对母国产生"智力增益"(朱敏和高越，2012)，但这种"增益"效应会随着人才外流规模的扩大而递减。

"人才回流"论是在20世纪八九十年代，随着一些新兴工业国和发展中国家的快速发展，部分人才外流国开始出现海外人才回流现象时被提出来的(林琳，2009)。通常来说，对于人才输出国的发展中国家来说，本国的一些受教育程度较高的劳动力流入发达国家，往往会对其平均人力资本和平均生产率造成较大的负面影响。因此，人才流失问题一直被发展中国家视为一个较大的难题。然而"人才回流"论认为可以通过一些间接的影响效应来降低这种负面影响，例如迁移到发达国家以获得高报酬的可能性能够有效地激励发展中国家的劳动力提升其人力资本，这种间接影响甚至有可能将人才流失的负面影响转变为一种收益，正如关于国际移民问题的相关研究认为，高技术劳动力的外流可能为发展中国家带来一定的收益(Mountford，1997；Stark，1997；Mayr and Peri，2009；Eggert et al.，2010)。Beine 等(2008)研究发现，尽管大量高技术人才从发展中国家流入发达国家，但这些人才输出国的人力资本存量却有所增加。出现这一结果的原因在于流动性对高等教育私人投资的影响，由于发达国家的工资水平较高，能够移民至发达国家的心理预期使发展中国家居民进行教育投资的积极性有所增强，但并非所有居民最终都能够移民至发达国家，或者移民回流现象的出现，均会促进发展中国家的人力资本积累。Santos 和 Vinay（2003）通过研究发展中国家劳动力迁移和经济增长的动态关系发现，部分发展中国家的留学生在发达国家接受高等教育之后会选择返回母国，相当数量的迁移者将出国当作提升自我能力的一种方式，因此迁移流动给发展中国家的经济带来扩张性的影响效应。

"人才环流"论是继"人才流失论"和"人才回流论"之后出现的一种新的国际人才流动理论（Johnson and Regets，1998；Saxenian，1999）。以前迁移到发达国家的高技能人才基本均为单向流动，因此对于人才输出国来说是永久性的人才外流。随着越来越多的发展中国家通过实施各项人才引进计划来吸引海外高层次人才，很多在国外学习和工作的留学生或移民会选择返回母国工作，这种人才环流现象是人才外流和人才回流不断发展的结果。高层次人才日益频繁的跨国流动的人才环流现象更新了人才外流和人才回流的传统概念（Le，2008；Saxenian，2002）。Biao（2006）指出，自从 20 世纪 60 年代将人才外流概念引入联合国讨论中，针对技术移民的政策改革已从 70年代的限制人才外流转变为 80 年代的鼓励人才回流及近几年的加快促进人才环流。Chen（2008）指出，人才环流现象强调母国和东道国之间的双向人才流动。Tung（2008）认为，在探讨国际人才流动问题时应在人才环流的大环境下考虑。在已有的关于国际人才流动的文献中，较为普遍的观点是人才流动是有助于国际化发展的。

二　留学教育相关研究

（一）国际留学教育相关研究

关于国际留学教育方面的研究，大量文献涉及"推拉理论"（Push and Pull Theory）。由于留学生往往被视为短期的国际移民，而"推拉理论"则是研究人口流动与移民的重要理论之一，诸多学者在此方面贡献卓著（Lee，1966）。推拉理论的核心内容是，在市场经济条件下，人口可以选择自由流动，此时，人口之所以搬迁、移民之所以迁移，原因是人们可以通过搬迁来改善生活条件。于是，在流入地的那些能够改善移民生活条件的因素就成为流动人口的拉力，而流出地的那些不利的社会经济条件就成为流动人口的推力。因此，在讨论影响留学生移动或目的地选择的相关因素时，大部分学者是在"推拉理论"框架下解释留学生的留学动机的，即留学生在选择留学目的国时同时受到来自母国的"推力"和东道国的"拉力"的作用。如Beine 等（2014）通过对 13 个 OECD 国家的留学生数据实证分析发现，地理距离、生活成本、官方语言等因素会对国际学生流动产生显著的影响。关于国际学生流动可能对东道国和生源国产生的影响，最早可追溯到 20 世纪 60 年代英国皇家学会提出的"人才流失论"（Brain Drain Theory），认为留学生的流入为东道国的经济发展注入了强劲动力，但对生源国来说是一种人力资源的损失；也有学者认为，留学人才外流的负面效应是可以被逆转的，如通过人力资本激励效应及网络效应等渠道刺激流出国的经济发展和技术进步。

另外，大量学者从发展国际贸易的视角对国际留学教育进行研究。国际高等教育服务贸易是国际服务贸易的重要组成部分，Bourke（2000）指出，国际高等教育服务贸易最显著的方面体现在外国留学生的规模上，而在已有关于外国留学生研究的文献中，大部分都倾向于关注跨文化、心理和调整方面的研究。国内关于教育服务贸易的研究最早始于1998年（顾永才，1998），并在2003年前后达到研究的高潮（周满生，2003；覃壮才，2003）。李平（2005）指出，随着教育国际化的不断发展，国际留学教育作为现代高等教育的一个分支，已从单纯的人才培养逐步转向产业化。国际教育服务贸易作为国际服务贸易的一部分，GATS把其分为四类：①跨境交付，即教育服务本身跨越边界，通过使用信息技术进行远程学习；②境外消费，即教育服务消费者移动到另一个国家以获得服务的情况（外国留学生），到目前为止，高等教育学生的国际流动占全球教育服务市场的最大份额；③商业存在，教育服务的商业存在是指教育提供者在国外建立商业设施，例如，"当地分校"或与国内教育机构的合作关系；④自然人流动，例如教授、研究员、教师等临时前往另一个国家以提供教育服务（Larsen et al.，2002）。国际教育服务出口能够带来巨大的贸易收益，全球化背景下，国际教育服务贸易在各国服务贸易的占比不断攀升，根据美国商务部的数据，2016年，国际学生对美国经济的贡献超过390亿美元，国际教育服务贸易最主要的贸易形式则是构建留学市场体系，外来留学生在目的国的高等教育服务费支出、日常生活消费支出不仅能增加出口创汇、带动国内消费需求（陆菁等，2019），同时还可以拉动双向投资（谷媛媛和邱斌，2017）。

（二）来华留学教育相关研究

关于来华留学教育方面的研究，既有关于来华留学教育相关的政策体制方面的研究，也有针对来华留学教育发展中存在的问题及原因分析的研究。如周香均等（2015）提出，我国针对国际留学生教育政策都是停留在宏观层面的调控，而缺少具体层面的有效针对措施，并提出要政策"先行"（以来华留学发展趋势为前进方向）和政策"聚焦"（以服务和发展留学生为目标）；栾凤池等（2011）认为，我国来华留学教育的发展与西方发达国家相比存在较大的差距，主要表现在来华留学教育总规模偏小、学历生及高层次学生比例较低、生源地过于集中、专业学科分布不广泛以及地区分布不平衡等方面；吕娜（2015）则指出，来华留学教育存在的主要问题包括法规不完善、规模相对较小、质量需要提高、结构有待优化、奖学金资助力度不强和学费定价亟待改革等。此外，国内外也先后出现了大量关于影响留学生移动因素的研究，有学者用"推拉理论"解释留学生的留学动机，即通过母国的推力因素和东道国的拉力因素详细阐述了留学生在选择留学目的国的过程中存在的教育、经济和社会力量（McMahon，1992；杨军红，2006）；也有观点认为影响国际留学生规模的因素主要包括经济发展水平、政治稳定程度、教育服务质量、对外开放程度、语言文化氛围以及生活环境等（郑向荣，2005；王金祥，2005）；Raychaudhuri 和 De（2007）、曲如晓等（2011），以及谷媛媛和邱斌（2017）均通过实证分析证明了人均 GDP、生均教育经费、高等教育入学率、市场化进程、高校师生比以及生活成本等因素会对留学生的目标决策产生影响。

此外，"一带一路"倡议提出以来，不少学者开始从事这一方面的研究，如 Huang（2016）指出"一带一路"倡议是一项综合性的倡议，包括政策对话、贸易畅通、金融支持和人文交流；还有关于"一带一路"沿线国家来华留学教育方面的研究。要实现"一带一路"的愿景与目标，离不开海外高端人才和急需领域专业人才的支撑和保障，开展"一带一路"沿线国家国际留学生教育是促进我国与沿线国家人文交流、构建互信的重要组成部分，是推进"一带一路"建设的战略性举措，同时，中国高等教育"走出去"也是促进"一带一路"民心相通的有效途径（周谷平和阚阅，2015）。来华留学人才培养是一种跨越国界的双边学生流动，沿线国家流入人才通过在中国接受的专业教育和技术培训获取中国的知识和技术，当这些人才回流进入母国企业工作以后，一方面通过自身掌握的专业技术优势直接促进沿线国家的技术进步，另一方面通过本国企业间的技术扩散进一步提高当地技术水平（谷媛媛和邱斌，2019）。

第三节 技术进步文献综述

新增长理论认为，一国经济持续增长的关键在于全要素生产率（Total Factor Productivity，TFP）的提升，即技术进步。而创新则是技术进步的主要来源，创新率的高低与技术进步的速度成正比，如果没有创新活动，一国的经济将陷入停滞状态（巴罗等，2000）。在封闭条件下，一国全要素生产率的高低主要取决于本国的研发（Research and Development，R&D）存量以及国内企业的研发投资规模，而在开放条件下，一国全要素生产率的高低不仅取决于本国的研发存量，同时还与国外的研发知识溢出有重要关系。

一　全要素生产率相关研究

一直以来，全要素生产率以及影响全要素生产率增长的相关因素是学术界关注的重要问题之一。新古典经济增长理论认为全要素生产率的增长是经济持续增长的重要源泉。Solow（1957）提出将技术因素纳入经济增长的理论模型，开创了全要素生产率测算的先河。全要素生产率的增长也叫作技术进步率，是用来衡量纯技术进步在生产中作用的指标，所谓纯技术进步包括知识、教育、技术培训、规模经济、组织管理等方面的改善，因此全要素生产率增长率只能用来衡量除去所有有形生产要素以外的纯技术进步的生产率的增长。Farrell（1957）进一步将全要素生产率分解为技术进步变化和技术效率变化。

已有的关于影响全要素生产率的因素的相关研究，主要包括国际投资与贸易（Coe and Helpman，1995；许培源，2012）、基础设施建设（刘生龙和胡鞍钢，2010）、金融发展水平（张军和金煜，2005；Jeanneney et al.，2006）以及人力资本水平（Barro，1991）等。本书重点关注的是国际人才的流入对技术进步和创新的影响，一方面，国际人才的流入无疑会直接增加当地的人力资本存量水平，Benhabib 和 Spiegel（1994）研究发现，人力资本存量水平能够有效地促进 TFP 的增长。另一方面，国际人才在流动的过程中也会进一步促进知识溢出和技术扩散，正如 Barro（1991）指出的，人力资本是技术从创新国扩散到其他国家的重要促进因素。

二　技术溢出相关研究

技术进步是经济增长的长期动力，技术扩散对经济增长的趋同具有重要意义，TFP 的增长来源于本国研发能力和对海外研发资本知识溢出的吸收能力，已有大量文献对国际知识溢出的潜在渠道进行了研究。传统观点认为，国际知识溢出效应主要是通过外商直接投资（Lichtenberg and Potterie，1998）、对外直接投资（Potterie and Lichtenberg，2001）、国际贸易（Grossman and Helpman，1991）以及专利的申请和引用（Eaton and Kortum，1996）等渠道产生的。

首先，随着经济全球化的不断发展，外商直接投资（FDI）已成为国际知识溢出的重要渠道之一，即跨国公司通过对子公司的投资，引起东道国的技术进步。Globerman（1979）研究发现，跨国公司能够有效促进加拿大的技术进步；Hejazi 和 Safarian（1999）研究发现，美国注入 OECD 国家的 FDI，能够对东道国产生显著的技术溢出效应；Caves（1974）研究发现，外国企业的技术溢出效应能够有效提升当地企业的人力资本边际生产率。国内相关研究包括：何洁和许罗丹（1999）发现，外资企业对内资工业部门存在一定的技术外溢效应；沈坤荣和郁强（2001）研究得出，FDI 可以通过技术外溢效应提高中国的全要素生产率。由此可见，FDI 作为当前国际知识溢出的重要渠道，能够通过技术溢出效应显著地促进东道国的技术进步。

其次，大量研究发现，无论是发达国家还是发展中国家，通过技术寻求型对外直接投资获取东道国的技术溢出均是促进本国技术进步的重要途径之一（Kee，2015；Li et al.，2016）。Pradhan 和 Singh（2008）研究发现，对外直接投资能够显著促进印度汽车企业的研发创新。周记顺和万晶（2020）采用"一带一路"沿线 20 个中低收入国家为研究样本，实证检验了我国对新兴发展中国家的直接投资也存在一定的逆向溢出效应，这一效应同时受到东道国特征的影响（沙文兵，2014）。

再次，国际贸易也是国际知识转移的重要渠道之一（Coe and Helpman，1995；Jaumotte，1998）。Keller（2002）通过实证分析发现，进口贸易会产生技术溢出效应；且产业内贸易比产业间贸易更容易吸收相关技术知识，从而加速国际知识溢出（Hakura and Jaumotte，1999）。此外，国际知识溢出还来源于国外专利申请及其引用（李平，2006）。专利申请与专利引用比国际贸易更能促进国际知识的溢出效应（Rose and Wincoop，2001）。蔡伟毅和陈学识（2010）通过实证分析对外直接投资、进口贸易、专利技术三个国际知识溢出渠道，测算了知识溢出对中国技术进步的影响。

最后，人力资本流动是知识溢出的另一个重要渠道（Burns and Mohapatra，2008），同时也是知识扩散的必要条件以及技术进步和经济增长的重要来源（彭中文，2006）。20 世纪 80 年代兴起的新增长理论将人力资本视为影响经济增长与技术进步的重要因素，人力资本的外部性和累积门槛将强化各国研发和生产效率的差别，决定各国贸易模式、技术进步和长期经济增长的动态变化。近年来，国内学者也对国际人才流动对技术进步的影响进行了大量的研究，如李平（2006）指出，国际技术扩散路径包括国际贸易、外国直接投资、专利申请和专利引用以及人力资本国际流动；杨海霞（2007）认为，国际人才携带最新的技术或思想，并指出国际人才流入已成为中国创新的重要驱动；陈怡安（2014）研究得出，中国海外人才的回流能够有效地促进国际知识溢出和技术进步；牛雄鹰等（2018）研究发现，国际人才的流入对中国的创新效率有显著的正向影响。

第四节　国际人才流入与技术创新文献综述

一　国际移民与技术创新相关研究

已有相关研究发现，移民尤其是高技术移民的流入能够有效地提升本地的创新能力。如 Hunt 和 Gauthier-Loiselle（2010）发现，高技能的移民可以在美国增加州一级的专利申请，而不会挤占本地专利；并且大学毕业生移民的专利申请数量至少是其本国居民的两倍，这显然与美国科学和工程领域中移民所占比例较高有关。Chellaraj 等（2008）使用美国数据研究发现，外国留学生数量的增长提升了专利申请数量，大于技术移民增加的影响。Hunt（2011）也通过 2003 年全美大学毕业生调查报告发现，通过获取学生或实习生签证进入美国的移民，其在工资、专利申请等方面的表现要比本国大学毕业生更好。

国际移民的流入在增加东道国人口规模的同时还促进了当地的总需求，虽然短期内可以通过增加进口来满足这部分需求，但长期来看主要还是通过提高产量和增加本地产品种类来满足这一需求（Mazzolari and Neumark，2009），这就需要进行额外的投资，并且这一新投资将体现最新技术。与此同时，东道国经济的扩张可能会导致公司的增长或其他初创公司的出现，从而再次促进创新（Freeman and Soete，1997）。

二　国际移民与城市创新相关研究

Jacobs（1961）认为，城市是经济增长的引擎，移民主要被城市所吸引。国内外学者近年来分别从不同角度分析了影响城市创新的各项因素，其中包括城市规模或人口密度（Carlino et al.，2007；Sedgley and Elmslie，2011）、产业结构（祝影和涂琪，2016）、人力资本（Glaeser and Resseger，2010；Caragliu，2016）以及国际移民（Lee，2014）等方面。城市的创新是一个不断开放的过程，人力资本作为创新的重要投入要素之一，其总量的累积或是空间的移动均会对城市的创新能力和创新效率产生一定的影响。长期以来，移民或外来人力资本的创新效应也一直是学者关注的重要话题之一。根据已有文献中的观点，移民可以通过多项渠道增强城市创新能力。

移民通常更容易被吸引到就业机会较大的城市地区，从而为城市人口增长做出贡献，进一步增强集聚力量，可能带来更大的创新。另外，鉴于在现代知识经济中，技术变革是一个内生的过程，其中新思想的产生是思想工作者人数的函数（Lucas，1988），因此移民促进创新的另一个机制是通过引入新的观念和知识，从而改变东道国人力资本存量的方式，这也是全球对高技能移民的竞争一直在加剧的重要原因。无论是历史上还是现在，世界上最发达的城市都居住着大量多样化的外来人口（Ozgen et al.，2012）。

移民促进创新的另一个机制是在东道国经济中产生更大的文化多样性。这种多样性既体现在需求方面，也体现在供应方面。人们在城市中发现的商业和文化活动的多样性，以及在多样化的城市环境中促进新思想和创造力的方式，对于长期发展具有极大的益处。当然，这些企业家的技能和城市的资源应相互补充，以创造创造力的有利环境（Glaeser et al.，2010）。显然，由于文化多元社会的存在，城市提供的各种服务得到了增强。更大的多样性还促进了跨生产部门和过程的多元化信息溢出（Glaeser et al.，1992）。新兴的关于多样性经济学的文献与消费外部性文献有共同的根源（Clark et al.，2002）。但是，这并不一定意味着增加多样性总是有益的。虽然可以证明，即使在标准的新古典主义模型中，移民对东道国人口的经济利益也往往更大，但移民与土生土长的人越不相同（Borjas，1999），过度的多样性会增加交易量成本，减少社会资本并导致社会紧张。Bellini等（2012）回顾了各种研究表明多样性对经济增长是有害的。显然，多样性和经济绩效之间的关系总体上可能呈倒"U"形，并且在特定情况下可以确定最佳的多样性水平（de Graaff and Nijkamp，2010）。但是，就多样性和创新的关注范围而言，没有先验的过度多样性的概念，但是这种关系可能是非线性的。张萃（2019）通过研究文化多样性与中国城市创新发现，外来人力资本对城市创新有显著的促进作用。

第五节　本章小结

综上所述，现有文献对于国际人才流动以及技术进步方面的研究较为丰富，关于国际人才流动方面的文献，既有针对人才流动对东道国和流出国产生的影响方面的研究，也有涉及留学教育相关的研究；

而关于技术进步的相关文献，则涵盖了全要素生产率、技术溢出以及技术创新等诸多方面的研究。

然而，当本书着重从国际留学人才流入对中国技术进步的影响的角度对现有文献进行梳理后发现，现有文献仍然存在一些可以进一步突破的空间：第一，关于国际人才流入的技术进步效应方面的研究，国外相关研究主要关注的是高技术移民，国内学者关注较多的是关于海归回流方面的研究，关于国际留学生来华的技术进步效应方面的研究尚不充分，因此本书选择国际留学生为主要研究对象进行深入分析。第二，在国际人才流入知识溢出方面，国外在该领域取得了一定的成果与创新，就国际人才流入的技术进步效应，学者已达成共识，但目前已有研究大多聚焦于海归回流是否有利于国内知识溢出，尚缺乏对国际人才流入是否能够促进本国人力资本累积、吸引外商直接投资以及促进对外直接投资方面的经验研究。因此，本书在实证章节检验了国际留学生流入对中国人力资本累积和吸引外商直接投资的影响。第三，从文献综述中可以看出，国内目前缺乏对国际人才流入引致的多元文化创新效应的影响进行深度挖掘，而城市经济是复杂的，高效的，充满活力的，并且由无数相互作用的小型企业组成，这些企业增加了这些城市的文化多样性。因此，本书以城市创新能力为被解释变量，深入考察国际人才流入可能对城市创新能力的影响，进一步丰富了已有的相关研究。

第三章

国际人才流入影响中国
技术进步的机制分析

　　新增长理论指出技术进步时经济增长的重要源泉。一方面，对于技术水平相对较低的发展中国家和地区来说，利用发达国家的技术溢出是促进本国技术进步的重要途径之一；另一方面，创新是技术进步的核心动力（Schumpeter，1950），技术进步在很大程度上也取决于本国的创新水平（Farmer and Lafond，2016）。技术进步是指生产函数任意一种形式的变动（Solow，1957），技术进步主要包括技术创新和技术效率两个方面（苏治和徐淑丹，2015），经济组织的变化、劳动力人力资本存量的提升以及促使生产函数变化的各项因素均可纳入"技术变化"，而创新则更加偏向于新技术和新方法的发明（周兴和张鹏，2014）。相关研究表明，国际知识溢出的渠道主要包括人力资本流动、外商直接投资、对外直接投资、国际贸易、专利的引用等。与此同时，关于移民与创新方面的研究发现，在东道国经济中产生更大的文化多样性是移民促进创新的一个重要机制。因此，本章在对已有文献进行归纳总结的基础上，从国际人才流入与人力资本累积、国际人才流入与外商直接投资、国际人才流入与对外直接投资以及国际人才流入与多元文化创新四个方面展开，详细阐述了国际人才流入影响中国技术进步的理论机制。

第一节　国际人才流入与人力资本积累

Lucas（1988）在"人力资本积累增长模型"中指出，人力资本除了能为经济主体产生经济效益外，还对生产过程中的技术知识起到关键性作用。一方面，人力资本在从事生产的过程中，还可以利用不同渠道获得新的技术知识，从而促进技术知识的进步。另一方面，平均人力资本不仅可以提升个体人力资本的生产效率，同时还可以通过在生产过程中不断积累技术知识，不断提升平均人力资本能力，最终影响其他生产因素的效益。同时，国际留学人才的培养是一种跨越国界的双边学生流动，Park（2004）和Le（2010）研究发现，国际学生流动是促进国际研发溢出效应的一个重要渠道，Park和Le利用Coe和Helpman（1995）获得的相关数据，实证检验了促进国际研发知识溢出效应的另一个重要渠道，即国际学生的流动，实证结果表明，国际学生在经济体之间的流动是促成研发溢出效应的重要因素。只要知识和技术通过研发投入得到加强，国际学生流动与国际研发溢出程度之间就会有一个积极的联系。国际人才的流入不仅可以通过自身掌握的专业技术知识直接促进东道国的技术进步，还可以通过技术扩散效应进一步提升当地技术水平。

一　国际人才流入促进人力资本积累的机制分析

（一）人力资本的直接累积效应

已有研究指出，人力资本投资与移民之间存在重要的联系（Duleep and Regets，1999）。首先，国际移民尤其是国际人才的流入，直接充实了流入地区的知识库，提升其人力资本存量（魏浩和袁然，2018）。流入中国的国际人才是在国外接受过或正在接受高等教育或拥有一定国外相应技术领域工作经验的短期移民，这类人群一般具有较高的技能水平，掌握一定的相关领域的专业技术知识，其流入中国可以提升中国劳动力的平均技术水平，从而直接促进中国人力资本量的积累和质的提升（Kapur and McHale，2005；李平和许家云，

2011）。虽然在此前中国的移民相关政策中，外国留学生毕业后无法直接办理外国人就业证和居留许可，需在国外工作两年才可申请在中国就业，但是，近年来随着中国签证政策的不断放宽，越来越多的国际留学生毕业后能够有机会在中国工作，从而直接增加了中国的高质量人力资本积累。2017 年 1 月，人力资源社会保障部、外交部、教育部联合下发了《关于允许优秀外籍高校毕业生在华就业有关事项的通知》，拟允许在中国境内高校取得硕士及以上学位的外国留学生，以及在境外知名高校取得硕士及以上学位的外籍毕业生在华就业，为引进国际优秀人才进一步放宽了条件。流入的国际人才与回流的海归人才均为高素质人力资本，两者均可以创造一批拥有先进技术、资本和专业联系网络的高质量人力资本群体，从而为中国构建一个庞大的高级人力资源库（李平和许家云，2011）。由于国际人才在流入中国之前具有一定的海外教育背景或工作经验，因此一旦他们流入中国，其在国外学习的先进技术、积累的工作经验以及掌握的市场信息就会溢出到中国（Adda et al.，2006）。此外，高技术国际人才的流入还可以直接增加地区研发工人数量，而研发工人则是企业创新过程中关键的投入要素之一（Pholphirul and Rukumnuaykit，2017）。

（二）人力资本的竞争示范效应

人力资本的竞争效应（Competition Effect）可以刺激本土人力资本投资。首先，从个人层面来看，作为高层次人力资本，国际留学生人才一般具有较高的素质，随着中国人才政策的不断放宽，其毕业后留在中国工作会在一定程度上对国内高新技术领域的就业机会产生"挤出效应"（李平和许家云，2011），加剧本土市场的人才竞争状况，从而激励国内劳动者通过进一步深造或参加职业培训等方式来提高自身人力资本水平，以适应竞争激烈的就业市场，继而提高国家整体人力资本水平（Mountford，1997）。其次，从企业层面来看，跨国人才较多企业与本土人才较多企业之间存在一定的竞争关系。在同一市场范围内，企业为获得更大的市场份额，必然会做出最大努力来提高生产管理技术以及服务水平等，而人才则是实现这些目标的关键，国际人才的流入加剧了企业间的人才竞争（仇怡和聂萼辉，2015）。

这在一定程度上会激励本土人才较多企业一方面加大其员工培训力度，另一方面高薪抢占核心人才，这又会引发新一轮的人才竞争，进一步激励国内劳动者不断提升自身技术水平。同时，由于国际人才一般都集中在高新技术产业，人才与商业领域的激烈竞争有可能引发行业技术革新，最终形成行业竞争与产业结构转型与升级的良性循环。此外，企业间通过产业集聚效应，能够进一步带动本地企业技术升级，并且促进集群的技术升级（张宇和蒋殿春，2008）。

（三）人力资本的测度方法

根据人力资本理论，人力资本主要来源于接受教育或培训，工作经验的累积等，关于衡量人力资本的方法，已有文献中较为常见的方法包括教育年限累积法、教育回报率法以及终生收入法。

1. 教育年限累积法

根据已有研究，人力资本积累的主要途径包括家庭教育、学校教育以及"干中学"（Learning By Doing）等，因此，国内外学者在进行实证研究时往往使用平均教育年限等作为人力资本的估算指标，如Barro 和 Lee（1996）。该方法的主要思想是：受教育年限的多少反映了人力资本水平的高低。采用教育年限累积法来衡量人力资本存量时，一个经济体的人力资本，可以用如下计算公式表示：

$$H = \sum_j h_j L_j \tag{3-1}$$

其中，H 为人力资本总量，h_j 为经济体中第 j 类劳动者的平均人力资本水平，L_j 则表示第 j 类劳动者的总量。教育年限累积法是根据受教育年限的不同，将劳动者分为不同的类型，首先估算相同类型劳动者的人力资本，接着加总不同类型劳动者的人力资本，最终得到经济体的人力资本总量。但该方法未考虑教育以外其他人力资本积累方式，同时也忽略了教育收益及教育质量的问题，如在加总时假定一年的小学教育等同于一年的大学教育。

2. 教育回报率法

与教育年限累积法相比，教育回报率法的优点在于它考虑了不同教育阶段对生产效率可能起到不同的作用。假定一个地区内部的劳动力是同质的，每个劳动力平均受到 E_i 年的教育，人力资本增强型劳动力 h_i 表示如下：

$$h_j = e^{\varphi(E_j)} L_j \qquad\qquad (3-2)$$

即根据明瑟工资回归方程回归估计的教育回报率，多接受一年教育使劳动者生产效率提高的比例是 $e^{\varphi(E_j)}$，即没有接受正规学校教育的劳动力只能提供一单位简单劳动。用式（3-2）把教育年数转换成人力资本存量时需要使用教育回报率，由于目前在我国尚没有这方面数据，文献中（彭国华，2005）通常采用 Psacharopoulos（1994）提供的数据，即中国教育回报率在小学阶段、中学阶段和高等教育阶段分别为 0.18、0.134 和 0.151。

本书在测算人力资本存量的时候使用的则是教育回报率法。结合中国的实际情况，在采用该数据时，将（E）设定为分段线性函数，受教育年限在 0—6 年的回报率系数确定为 0.18，6—12 年为 0.134，12 年以上为 0.151。当然，教育回报率法也存在一定的缺陷，如忽视了工作经验和在职培训对人力资本积累的作用，但目前尚无法获得这方面的数据。

3. 终生收入法

终生收入法是美国经济学家 Jorgenson 和 Fraumeni（1992）在测算美国人力资本水平时首先提出的以估算个人终生收入为基础来测算人力资本水平的一种方法，即以个人预期生命期的终生收入的现值来衡量其人力资本水平，又称为 J-F 方法。

J-F 方法假设个体的人力资本和物质资本一样，可以在市场上进行交易，个体的人力资本价格即为其预期生命周期里的未来终生收入的现值。该方法首先把一个国家的人口按照性别、年龄、受教育程度分为不同的群体，同时把生命周期划分为五个阶段，预期收入的计算也相应地使用不同的公式，然后加总不同群体的预期生命期的未来终生收入的现值得到一国的人力资本存量。

李海峥等（2010）将 J-F 方法与中国目前的受教育及工作年龄的实际情况结合起来，给出了具体的计算方法。

第五阶段是退休状态，即最后一个阶段，这一阶段既不上学也不工作。根据我国法律对退休年龄的相关规定，这一阶段设定女性55周岁及以上，男性60周岁及以上：

$$mi_{y,s,a,e}=0 \tag{3-3}$$

其中，y、s、a、e 依次表示年份、性别、年龄以及受教育程度；mi 表示预期的未来终生劳动收入。

第四阶段为工作阶段，但这一阶段不再接受正规的学校教育。根据中国的具体情况，这里设定为男性25—59周岁，女性25—54周岁，具体的计算公式为：

$$mi_{y,s,a,e}=ymi_{y,s,a,e}+sr_{y+1,s,a+1}\times mi_{y,s,a+1,e}\times(1+G)/(1+R) \tag{3-4}$$

其中，sr 为能够活到下一年的概率，即存活率，ymi 表示这一群体在该年的年收入，G 为实际收入增长率，R 为贴现率。

第三阶段为上学或工作阶段，这里设定年龄区间为16—24周岁，具体计算公式为：

$$mi_{y,s,a,e}=ymi_{y,s,a,e}+[senr_{y+1,s,a+1,e+1}\times sr_{y+1,s,a+1}\times mi_{y,s,a+1,e+1}+$$
$$(1-senr_{y+1,s,a+1,e+1})\times sr_{y+1,s,a+1}\times mi_{y,s,a+1,e}]\times(1+G)/(1+R) \tag{3-5}$$

其中，$senr$ 表示一个受教育程度为 e 的个体继续接受下一阶段教育（$e+1$）的概率，即升学率。

第二阶段为学习阶段，该阶段仅上学不工作，年龄区间设定为6—15周岁，具体计算公式为：

$$mi_{y,s,a,e}=[senr_{y+1,s,a+1,e+1}\times sr_{y+1,s,a+1}\times mi_{y,s,a+1,e+1}+(1-senr_{y+1,s,a+1,e+1})\times$$
$$sr_{y+1,s,a+1}\times mi_{y,s,a+1,e}]\times(1+G)/(1+R) \tag{3-6}$$

第一阶段为既不上学也不工作，年龄范围为0—5岁，具体计算公式为：

$$mi_{y,s,a,e}=sr_{y+1,s,a+1}\times mi_{y,s,a+1,e}\times(1+G)/(1+R) \tag{3-7}$$

使用 $P_{y,s,a,e}$ 表示 y 年，性别为 s，年龄为 a，受教育程度为 e 人口总数，通过计算市场收入最终得到一个国家总人口的预期未来终生收入，因此，从收入角度出发计算的人力资本存量为：

$$MI(y)=\sum_s\sum_a\sum_e mi_{y,s,a,e}L_{y,s,a,e} \tag{3-8}$$

二　人力资本的技术知识溢出效应

（一）人力资本的外部性

人力资本的外部性（Productivity Spillover）主要是指技术和知识的外溢和扩散现代经济增长理论中强调人力资本外部性如何改变特定工人的生产率。一个突然被许多高技能工人包围的工人将通过接触新的思想和观念来提高自己的生产力（Borjas，2014）。然而，这种生产力溢出效应总是与经济学分析中的核心法则，即传统的稀缺性法则和收益递减法则并存。根据 Jones 和 Romer（2010），本书研究假设生产函数取决于研究思想的存量 A，资本存量 K，工人的数量 L。通常假设 K 和 L 有不变的回报。因此，生产函数可以进一步写为：

$$Y = A^{\varphi}\left[K^{\alpha}L^{1-\alpha}\right] \qquad (3-9)$$

其中，φ 表示"外部性的弹性"，即研究思想的存量每增长 1% 所带来的产出增长的百分比。在已有文献中，通常假定研究思想的存量与工人的数量成正比（或者简化为 $A = L$）。因此，高技能移民的边际产出可表示为：

$$MP_L = (1 + \varphi - \alpha)K^{\alpha}L^{\varphi - \alpha} \qquad (3-10)$$

高技能移民的大量流入同时增加了研究思想和工人的数量。这里可以从短期和长期两个角度来阐释该模型的含义。根据经济学定义，资本存量 K 在短期范围内是固定的，但是在长期范围内是完全可调整的。如果投入品市场是具有竞争性的，那么额外的资源将不断地进入投入品市场直到这些资源的回报率 r 再次等于世界水平，同时资本存量的变化率等于劳动力规模的变化率。那么，引起高技能工人边际产出的变化可表示为：

$$d\log MP_L = \begin{cases} (\varphi - s_k), & if\, d\log K = 0 \\ \varphi M, & if\, d\log K = m \end{cases} \qquad (3-11)$$

其中，$m = d\log L$；s_k 表示资本在收入中所占的份额。通过式（3-11）可以清楚地看到在短期范围内溢出效应与收益递减规律之间的关系。如果弹性 φ 足够大，那么高技能工人边际产出的价值则会增加。否则，在短期内对工人边际产出的影响将是负面的。式（3-11）还表明，在长期范围内，当资本存量完全适应高技能供给的冲击之后，高技能工人的边际产出必然上升。因此，从长期来看，人口规模增加能够带来收益，这主要是因为与资源稀缺性的负面影响相比，可利用的研究思想存量的增加带来的正面影响处于主导地位（Jones and Romer，2010）。

（二）人力资本流动与技术溢出

高技术人才的跨国流动能够在一定程度上促进知识的扩散（Keller，2002）。Walz（1997）指出，劳动力在发达国家与发展中国家间的流动，将通过知识技术的流动促进发展中国家的技术进步和经济增长，因此国际人才流动是促进科技在全球范围内迅速扩散的重要机制（Williams，2007）。Fallick等（2006）指出，高技术人才跨国流动是区域知识溢出的重要源泉和核心机制，高技术人才作为知识转移和知识溢出的载体，其流动促进了区域科技创新水平的提高（南旭光，2009）。Fosfuri等（2001）在研究中将人力资本流动的技术溢出效应考虑在内，认为有外资企业工作经验的人才，在流动到内资企业工作时能够提高内资企业的生产率。Gorg 和 Strobl（2005）通过实证分析发现，之前在同一行业有外资企业工作经历的企业家，能够提升所在内资企业生产率水平。Le（2008）研究发现，跨国劳动力流动能促进技术转移，实证结果显示，劳动力跨国流动能有效地促进技术转移，并且由于人力资本的流入增强了东道国吸收国外技术的能力，因此对研发溢出过程起着决定性作用。陈怡安（2014）研究发现，海归人才能够促进国际知识溢出和技术进步。

（三）"干中学"效应

国际人才的流入不仅可以通过自身专业技术优势直接促进流入东道国的技术进步，还可以通过企业间的技术扩散进一步提升当地技术水平。首先，跨国人才较多的企业通过自身拥有的人员和技术优势，借助研发合作协议等形式对当地企业实行技术转移，促进行业整体技术水平的提高。其次，国际人才较多的企业具有较强的国际化视野，其先进的技术知识和生产管理经验可能会对本土人才较多的企业产生一定的示范效应，本土人才较多的企业通过对跨国人才较多的企业的模仿与学习可以实现"干中学"式的技术进步（Zucker and Darby，

2007）。同时，两类企业间的人才流动也可能通过技术外溢效应，带动本土高技术人才的培养，本土劳动力通过"干中学"不断向国际人才学习，吸收掌握先进技术，员工间的示范效应产生"干中学"式的技术扩散与普及（Borensztein et al.，1998），从而进一步提高劳动力的总体素质。并且随着流入国技术水平和劳动力素质的不断提高，技术外溢效应也会不断增强。

第二节　国际人才流入与外商直接投资

一　国际人才流入促进外商直接投资的理论框架

通过已有文献梳理，得出人才跨国流动可以通过降低交易成本、增加交易信息来源、消费偏好扩散以及弱化国际文化距离等途径降低国际贸易壁垒。因此，如果用τ[①]（冰山成本）表示国际贸易存在的各种壁垒，通过上述分析可以把贸易壁垒与人才流入之间的关系表示为：

$$\tau = f(L) \tag{3-12}$$

并且根据国际人才流入能够有效地降低国际贸易壁垒可知：

$$\frac{\partial \tau}{\partial L} < 0 \tag{3-13}$$

另外，李坤望等（2006）指出，贸易自由度可用来反映国家间商品贸易的自由及便利程度，即贸易双方之间对商品流动的阻碍越小，商品越能以较低成本实现跨国转移和交易，贸易自由度就越高，所以本书从贸易成本的角度衡量贸易自由度。现有研究大多从贸易壁垒角度测算贸易自由程度。Anderson 和 Wincoop（2004）提出，贸易成本包括获取商品需要支付的除生产成本以外的一切成本，包括贸易壁垒、保证合同实施的费用、克服语言差异和文化差异的支出、货币兑换的费用与汇率风险、进口国法律和管制费用以及进口国批发和零售的配送成本等。因此，根据上述文献以及 Baldwin 等（2003）提到的

---

　　① 用数学语言叙述如下：运送 1 单位的产品，只有τ（$\tau<1$）部分能到达目的地，其余（$1-\tau$）部分在运输途中损失。

贸易自由度 φ，且 $\varphi = \tau^{1-\sigma}$ 可知，贸易壁垒的下降会带来贸易自由度的上升，即：

$$\frac{\partial \varphi}{\partial \tau} < 0 \tag{3-14}$$

综上所述，可以得出，国际人才流入可以降低贸易壁垒，而贸易壁垒的下降则会带来贸易自由度的上升，因此，国际人才流入可以提升贸易自由度，即：

$$\frac{\partial \varphi}{\partial L} = \frac{\partial \varphi}{\partial \tau} \times \frac{\partial \tau}{\partial L} > 0 \tag{3-15}$$

接下来，进一步假定消费者效用函数为两层效用函数（Krugman，1991），上层效用函数为 Cobb-Douglas 效用函数，由农产品和工业品组合构成；下层效用函数为 CES 效用函数，由不同的工业品组成（颜银根，2014）。预算约束下最优化消费者效用函数，可得到消费者对工业品和农产品的需求函数：

$$x_A = \frac{(1-\mu)E}{p_A}, \quad x_h = \frac{\mu E p_h^{-\sigma}}{p_M^{1-\sigma}} \tag{3-16}$$

其中，x_A 为消费者对农产品的需求，x_h 为消费者对工业品 h 的需求，E 表示消费者可支配收入，μ 为消费者工业品支出占全部支出的比重，p_h 为第 h 种工业品的价格，p_A 为农产品的价格，p_M 为工业品组合的价格指数。厂商为垄断竞争企业，则利润函数为：

$$\pi = (1-\nu)(p-c)(x_h + \tau x_h^*) \tag{3-17}$$

其中，v 为地方政府征收的税率，若政府给予补贴则该值为负，c 为工业品的边际成本，τ 为冰山成本，表示国际贸易中存在的各种摩擦，即贸易壁垒，x_h^* 为外地对本地产品的需求。根据张伯伦垄断竞争模型，产品价格为"加成价格"，即 $p = \frac{\sigma}{\sigma-1}c$，因此，进一步可得到企业的利润函数为：

$$\pi = (1-\nu)(x_h + \tau x_h^*)c/(\sigma-1) \tag{3-18}$$

如果将边际成本函数定义为 $c = w^\alpha r^\beta n^\gamma$，其中 w 为地区工资水平，r 为利率水平，即资金成本，n 为该地区的企业数量，即本章提到的地理聚集，α、β、γ 为常数。根据 Baldwin 等（2003）提到的贸易自由度 φ，且 $\varphi = \tau^{1-\sigma}$。将式（3-16）以及成本函数代入式（3-18），企业的利润函数则变为：

$$\pi = \frac{\mu(1-\nu)(w^\alpha r^\beta n^\gamma)}{(\sigma-1)} \times \left[\left(\frac{E p_h^{-\sigma}}{p_M^{1-\sigma}} \right) + \left(\frac{\varphi E^* p_h^{-\sigma}}{(p_M^*)^{1-\sigma}} \right) \right] \qquad (3-19)$$

其中，$E p_h^{-\sigma}/p_M^{1-\sigma} + \varphi E^* p_h^{-\sigma}/(p_M^*)^{1-\sigma}$ 为新经济地理学相关文献中提到的市场潜能项。式（3-19）中 ν 为地方政府征收的税率，若政府给予补贴，则该项为负值；从式（3-19）可以看出，贸易自由度的上升能够带来企业利润的上涨，国际人才的流入能够有效地降低国际贸易壁垒，而贸易壁垒的下降则会带来贸易自由度的上升，即：

$$\frac{\partial \pi}{\partial \varphi} > 0 \qquad (3-20)$$

最终结合式（3-15）和式（3-20）可得：

$$\frac{\partial \pi}{\partial L} = \frac{\partial \pi}{\partial \varphi} \times \frac{\partial \varphi}{\partial L} > 0 \qquad (3-21)$$

通过上述分析可以得出，国际人才的流入可以通过一系列途径有效地降低国际贸易壁垒；而国际贸易壁垒作为贸易成本的重要组成部分，在以往的研究中经常被作为测算贸易自由度的指标，并且贸易壁垒的降低能够促进贸易自由度的提升；同时，从上文推导出的企业利润函数可以看出，贸易自由度的提升能够带来企业利润的进一步增长，因此，可以得出地区国际人才的流入也是提高当地企业利润的重要因素之一，而该因素在以往的研究中却一直被忽视。

综上所述，结合企业在生产过程中追求利润最大化的原则可以得出，国际人才流入能够有效地促进地区外商直接投资。

二　外商直接投资的国际知识溢出效应

Coe 和 Helpma（1995）发现国外研发对国内生产力有积极影响，且外贸经济越开放影响越强；随后的研究中包括捕捉跨境使用中间产品产生的跨国 R&D 溢出强度，视具有外来直接投资（Potterie and Lichtenberg，2001）等具体技术的实体资本为技术传播的渠道。随着新技术体现在人力资本以及物质资本和中间产品中，人力资本的国际运动将引发技术在各国间的进一步扩散。

Kapur 和 Mchale（2005）认为，人才流入同样可以通过加强国家间的贸易和投资往来进而促进技术转移与技术进步。已有研究发现，人力资本流动具有显著的 FDI 引致效应（Docquier and Lodigiani，2010）。国际人才的流入不仅可以给东道国输入最新的知识技术，还可以通过形成国际移民网络，加强人才输出国与输入国之间的联系。国际移民网络是指移民与母国基于亲属关系、友情关系所建立起来的一系列特殊的经济、文化、科技等联系（Rauch，2001），它可以带来不同于本地居民的人际和商业网络。流入的国际人才在给东道国带来多样化知识技术的同时，还可以形成一定的社交网络、商务网络和技术网络（Rauch and Trindade，2002；Jonkers and Tijssen，2008）。首先，国际人才的流入能够使流入国更好地了解其母国市场、降低跨国公司的信息搜寻成本（Portesa and Rey，2005）。其次，还能够有效地弱化国家间的文化壁垒、促进文化交融（Barkema et al.，1996），并且国际人才的流入能够在一定程度上促进国家间双边投资协定的签订（Poot and Strutt，2010）。Kugler 和 Rapoport（2006）研究发现，在中国人力资本流动与贸易之间存在一定的互补关系。除贸易引致机制外，关于华人网络的研究也表明，其引致的 FDI 也是中国吸引外资的重要组成部分（Gao，2003）。在特定地理环境中，具有不同知识储备的个体、群体、企业和产业所组成的关系网络会进一步促进新知识的产生和转移（Gagliardi，2015；Pholphirul and Rukumnuaykit，2017）。国际人才流入的网络效应所产生的一系列影响均有助于加强其母国与中国在贸易投资等领域的联系，通过吸引更多的贸易和 FDI 进一步扩大国际人才流入的知识溢出效应。

另外，跨国人才较多的企业通过自身拥有的人员和技术优势，借助研发合作协议或技术合作等形式对当地企业实行技术转移，促进行业整体技术水平的提高。同时，关于国际留学生方面的研究，如 Chellaraj 等（2008）研究发现，留学生流入会显著提升美国高校和非高校科研机构的专利授予量；Stuen 等（2012）发现，博士留学生流入会显著地提升美国科学工程学科论文出版和引用率。

第三节　国际人才流入与对外直接投资

一　国际人才流入促进对外直接投资的机制分析

通过对相关研究文献的梳理，可以发现，国际学生在母国与中国间的交流学习可以通过投资成本降低效应、投资风险规避效应以及人才瓶颈突破效应三条途径推动中国对外直接投资。

首先，国际留学生人才流入有助于我国降低对外投资成本。一方面，相比国内投资活动，信息缺乏会在很大程度上增加国际投资活动的成本，投资成本正是阻碍中国对外直接投资的重要壁垒之一（Salidjanova，2011）。而国际留学生能够较好地掌握母国市场情况，同时具备语言交流方面的优势，能够使信息的搜寻与获取变得更为便利（Head and Ries，1998；Portes and Rey，1999），可以通过交易成本降低效应、交易信息获取效应、交易契约履行效应降低国际投资的交易成本和机会成本，从而引发投资扩张和创造效应（魏浩等，2015），因此，国际留学生人才的流入可以通过降低信息搜寻成本从而推动中国对外直接投资。另一方面，中国企业在对外投资过程中不得不面临异国文化差异对其所产生的文化壁垒（Harry et al.，1996），东道国的社会和人民能否接受来自跨国企业母国的文化将对跨国企业的投资经营起着决定性的作用（杨立，2005），因此，跨国企业需要时间去熟悉和适应文化差异较大的东道国文化，这无疑会对对外投资活动产生一定的阻碍作用并导致企业对外投资成本的增加，而人才是一国文化的载体，人才的跨国流动在促进中国与沿线国家文化沟通交融方面发挥了不可或缺的重要作用。熟悉和理解中国文化的年轻留学生群体，其对文化多样性更多的是一种包容和接受的心态，他们不仅可以在中国传播各自的母国文化，学成归国后还可以作为中国与外部世界之间沟通的桥梁和纽带，通过多元文化、管理经验和沟通交流将我国文化渗透至东道国文化之中，从而加速推进中国的 OFDI。

其次，国际留学生人才的流入有助于降低对外投资的风险和不确定因素。跨国公司进入新市场时会面临诸多的市场和企业特有的不确定性。市场不确定性主要源于企业对东道国制度、竞争环境等的不熟悉以及东道国市场的不可预测性和多变性，企业特有的不确定性则源于企业自身的国际投资和市场运营经验的不足以及缺乏应对不熟悉环境的所有权优势，为了保护产权，企业倾向于向政治稳定、制度成熟和有支持外企投资政策的东道国投资（Henisz and Delios，2001）。然而，双边投资协定的签订能够通过弥补东道国制度的缺位和母国制度支持的不平衡，从而为签约国投资提供特殊制度保护，因此对吸引OFDI 产生一定的积极作用（宗芳宇等，2012）。并且已有研究指出，国际移民规模与国际贸易协定的签订之间存在一定的因果关系（Poot and Strutt，2010），而国际留学生又是高技术人才移民的重要组成部分（She and Wotherspoon，2013）。因此，国际留学生可以通过促进中国与其母国之间签订更多的双边投资协定，进而推动中国对其母国的直接投资。此外，通过来华留学生背后的家庭和社会关系进行投资也可以降低企业对外投资的风险，这种社会和家庭网络通过增加信息量而消除投资中的各种不确定性（赵永亮，2012）。

最后，国际留学生人才的流入还有助于我国突破对外投资过程中的人才"瓶颈"问题。世界知名咨询公司麦肯锡的调查显示，88%的企业高管认为，海外并购或投资失败的首要原因是缺乏人才（周谷平和阚阅，2015）。尤其是中国这样的新兴市场国家企业，缺乏国际投资经验和人才等国际化经营资源会导致企业在国际投资过程中遭遇更多的风险（Yuan and Pangarkar，2010）。而留学生作为人才流动的重要组成部分，一方面代表着富有知识和创造性思维的特殊群体，具备了全球一流的技能，其学成归国后能够有效地增加东道国的高技能人才储备，为中国对外投资提供便利；另一方面归国留学生还可以通过技术外溢效应，带动本土高技术人才的培养，本土劳动力通过"干中学"不断向留学人才学习，吸收掌握先进技术，由此提高东道国劳动力素质。随着发展中国家技术水平和劳动力素质的不断提高，技术外溢效应也会不断增强。Noorbakhsh 等（2001）指出，如果一个国家仅仅依靠低技术劳动力或者自然资源来吸引 FDI，则很难吸引到一些工业附加值较高的 FDI 并导致经济增速放缓，由此可见，人力资本尤其是高素质劳动力对于发展中国家吸引 FDI 的重要性。

二 对外直接投资的逆向技术溢出效应

Kogut 和 Chang（1991）最早提出了关于对外直接投资可能存在逆向技术溢出效应的猜想，企业通过对外直接投资可获取东道国的技术和市场（Dunning，1996）。Potterie 和 Lichtenberg（2001）在研究对外直接投资对母国生产率的影响时，将对外直接投资作为国际知识溢出的渠道之一引入 CH 模型（Coe and Helpman，1995），研究发现，外向 FDI 能够显著促进国内生产率。关于中国对外直接投资的逆向技术溢出效应，朱彤和崔昊（2012）研究发现，对外直接投资的逆向技术溢出效应可以促进中国的技术进步。李梅和柳士昌（2012）也指出，对外直接投资是国际知识溢出的重要渠道之一，并通过研究发现，我国对外直接投资的逆向技术溢出效应存在一定的地区差异。刘宏和张蕾（2012）通过实证分析发现，我国对外直接投资能够有效促进全要素生产率的提升。但是在对外投资东道国不同的情况下，国内学者得出的结论则不尽相同，如毛其淋和许家云（2016）研究发现，对发达国家的 OFDI 能够显著促进我国技术进步，但也有学者发现对发达国家的直接投资没有显著的逆向技术溢出效应（陈强等，2016）。

对发达国家进行直接投资，主要是通过逆向技术溢出吸收发达国家的先进科学技术，突破企业原有的技术路径依赖，加速实现创新（王桂军和张辉，2020）。然而，由于发展中国家与发达国家在资源禀赋和要素投入等方面的较大差异，因此对于发展中国家来说，直接从发达国家获取最新的技术可能会出现与本国的要素禀赋结构不匹配等问题（Acemoglu and Zilibotti，2001；林毅夫和张鹏飞，2006）。而对发展中国家的直接投资则可以通过将产品市场延伸至发展中国家，通过成本优势获取更多的利润，从而为企业提供更加丰厚的研发经费，促进企业的创新活动（王桂军和卢潇潇，2019）。随着"一带一路"倡议的提出，不断涌现出一些专门针对中国对"一带一路"沿线国家 OFDI 的逆向技术溢出机制的研究，如周记顺和万晶（2020）选择"一带一路"沿线 20 个中低收入国家作为研究样本，详细阐述了

OFDI 的逆向技术溢出机制，即对发展中国家的 OFDI 可以通过促进竞争优势产业投资、优势科技创新合作以及特殊劳动技能分享产生逆向技术溢出效应，继而通过母国的研发强度、研发人员、经济发展水平和对外开放程度四条途径促进母国吸收技术进步。

此外，还有学者基于不同视角研究了 OFDI 的逆向技术溢出效应，如尹建华和周鑫悦（2014）基于技术差距的视角研究了中国对外投资的逆向技术溢出效应；陈培如和冼国明（2020）基于二元边际视角分析了中国对外直接投资的逆向技术溢出效应；王桂军和张辉（2020）基于发达国家的视角，研究了中国对非"一带一路"沿线的发达国家的 OFDI 对中国企业 TFP 的影响。已有研究的普遍结论均为，中国对外直接投资存在显著的逆向技术溢出效应，能够有效提升中国的全要素生产率水平。

第四节　国际人才流入与文化多样性

文化多样性（Cultural Diversity）的创新效应是经济学领域研究的重要话题之一。Jacobs（1969）最早提出这一论题，并指出城市自身经济的多样性更有利于激励创新和经济增长。作为城市多样性的重要表现之一，文化多样性对创新的作用受到越来越多的关注，并得到大量理论和经验研究的支持。Parrotta 等（2014）指出，国际移民流入可以增加地区劳动力的多样性，包括知识技能多样性、种族文化多样性以及人口特征多样性，从而促进东道国企业创新。国际移民流入会带来本土工人不具备的多种知识，增加地区知识的多样性，因此，国际移民流入可以通过增加地区知识多样性促进企业创新（Pholphirul and Rukumnuaykit，2017）。

一　国际人才流入促进文化多样性创新的理论框架

国际人才的流入增加了他们所流入的地区或城市的种族和文化多样性。根据 Ottaviano 和 Peri（2005）、Niebuhr（2010）的研究，将劳动力文化多样性因素考虑进生产函数中。研发技术人员 L_{in} 在国籍 n

方面有所不同。为了开发产品新设计 P_i，他们可以利用现有技术知识 A_i：

$$P_i = \left[\, 1 - \tau(div_i)\,\right]^\alpha A_i^{1-\alpha} \sum_{n=1}^{N} (L_{in})^\alpha \qquad (3-22)$$

其中，交易成本 $\tau(div_i) \in (0, 1)$ 是文化多样性的增函数。因此，由于沟通障碍以及其他可能阻碍不同文化群体之间交流的文化差异等因素的存在，只有 $\left[1-\tau(div_i)\right]$ 部分的投入可用于生产。关于劳动力投入的可加性分离函数（Additively Separable Function）意味着，在研究人员总数一定的情况下，产出随着工作分布在更多的工人群体而增加。在给定数量国籍 N 的情况下，与集中在一个国籍相比，将研发技术人员平均分配到 N 个不同的国籍组生产效率更高。这里假设劳动力是同质的，异质性仅指劳动力的不同文化背景。具有相同学历但国籍不同的研究人员之间不能完全替代。文化多样性的积极影响的大小取决于国籍之间的替代弹性 $\sigma = 1/1-\alpha$。

为了区分单纯增加员工数量的影响和多元文化效应的影响，这里将式（3-22）乘以 $(L_i/L_i)^\alpha$：

$$P_i = \left[\, 1 - \tau(div_i)\,\right]^\alpha A_i^{1-\alpha} L_i^\alpha \sum_{n=1}^{N} (L_{in}/L_i)^\alpha = \left[\, 1 - \tau(div_i)\,\right]^\alpha A_i^{1-\alpha} L_i^\alpha div_i$$

$$(3-23)$$

其中，$div_i = \sum_{n=1}^{N}(L_{in}/L_i)^\alpha$ 为文化多样性指数，表示研发技术人员的文化多样性。多样性指数受区域内现有研发技术人员中存在的国籍种类以及研发技术人员在不同国籍之间就业分布的影响。多样性对知识产出的边际影响由下式给出：

$$\frac{\partial P_i}{\partial div_i} = A_i^{1-\alpha} L_i^\alpha \left[\, \left[\,1-\tau(div_i)\,\right]^\alpha - \alpha \left[\,1-\tau(div_i)\,\right]^{\alpha-1} \times \frac{\partial y}{\partial x} \times div_i \right] \qquad (3-24)$$

因此，多样性影响的大小和方向受两个因素影响：国籍之间的替代弹性以及与多样性相关的交易成本。文化多样性可能产生的净效应来源于其积极影响与消极影响之间进行对比。文化多样性的积极效果主要体现在，多样化的城市环境可以促进创新并吸引创新产业（Duranton and Puga, 2001），同时，文化多样性还能够促进企业的研发，来自不同教育和文化背景的人才可以提供多样化的研究视角并且更具创造力（Fujita and Weber，2004），从而有利于企业制定最优的创造性解决方案（Niebuhr，2010）；Parrotta 等（2014）发现，种族多样性会提高企业申请专利的概率，增加企业专利申请数量，扩大企业专利申请的技术领域。其可能存在的负面影响则是由于不同文化背景的劳动力之间存在一定的文化差异或文化距离（Cultural Distance），因此文化多样性会造成较高的沟通成本，降低社会信任度，这种情况下，多样性可能会阻碍员工之间的互动和交流，缺乏共同行动，从而导致矛盾与冲突，因此可能在一定程度上阻碍企业创新（Ozgen et al.，2014）。

关于文化多样性正负效应之间的权衡问题，Lazear（2000）指出，如果不同的文化群体之间拥有完全不相交的信息集，那么通过文化多样性中获得的收益则是最大的，因为这种情况下个体之间可以相互学习的知识很多；反之，则多样性不会带来任何好处。关于创新，最有可能的是与高技能外国人才的专有技术有关。工人的教育水平也可能影响多样性的成本，如果工人之间的技术差距过大，则可能由于语言障碍等问题的存在无法进行互动（Keely，2003）。

二　文化多样性的创新效应

越来越多的研究开始关注高技能移民是否会刺激目的地国家的创新活动（Kerr，2016）。通常提出两个观点：第一个观点认为，技术移民直接促进了研究活动和创新（Chellaraj et al.，2008）。第二个观点强调种族和文化多样性的作用（Alesina and Ferrara，2005；Ottaviano and Peri，2005）。多样性既可以通过直接输入个人偏好来影响经济选择，又可以通过影响个人的策略来影响经济结果。Niebuhr（2010）指出，多元化的城市环境有利于吸引更多的创新产业，产生产业聚集效应（Industrial Agglomeration Effect），同时劳动力的文化多样性能够提升创业精神（Entrepreneurs），促进更多技术导向型公司的成立，并且异质性技术工人间的技能互补能够激发新的研究思想，促进知识溢出，提升创新能力（Audretsch et al.，2010）。

Fujita 和 Weber（2004）指出，知识生产在很大程度上取决于来自不同文化背景的员工的才能和技能。Alesina 和 Ferrara（2005）认为，文化多样性可能导致创新和创造力，因为它涉及能力和知识的多样性。Berliant 和 Fujita（2008）也提到文化多样性对于知识创造和转移的重要性。公司层面的多样性可以增强创新，因为它可以扩大公司的知识基础，允许新知识组合，增强问题解决能力和产生新想法（Østergaard et al.，2011；Parrotta et al.，2014）。已有的相关实证研究也证实了文化多样性可能对创新和技术进步的影响。如 Niebuhr（2010）的研究显示文化多样性（按工人的国籍）能够有效地促进德国地区的专利申请。Ottaviano 和 Peri（2006）指出，来自不同文化背景国家的移民构成了美国城市文化的多样性。由于文化背景差异，移民与美国本土劳动力相比，拥有不同的技术和能力，通过技能互补效应（Complementary Skills），促进创新和经济增长。Lazear（1999）研究发现，当来自不同地方的人们在一起工作时，各自携带的不同技能、经验和问题解决能力会产生综合创新的新想法。此外，国际移民流入会带来不同年龄阶段的劳动力，年轻移民拥有最新技术知识，年长移民拥有更为丰富的工作经验，他们在知识构成上的互补性能够促进企业创新（Parrotta et al.，2014）。

第五节　本章小结

本章主要从国际人才流入与人力资本累积、国际人才流入与外商直接投资、国际人才流入与对外直接投资以及国际人才流入与多元文化创新四个方面展开，详细阐述了国际人才流入影响中国技术进步的理论机制。

首先，高技术人才的跨国流动能够在一定程度上促进知识的扩散，由于劳动力在发达国家与发展中国家间的流动，将通过知识技术的流动促进发展中国家的技术进步和经济增长，因此国际人才流动是促进科技在全球范围内迅速扩散的重要机制。国际人才的流入一方面可以通过自身的专业技术优势直接促进流入国的技术进步，另一方面可以通过本国企业间的技术扩散进一步提升当地技术水平。其一，跨国人才较多的企业通过自身拥有的人员和技术优势，借助研发合作协议等形式对当地企业实行技术转移，促进行业整体技术水平的提高。其二，国际人才较多的企业具有较强的国际化视野，其先进的技术知识和生产管理经验可能会对本土人才较多的企业产生一定的示范效应，本土人才较多的企业通过对跨国人才较多的企业的模仿与学习可以实现"干中学"式的技术进步。

其次，人才流入同样可以通过加强国家间的贸易和投资往来进而促进技术转移与技术进步。国际人才的流入不仅可以给东道国输入最新的知识技术，还可以通过形成国际移民网络，加强人才输出国与输入国之间的联系。国际移民网络是指移民与母国基于亲属关系、友情关系所建立起来的一系列特殊的经济、文化、科技等联系。其一，国际人才的流入能够使流入国更好地了解其母国市场、降低跨国公司的信息搜寻成本。其二，还能够有效地弱化国家间的文化壁垒、促进文化交融，并且国际人才的流入能够在一定程度上促进国家间双边投资协定的签订。关于华人网络的研究表明，其引致的 FDI 也是中国吸引外资的重要组成部分。国际人才流入的网络效应所产生的一系列影响均有助于加强其母国与中国在贸易投资等领域的联系，通过吸引更多的贸易和 FDI 进一步扩大国际人才流入的知识溢出效应。

再次，由于对外直接投资存在逆向技术溢出效应，因此企业通过对外直接投资可获取东道国的技术和市场。已有研究证实，对外直接投资是国际知识溢出的渠道之一，且对外直接投资的逆向技术溢出效应可以促进中国的技术进步。对发达国家进行直接投资，主要是通过逆向技术溢出吸收发达国家的先进科学技术，突破企业原有的技术路径依赖，加速实现创新。然而，由于发展中国家与发达国家在资源禀赋和要素投入等方面的较大差异，因此对于发展中国家来说，直接从发达国家获取最新的技术可能会出现与本国的要素禀赋结构不匹配等问题。而对发展中国家的直接投资则可以通过将产品市场延伸至发展中国家，通过成本优势获取更多的利润，从而为企业提供更加丰厚的研发经费，促进企业的创新活动。

最后，来自不同文化背景国家的国际人才构成了中国城市文化的多样性，已有的相关实证研究也证实了文化多样性可能对创新和技术进步的影响。由于文化背景差异，国际流入人才与本土劳动力相比，拥有不同的技术和能力，可以通过技能互补效应，促进创新和经济增长。知识生产在很大程度上取决于来自不同文化背景的员工的才能和技能，已有研究发现，当来自不同地方的人们在一起工作时，各自携带的不同技能、经验和问题解决能力会产生综合创新的新想法。此外，国际人才流入会带来不同年龄阶段的劳动力，年轻移民拥有最新技术知识，年长移民拥有更为丰富的工作经验，他们在知识构成上的互补性能够促进企业创新。

第四章

国际人才流入的总体状况分析

本章通过典型化事实与图表汇报等直观途径，分别介绍了"国际人才流动的总体概况"和"中国国际人才流入的现状分析"两部分内容。由于本书的研究对象是国际留学生人才，因此在对上述两部分内容进行分析过程中，主要关注的是国际留学教育和中国留学教育发展过程中国际留学人才的流动状况。本章作为该研究的现实基础部分，以夯实本研究的现实基础，突出本研究的现实背景与意义。

第一节　国际人才流动的总体概况

一　国际人才流动的总规模

随着经济全球化的不断深化，全球范围内的人才流动不断增强。根据 UNDESA 的相关统计数据，国际移民的数量从 20 世纪 70 年代的 8446 万人增加至 2017 年的 2.57 亿人。与此同时，根据 UNESCO 及 OECD 调查数据显示，1960 年全球留学生人数约为 24.5 万人，到 1980 年上升至 97.7 万人，20 年增长了 73.2 万人。此后，国际留学教育继续保持发展态势，1990 年全球留学生人数攀升至 112.7 万人。进入 21 世纪后，增长更为突出，根据 OECD 数据统计，2000 年全球留学生人数共计 208.7 万人，2000—2012 年，外国学生本科注册人数增长超过 1 倍，平均每年增长率近 7%。至 2017 年国际学生总人数已高达 530 万人（UNESCO，2019），全球留学人数的不断攀升足以体现出国际学生跨国流动的愈加频繁。OECD 预测，到 2025 年，全球留学生数量将会增长至近 800 万人。

二 国际人才流动的主要目的国分布

全球留学生中来自亚洲的留学生占了 53%。按地域划分，欧洲是海外留学生的首选地，吸引了全球 48% 的留学生，但是自 2000 年以来，前去大洋洲的留学生人数翻了 3 倍，同时也有越来越多的留学生前往非洲、拉美以及加勒比等地，这反映出大学国际化在越来越多的国家普及。

图 4-1 显示了国际人才流入的主要国家变化情况。可以看出，2001 年，国际人才主要流入了美国、英国、德国、法国、澳大利亚和日本等国家，其中，美国所占比重最多，高达 28%，超过世界留学市场份额的 1/5。到 2018 年，美国依然是最主要的留学目的国，但同处北美洲的加拿大也成为国际学生选择留学的主要国家之一，所占比重为 7%。欧洲国家接收国际留学生比例相对均衡，英国排名首位，占据 10%，其次是法国占 7%，俄罗斯紧随其后，拥有 6% 的份额，德国所占比重为 5%。

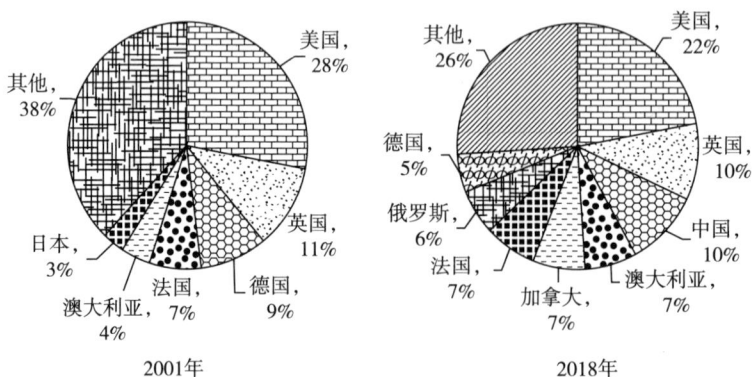

图 4-1 主要留学目的国占国际市场份额情况（2001 年和 2018 年）

注：由于四舍五入的原因，合计最后有可能不完全等于 100%，下同。

资料来源：IIE/Project Atlas.

从图 4-1 中可以看出，中国吸引的国际留学生规模迅速增加，2018 年已成为仅次于美国和英国的世界第三大国际学生流入目的国，占国际市场份额高达 10%。一方面，由于教育部于 2010 年出台《留学中国计划》，力争将我国建设成世界主要留学目的地国之一，并提出，"到 2020 年使我国成为亚洲最大的留学目的地，国际留学生达到 50 万人次"；另一方面，中国经济发展现状与潜力、社会对外开放及文化包容程度以及高校科研教育质量水平的提升等因素均促使近年国际留学生人数急剧增加。

三　国际人才流动的主要输出国

留学生派出国分布是指某国/地区向其他国家/地区派出的留学生占国际留学生总数的比例。根据《2016 年中国留学生发展报告》，2015 年我国在海外留学生共计约 126 万人，占世界国际留学生总人数的近 25%，中国学生主要选择美国、加拿大、英国、澳大利亚、新加坡、韩国、日本等国家留学，其中美国留学生中中国学生人数占比超过 30%，连续七年位居美国留学生来源国首位。2014—2015 学年，赴美留学生人数 30.4 万余人，同比上一学年增长 10.8%，澳大利亚的中国留学生 16.4 万余人，英国和加拿大则分别各有 14 万和 12 万中国留学生在读。此外，据统计，2015 年中国留学产业链总体规模在 3300 亿—3450 亿元，并且其中的 95% 在境外产生。由此可见，中国已成为世界第一大留学生输出国，并且留学产业市场规模十分庞大。

第二节　国际人才流入的现状分析

一　国际人才流入的总规模

1999 年，我国的国际留学生数量为 44711 人，随着我国对外开放和国际化程度的不断深入以及经济和教育水平的不断提高，国际留学生无论是在规模还是质量方面均体现出良好的发展趋势，2015 年，国际留学生数量已高达 397635 人，到 2017 年，国际留学生人数更是增长至 489172 人，超过 1999 年的 10 倍，来自全球 200 多个国家和地区的国际留学生分布在我国 746 所高等学校、科研院所和其他教育教学机构中学习。我国不仅在海外留学生规模上取得了显著的成绩，在来华留学的生源、专业以及层次等方面均实现了长足的提升。目前，我国已经跻身世界主要留学生目的国行列。

来华留学教育发展不仅单单体现在数量的增长上，还包括国际留学生质量的提高。从图 4-2 可以看出，1999 年，我国 44711 名外国学生中共有 11479 名学历生，占比仅为 25.67%，大部分留学生并不以在中国取得学位为留学目标。2007 年，我国国际留学生中学历生占比为 34.75%，相较于 1999 年比重提高了 9%。至 2017 年，489172 名国际留学生中学历生共计 241548 人，占比为 49.38%，接近五成。虽然和美国、澳大利亚这样的留学教育发达国家相比仍有不少差距，但足以体现国际留学生在质量上的提高。可以预见的是，未来国际留学生中学历生占比会进一步上升。

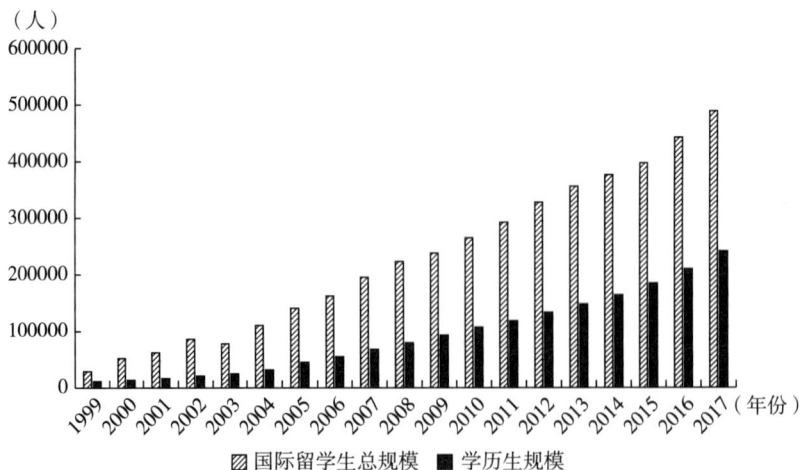

图 4-2　1999—2017 年国际留学生总规模和学历生规模的增长趋势

二　国际人才的来源地分布情况

（一）各大洲国际留学生情况

表 4-1 描述了 1999—2016 年世界五大洲国际留学生规模情况。

整体来看，各洲国际留学生总数排名依次是亚洲、欧洲、美洲、非洲、大洋洲。1999—2016 年，各大洲国际留学生人数均在不断增加，但增长幅度存在差异。1999 年，亚洲有 31914 名国际留学生，2016 年则共有 264976 名学生，人数增加十分可观。欧洲在 1999 年仅有 5621 名学生赴华留学，2016 年有 71319 人，约是 1999 年人数的 12.7 倍。美洲在 1999 年共有 4938 名学生来华留学，2016 年共有 38077 人。相比之下，我国接收非洲和大洋洲留学生人数较少，1999 年来自非洲和大洋洲的人数分别为 1384 人、854 人，2016 年人数则增至 61594 人、6807 人。值得注意的是，2015 年和 2016 年，非洲国际留学生人数均超过美洲人数。

表 4-1　　　　1999—2016 年各大洲国际留学生数量　　　单位：人

年份	亚洲	欧洲	美洲	非洲	大洋洲
1999	31914	5621	4938	1384	854
2000	39034	5818	5144	1388	766
2001	46142	6717	6411	1526	1073
2002	66040	8127	8892	1646	1124
2003	63672	6462	4703	1793	1085
2004	85112	11542	10695	2186	1327
2005	106840	16463	13221	2757	1806
2006	120930	20676	15619	3737	1733
2007	141689	26339	19673	5915	1887
2008	152931	32461	26559	8799	2749
2009	161605	35876	25557	12436	2710
2010	175085	41881	27228	16403	3773
2011	187871	47271	32333	20744	4392
2012	207555	54453	34882	27052	4388
2013	219808	61542	37047	33359	4743
2014	225490	67475	36140	41677	6272
2015	240154	66746	34934	49792	6009
2016	264976	71319	38077	61594	6807

资料来源：历年《来华留学生简明统计》。

从全国范围看，1999 年，在来自 164 个国家的 44711 名国际留学生中，有 71% 来自亚洲国家，其中来自日本和韩国的留学生最多；13% 的国际留学生来自欧洲国家，其中位居前两位的是德国和法国；来自美洲的留学生占比为 11%，其中来自美国的留学生人数为 4094 人，占美洲国际留学生总人数的 82.9%。来自非洲和大洋洲的留学生所占比重分别为 3% 和 2%。到 2016 年，共有 442773 名来自 205 个国家和地区的国际留学生来到中国，其中，亚洲所占比例从 71% 下降为 59.8%，欧洲所占比例从 13% 增加至 16.1%，非洲、美洲和大洋洲所占比例分别为 13.9%、8.6% 和 1.5%。从绝对人数上看，来自亚洲的国际留学生达到 264976 人，来自美洲的为 38077 人，其中有 23838 人来自美国。欧洲国际留学生人数为 71319 人，其中俄罗斯成为欧洲第一大国际留学生来源国，有 17971 人选择来华留学。2016 年，非洲的来华留学生人数为 61594 人，较 1999 年有显著增长，这可能与近年来我国大力发展与发展中国家的文化活动交流等有一定的关系。

图 4-3 显示了 1999—2016 年各洲国际留学生总人数的占比情况。可以看出，亚洲以 66% 的比例占据绝对主体地位，其次欧洲国际留学生总人数所占份额为 15%，美洲占比为一成，非洲比重为 8%，最后是大洋洲占比为 1%。

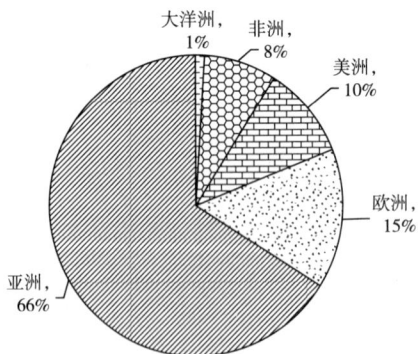

图 4-3　1999—2016 年各大洲人数累计占总人数比重

资料来源：历年《来华留学生简明统计》。

从各大洲国际留学生质量来看，各洲之间略有差异。从图4-4可以看出，亚洲、欧洲、大洋洲以及非洲的非学历生数量都高于学历生的数量，尤其是欧洲，1999—2016年非学历生累计共有477911人，学历生只有129299人，约占欧洲来华留学生总人数的27.1%。来自亚洲的留学生中学历生和非学历生的数量差距相对值较小，非学历生人数大约是学历生人数的1.2倍。非洲来华留学生中，学历生的数量累计为173375人，明显高于非学历生的110537人，占非洲来华留学生总人数的63.8%。由此可见，非洲学生来华留学大多以获取学位为留学主要目的。

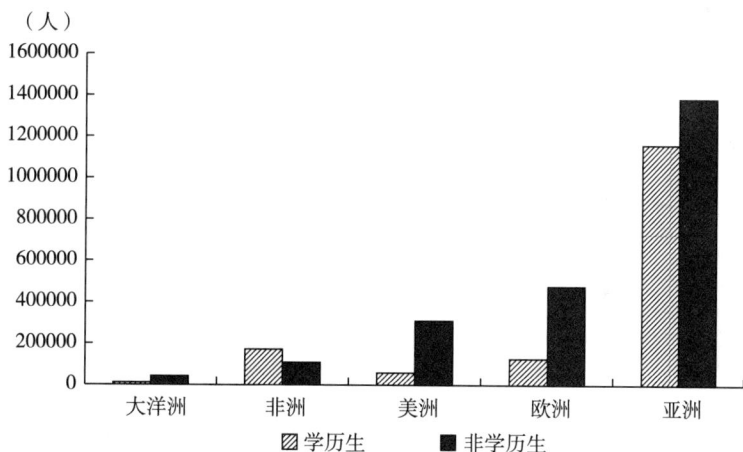

图4-4　1999—2016年各大洲来华学历生和非学历生总数

资料来源：历年《来华留学生简明统计》。

（二）国际留学生的15个主要来源国

综观1999—2016年各国国际留学生的规模，最为主要的15个国家为韩国、日本、泰国、新加坡、印度尼西亚、越南、尼泊尔、巴基斯坦、蒙古国、美国、加拿大、俄罗斯、法国、德国、澳大利亚，其中前十位国家中，亚洲国家占了七席，且历年国际留学生数量最多的三个国家均是韩国、日本和美国。

由图4-5可以看出，国际留学生人数最主要的15个国家的国际留学生人数虽然每年都在增加，但占国际留学生总人数的比重却逐年下降。1999 年共有 44711 名国际留学生，其中来自这 15 国的学生总数共计 37553 人，占总数的 84%，体现当年国际留学生母国高度集中于这 15 国。2008 年，共计 223499 名外国学生来华留学，其中这 15 国的学生总数为 167298 人，占比降为 74.9%。随着我国来华留学教育的深入发展，2016 年 442773 名来华留学生中，一共有 238819 名学生来源于这 15 国，占比降至 53.94%。由此从侧面印证了 1999 年以来我国接收的留学生生源地日益广泛，国际留学生输出国多元化趋势凸显。图 4-6 的数据显示，来自这 15 个国家的国际留学生的结构也在不断优化，学历生所占的比重由最初的 30% 不断攀升到接近 50%，虽然其间有过波折，但总体趋势是良好的。

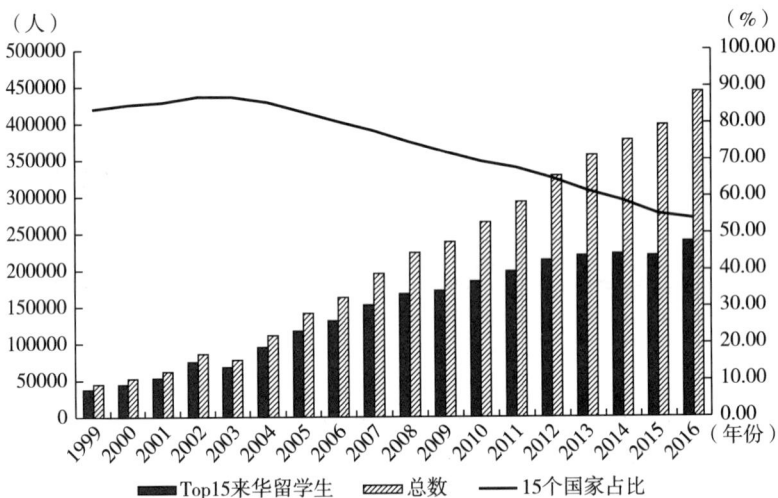

图 4-5 1999—2016 年 15 个主要国家国际留学生数量及占总数比重

资料来源：历年《来华留学生简明统计》。

（三）OECD 国家的国际留学生情况

经济合作与发展组织（OECD）主要由 35 个经济较为发达的成员国组成，本小节以 OECD 国家国际留学生情况作为发达国家样本。1999—2016 年 OECD 国家中来华留学生数量最多的前十位国家分别

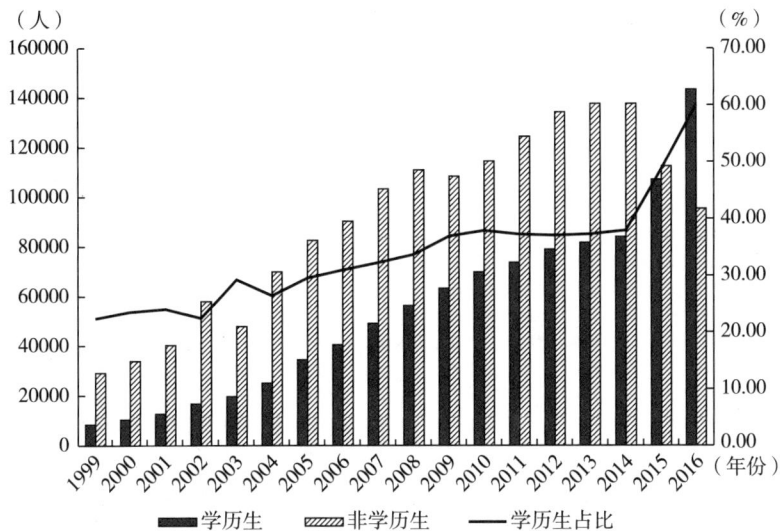

图 4-6　15 个主要国家学历生及占比和非学历生数量

资料来源：历年《来华留学生简明统计》。

是韩国、日本、美国、法国、德国、英国、意大利、澳大利亚、加拿大以及西班牙。可以看出，1999 年以来，发达国家来华留学生数量逐年上升，尤其是教育水平领先的西方发达国家的国际留学生数量的增加，体现了我国来华留学教育的吸引力。例如，1999 年美国国际留学生人数为 4094 人，2016 年则上升至 23838 人，是 1999 年人数的5.82 倍。西班牙 1999 年仅有 22 名学生来华留学，2016 年则有 2845人，是 1999 年人数的 129.3 倍多。

图 4-7 显示了 1999—2016 年 OECD 国家历年国际留学生总体规模及占当年国际留学生总人数比例。可以看出，在来华留学教育产业发展之初，35 个经济合作与发展组织国家的地位非常重要，1999 年，OECD 成员国共计国际留学生人数为 34099 人，占当年来华留学总人数的 76.7%。此后 OECD 国家国际留学生总人数呈波动式增长，占国际留学生总人数的份额逐年下降，且下降幅度较为明显。2016 年OECD 国际留学生人数共计 170193 人，占当年国际留学生总人数的38.43%，份额已经不足一半，相较于 1999 年，比重减少了 38%。这

从侧面体现了越来越多的发展中国家的学生来华留学。

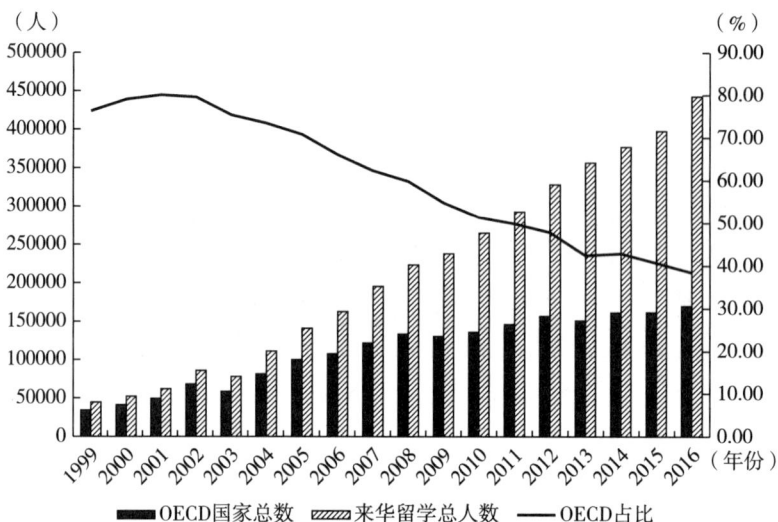

图 4-7　1999—2016 年 OECD 国家国际留学生规模及占总人数比例

资料来源：历年《来华留学生简明统计》。

从 OECD 成员国国际留学生质量来看，图 4-8 显示 OECD 国家国际留学生中学历生占比变化较大。1999—2002 年，OECD 国家来华学历生占比虽呈现下降趋势，但总体占比极高。1999 年 OECD 国家国际留学生学历生占比为 95.67%，2002 年降至 57.5%，随后在 2003 年又上升至 69.28%。2004—2007 年继续出现持续下降，2007 年 OECD 国家来华学历生仅有 87420 人，占比跌至 28.27%，为 1999—2016 年最低。2008—2011 年学历生占比逐渐回升，2011 年占比为 58.04%，为 2008 年国际金融危机以来最高。此后，OECD 来华学历生占比呈现波动式上升和下降。

（四）"一带一路"沿线国家的国际留学生情况

"一带一路"倡议提出以来，中国与沿线国家在基础设施、产能合作以及贸易投资领域的交流与合作不断增强，同时与沿线国家的文化交流也在不断增强，沿线国家的年轻人对外交流的机会不断增加，

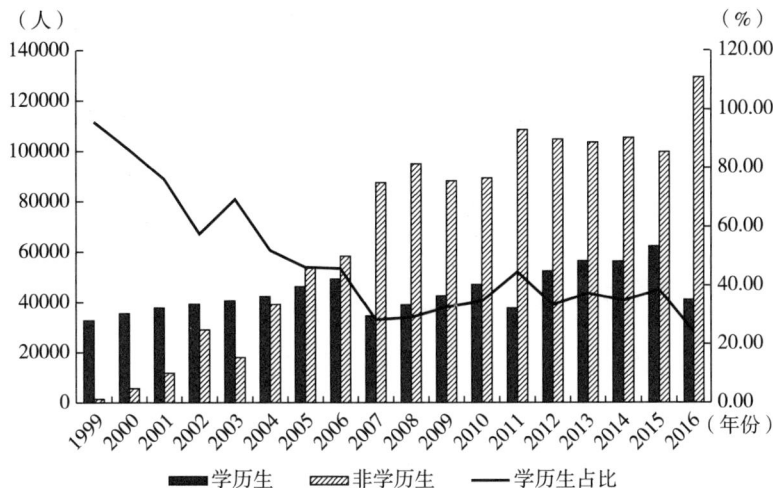

图 4-8　1999—2016 年 OECD 国家学历生占比

资料来源：历年《来华留学生简明统计》。

其中来华留学教育的发展尤为值得关注。相关统计数据显示，1999
年，中国留学生总数为 44711 人，到 2016 年，增长了 10 多倍，达到
442773 人，其中来自沿线国家的留学生人数达到 184879 人，占中国
留学生总数的 41.75%。与此同时，1999 年以来，沿线国家来中国的
留学生人数占其本国出国留学总规模的比重也在不断增加。1999 年沿
线国家出国留学生总规模为 58.48 万人，其中来中国留学的仅有 7044
人；到 2011 年沿线国家来中国的留学生人数增长至 16.56 万人，占
其出国留学总规模高达 14.76%；2016 年，沿线国家国际留学生进一
步增长至 18.49 万人，占其出国留学生总规模的 12.7%。① "一带一
路"沿线国家不仅逐渐成为中国对外贸易与投资的重要区位之一，同
时也逐步成为中国在人才以及文化等方面的重要交流对象之一。

----

① 资料来源：《国际留学生简明统计（1999—2016）》，UIS 数据库（1999—2016）；
数据包括 40 个样本：阿尔巴尼亚、马尔代夫、蒙古国、马来西亚、印度尼西亚、泰国、老
挝、柬埔寨、越南、菲律宾、伊朗、土耳其、约旦、不丹、印度、巴基斯坦、巴勒斯坦、
孟加拉国、斯里兰卡、尼泊尔、乌兹别克斯坦、塔吉克斯坦、吉尔吉斯斯坦、乌克兰、俄
罗斯、白俄罗斯、格鲁吉亚、阿塞拜疆、爱沙尼亚、捷克、匈牙利、罗马尼亚、保加利亚、
波兰、克罗地亚、拉脱维亚、立陶宛、斯洛伐克、斯洛文尼亚和亚美尼亚。

自 2013 年习近平总书记提出"一带一路"倡议后，中国和 65 个"一带一路"沿线国家的合作往来就非常引人注目。表 4-2 描述了 1999—2016 年"一带一路"国家中国际留学生数量最多的 20 个国家的情况。从 18 年间国际留学生人数累计情况看，泰国是"一带一路"沿线国家中国际留学生数量最多的，共计 172397 人；其次是俄罗斯，共有 150818 人；排在第三位的是越南，1999—2016 年累计派出 141722 名学生来华留学。之后依次是印度尼西亚、印度、巴基斯坦、哈萨克斯坦、蒙古国、马来西亚、新加坡、尼泊尔、老挝、菲律宾、吉尔吉斯斯坦、土耳其、也门、乌克兰、孟加拉、斯里兰卡以及沙特阿拉伯。排名前十位的国家中，除俄罗斯外，其余 9 个国家均是亚洲国家，分布在东南亚、南亚和中亚，相近的地缘关系和相似的文化背景促进了"一带一路"国家和中国的交流沟通，体现在文化教育等方方面面，人才的流动也会促进经济的繁荣。

表 4-2　　1999—2016 年"一带一路"国际留学生数量前 20 国

单位：人

国家\年份	泰国	俄罗斯	越南	印度尼西亚	印度	巴基斯坦	哈萨克斯坦	蒙古国	马来西亚	新加坡
1999 年	512	609	471	2411	97	294	89	359	454	466
2000 年	667	703	647	1947	54	314	105	510	490	854
2001 年	860	1056	1170	1697	45	344	109	664	632	344
2002 年	1737	1492	2336	2583	68	439	200	968	840	583
2003 年	1554	1224	3487	2563	132	598	215	1060	841	551
2004 年	2371	2288	4382	3750	765	894	386	1333	1241	929
2005 年	3594	3535	5842	4616	3295	1900	781	1956	1589	1322
2006 年	5522	5035	7310	5652	5634	3308	1825	2715	1743	1392
2007 年	7306	7261	9702	6590	7190	4450	3827	3618	1908	1480
2008 年	8476	8939	10396	7084	8145	5199	5666	4774	2114	2155
2009 年	11379	10596	12247	7926	8468	5738	6497	5684	2792	3198
2010 年	13177	12481	13018	9539	9014	7406	7874	6211	3885	3608
2011 年	14145	13340	13549	10957	9370	8516	8287	7112	4259	4483

续表

国家＼年份	泰国	俄罗斯	越南	印度尼西亚	印度	巴基斯坦	哈萨克斯坦	蒙古国	马来西亚	新加坡
2012 年	16675	14971	13038	13144	10237	9630	9565	8210	6045	4250
2013 年	20106	15918	12799	13492	11781	10941	11165	8054	6126	5290
2014 年	21296	17202	10685	13689	13578	13360	11764	7920	6645	5031
2015 年	19976	16197	10031	12694	16694	15654	13198	7428	6650	4865
2016 年	23044	17971	10639	14714	18171	18626	13996	8508	6880	4983

国家＼年份	尼泊尔	老挝	菲律宾	吉尔吉斯斯坦	土耳其	也门	乌克兰	孟加拉	斯里兰卡	沙特阿拉伯
1999 年	423	278	185	42	84	206	54	64	105	11
2000 年	527	298	217	47	67	229	64	58	110	36
2001 年	752	312	456	53	86	233	69	58	117	35
2002 年	813	333	638	70	89	266	79	70	117	44
2003 年	1199	403	638	72	103	284	94	61	106	46
2004 年	1495	509	626	129	163	351	127	94	126	43
2005 年	2374	569	2176	248	311	389	156	142	281	54
2006 年	2207	833	1512	562	620	478	213	209	449	97
2007 年	2520	943	1335	1157	897	505	330	263	625	289
2008 年	2551	1161	2362	1324	995	643	496	293	768	382
2009 年	2654	1157	2273	1283	1226	789	706	412	901	690
2010 年	2833	1859	2289	1441	1431	899	894	587	1099	1179
2011 年	2899	2395	2662	1901	1692	985	1160	941	1079	1655
2012 年	2990	2773	2642	2513	1818	1376	1567	1253	1086	1905
2013 年	3458	3999	2917	1135	1990	1817	2036	1964	1331	2089
2014 年	3574	5040	2929	3163	2081	2384	2245	2566	1708	1863
2015 年	4062	6918	3343	3232	2146	2686	2583	3765	2109	1584
2016 年	5160	9907	3061	3247	2147	3247	2896	4905	2311	1293

资料来源：历年《来华留学生简明统计》。

从图 4-9 可以看出，"一带一路"国家来华留学生人数逐年稳步上涨，由 1999 年的 7975 人上升到 2016 年的 191853 人，即使在整个国家大环境较为恶劣的 2003 年左右，"一带一路"国家的来华留学生人数依然呈增长态势。根据图 4-9 中"一带一路"国家的来华留学生人数占当年来华留学生总数的百分比，线条在前期波动较为剧烈，1999 年占比约 30%，而 2000 年占比陡然降至 20% 左右，究其原因，并非因为这 45 国来华留学生人数减少，而是因为中国国际留学生整体人数在 2000 年剧增，二者增幅不同，以致这 45 国所占比重陡降。自 2004 年后，"一带一路"国际留学生人数占总人数的比重则呈现稳定增长趋势，至 2016 年，"一带一路" 45 国占据国际留学生总数大约 45%，接近五成。由此可见，"一带一路"国家学生是否选择来华留学对我国留学教育的发展至关重要。

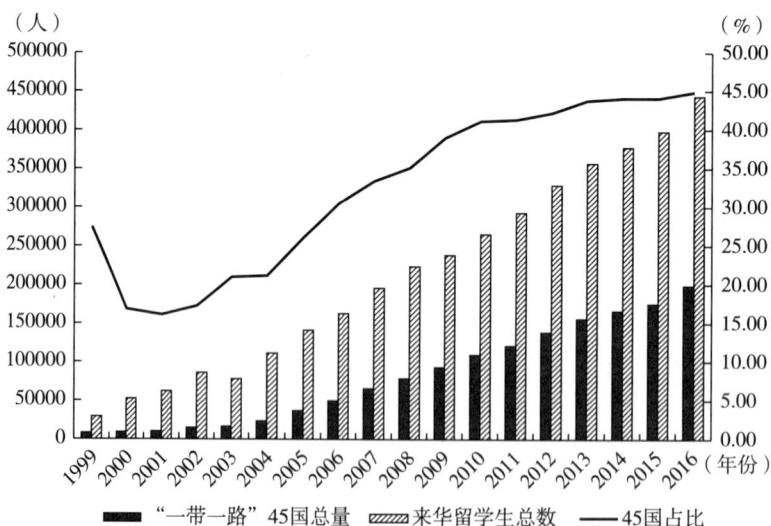

图 4-9　1999—2016 年"一带一路" 45 国国际留学生人数及占比

资料来源：历年《来华留学生简明统计》。

从"一带一路"沿线 45 国国际留学生质量来看，学历生人数逐年增加，学历生占比稳步上升，但变化幅度整体并不大。图 4-10 显示，1999 年，"一带一路" 45 国来华留学共计 7975 人，其中学历生为 3067 人，占比为 38.46%。除 2003 年和 2011 年出现学历生占比下降外，其余年份这 45 国的学历生占比均在小幅度上升。2009 年，"一带一路" 45 国的学历生比重为 51.55%，超过半数。2016 年学历生占比提高至 62.53%。由此可见，"一带一路" 沿线国家国际留学生不仅数量逐年增加，质量也是不断提升。

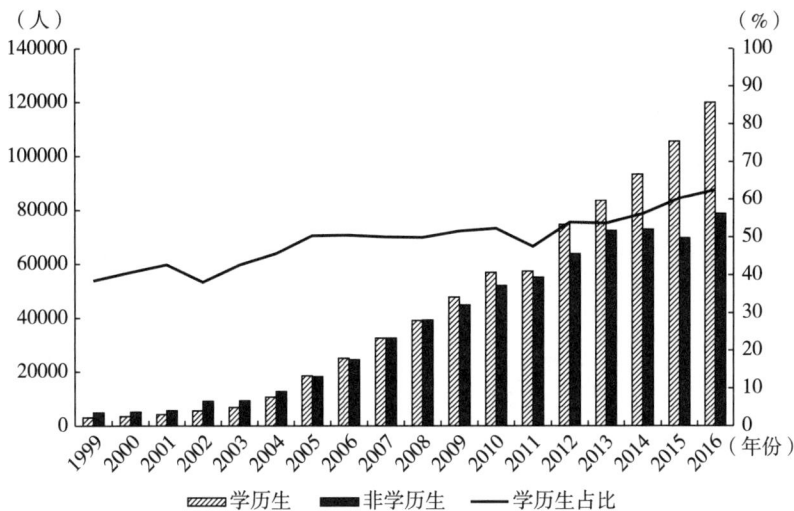

图 4-10　1999—2016 年 "一带一路" 45 国来华留学学历生数量及占比

资料来源：历年《来华留学生简明统计》。

三　国际人才的结构分析

（一）学历结构分析

国际留学生按照学历结构，可以分为学历留学生和非学历留学生。1999 年以来，国际留学生数量不断增加，与此同时，国际留学生质量也逐年提高，至 2017 年，489172 名国际留学生中学历生共计 241548 人，占比为 49.38%，接近五成。

国际留学生学历生的学历主要分为四个层次：博士研究生、硕士研究生、本科、专科。1999—2016 年，我国累计接收博士研究生 99528 人，硕士研究生 278731 人，本科生 1116833 人，剩余的以专科生为主。从图 4-11 可以看出，在国际留学生学历生内部，本科生占据绝对主体地位，比重高达73%；其次是硕士研究生，占比为18%；博士研究生所占份额为7%，攻读专科学位的最少，仅占2%。由此可见，国际留学生中高学历人员所占比重相对较少，未来我国应当注重吸引研究生学历的外国留学生，以提升来华留学教育的整体层次。国际留学生非学历生主要分为高进、普进、短期及语言，由于语言数据缺失严重，主要考察其余三种形式的结构。1999—2016年，我国累计接收高进学生26426人、普进学生672029人以及短期951787人。从图4-11可以看出，短期进修生占比最高，比例为58%；其次是普通进修生，所占份额为41%；高级进修生所占比重最少，仅有1%。

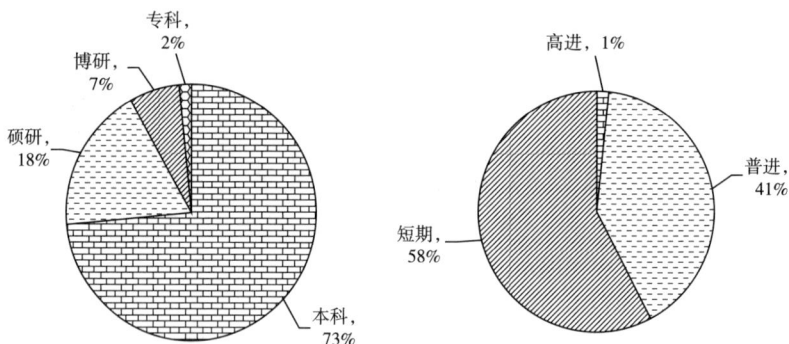

图4-11 不同类别学历生和非学历生占比状况

资料来源：历年《来华留学生简明统计》。

（二）专业结构分析

国际留学生可选学习专业包括15个：汉语言、文学、经济、管理、艺术、教育、法学、历史、哲学、体育、理科、工科、中医、西医及农科。根据表4-3显示，2000—2004年，选择人数最多的三个专业均依次是汉语言、中医、文学，这三个专业都是极具中国特色的传统学科。2005—2006年，西医取代中医，成为最受国际留学生欢迎的第三个专业。2007年，西医专业人数进一步扩大，共计16902人，明显超过以往排名第二位的文学专业的13822人，西医首次成为国际留学生选择人数第二位的专业。2008—2010年，选择人数最多的前三名专业始终是汉语言、西医、文学。2011年，工科专业取代文学，位居第三，同年选择管理、经济专业的国际留学生人数也首次赶超了文学专业。2012年，文学专业人数重回前三名。然而，2013年文学专业再次被工科专业取代，掉落前三位置。2014年，经济专业以27799人学习人数首次进入前三。2016年，国际留学生选择人数最多的专业仍是汉语言、西医、工科。可以发现，2000年以来，汉语言专业的首位位置从未动摇，汉语言以远超过其他专业的绝对优势吸引着外国学生。此外，我国留学生专业偏好愈加丰富。

表4-3　　　　　　2000—2016年国际留学生学习专业分布　　　　单位：人

专业＼年份	2000	2001	2002	2003	2004	2005	2006	2007
汉语言	35422	44149	63328	53126	75270	86679	98701	119147
文学	2851	3550	4336	5015	6705	11600	14027	13822
经济	1582	1713	2723	3091	4525	6665	7308	8804
管理	631	833	1036	1547	2838	3555	5954	8587
艺术	706	539	774	918	1291	1537	2118	2508
教育	112	210	114	258	284	2689	398	517
法学	1626	1364	1287	2053	2438	2906	3667	4700
历史	728	683	1375	527	742	755	904	853
哲学	432	211	207	175	700	546	681	680
体育	599	498	834	467	708	547	1332	1361
理科	403	494	393	465	555	741	1007	1411
工科	1740	1888	2442	2693	3519	4455	5803	6785
中医	3700	3886	4070	4138	6283	8427	7130	8671
西医	1399	1626	2643	3001	4688	9605	13225	16902
农科	219	225	267	241	298	380	440	755
合计	52150	61869	85829	77715	110844	141087	162695	195503

续表

年份\专业	2008	2009	2010	2011	2012	2013	2014	2015	2016
汉语言	124574	136576	146149	161964	175676	176447	194348	181275	169093
文学	15935	16635	19612	17837	24931	26654	12242	31843	36782
经济	11335	14367	16863	18436	20819	23615	27799	30757	37315
管理	10728	12260	14920	18472	21873	26201	26591	28142	32976
艺术	2835	2732	—	—	—	—	5531	5218	5369
教育	2020	1470	4473	5457	5361	7267	6664	4963	27900
法学	4688	4966	6147	6684	7296	8183	9118	9310	11187
历史	968	1046	1301	1437	1380	1364	1335	1181	1176
哲学	585	628	732	775	674	565	547	515	543
体育	1375	1318	—	—	—	—	—	—	—
理科	9978	1417	2532	2360	2670	3175	3927	4604	6210
工科	9128	11606	15130	18949	22596	27369	34134	39366	48394
中医	9418	11022	10962	11822	13042	13804	12857	12277	13335
西医	19233	21123	25203	26928	30474	34899	39233	45461	49022
农科	699	1018	1063	1490	1538	1860	2368	2723	3471
合计	223499	238184	265090	292611	328300	356499	377054	397635	442773

资料来源：历年《来华留学生简明统计》。

如图4-12所示，目前来华留学教育已经形成了较为多元化的专业分布格局。其中，汉语言比重占据绝对主体地位，高达53.60%，可见，所有国际留学生中超过半数的人选择了汉语言专业。其次，西医以9.05%的比例位列第二。文学专业是最受留学生欢迎的第三大专业，占据了6.94%的份额。随着我国制造业的发展，工科也开始成为留学生选择的热门专业，共占比6.72%。我国经济的腾飞吸引了不少外国学生来探索经济高速发展的原因，学习经济、管理专业的留学生越来越多，比例为6.24%和5.70%。学习中医专业的留学生人数逐年下降，但总数还是占到了4.07%。法学和教育专业则分别占比2.30%和1.84%。此外，其他专业主要涉及理科、艺术、历史、农科、哲学、体育等。由此可见，国际留学生学习专业日趋多元化。

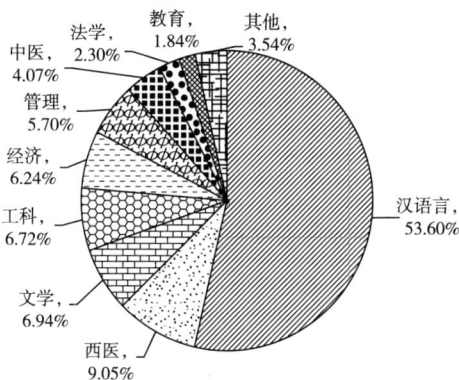

图 4-12 2000—2016 年各专业来华留学生总数占比

资料来源：历年《来华留学生简明统计》。

图 4-13 主要描述了 2000—2016 年历年国际留学生选择人数最多的五个专业的学生规模及变化趋势。如图 4-13 所示，汉语言专业人数始终稳居第一，并且增长趋势最为明显，2001—2016 年的平均增长率为 12.5%，2002 年的增长率高达 43.4%。1999 年，选择汉语言专业的留学生共计 35422 人，占当年全部国际留学生的 67.9%。2016 年，共有 169093 名外国学生选择了汉语言专业，是 1999 年人数的 4.7 倍，占当年总人数的 38.2%。由此可见，2000 年以来，汉语言专业国际留学生人数不断增长，但占总人数的比重持续下降。其余四个专业：西医、文学、工科、经济无论是在整体规模还是变化趋势上都较为接近，人数逐年稳步提升，除 2014 年文学专业人数出现短暂的明显下降外，其余均呈现平缓增长的趋势。由此可见，我国目前已经形成了受外国学生欢迎程度较为稳定的专业。

（三）奖学金结构分析

如图 4-14 所示，1999—2016 年，国际留学生中学历生获奖学金人数逐年增加，尤其是在 2008 年国际金融危机爆发后，增长幅度极为明显。1999 年学历生获奖学金人数为 2842 人，2008 年为 9681 人，2016 年攀升至 43186 人，约是 1999 年人数的 15.2 倍。相反，非学历生获奖学金人数几乎无大的变化，1999 年获奖学金人数为 2369 人，

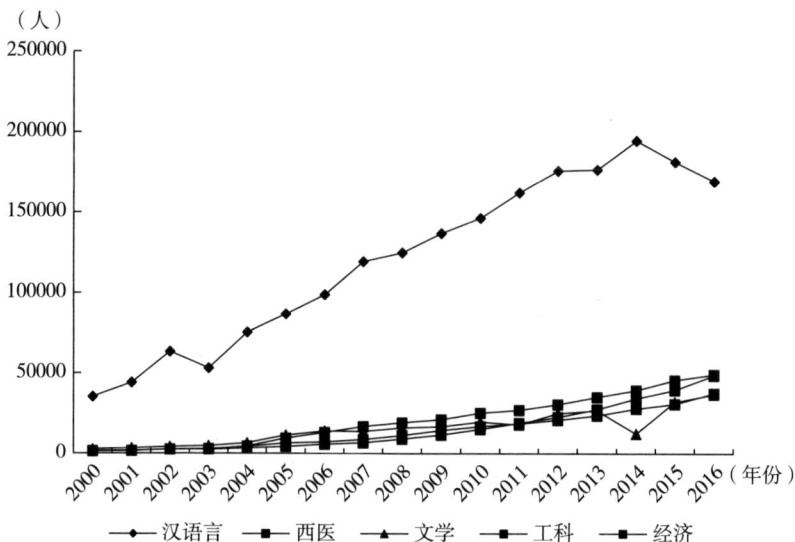

图 4-13　2000—2016 年主要专业国际留学生规模及变化

资料来源：历年《来华留学生简明统计》。

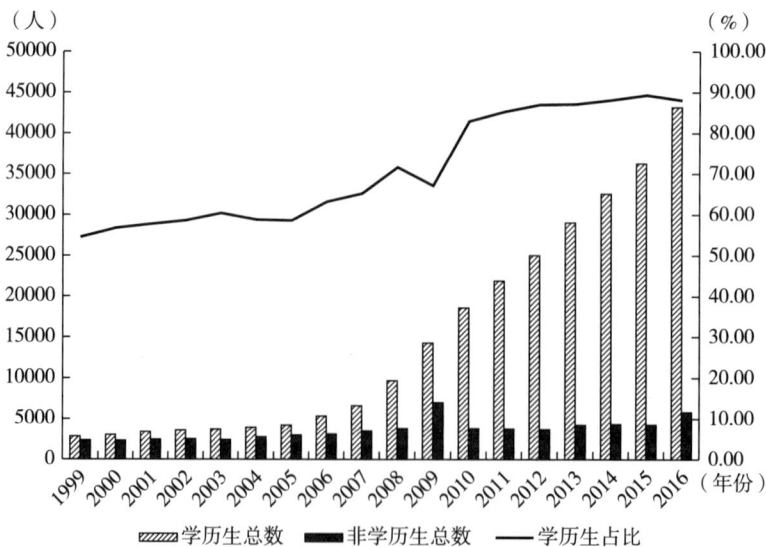

图 4-14　1999—2016 年奖学金学历生人数和非学历生人数

资料来源：历年《来华留学生简明统计》。

2008 年为 3835 人，2016 年共计 5836 人，仅是 1999 年人数的 2.5 倍。此外，非学历生获奖学金人数甚至在好几个年份出现人数缩减的情况，例如 2003 年、2010 年、2012 年及 2016 年等。图 4-14 展示了 1999—2016 年学历生获奖学金人数的占比情况。可以看出，该比例虽然略有波动，但整体明显呈逐年上升。1999 年，学历生获奖学金人数占当年获奖学金总人数的 54.5%，2008 年占比为 71.6%，此后几乎一路攀升，2016 年学历生获奖学金占比高达 88.1%，所有获奖学金的国际留学生中非学历生占比不足 12%。

从图 4-15 可以看出，在所有获得中国政府奖学金的国际留学生中，亚洲国家学生占比最高，为 51%，这与亚洲国家学生来华留学人数稳居第一不无关系。其次是非洲，获奖学金人数比例为 22%，尽管非洲国际留学生规模低于美洲和欧洲，但获中国政府奖学金人数比例却高于美欧，这主要是由于非洲地区经济发展相对落后，能够自费来华留学的学生人数较少。欧洲学生获奖学金人数占比为 16%，是美洲份额的 2 倍。最后为大洋洲，占比为 3%。

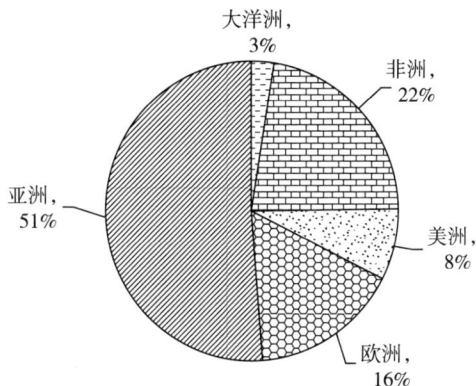

图 4-15 各大洲国际留学生获奖学金人数占比

资料来源：历年《来华留学生简明统计》。

图 4-16 描述了各大洲学历生和非学历生获中国政府奖学金的情况。从图 4-16 可知，亚洲、美洲、非洲国际留学生中，学历生获奖

学金人数明显超过非学历生；相反，欧洲和大洋洲的国际留学生中却是非学历生获奖学金人数超过了学历生人数。亚洲共计 151253 名来华留学学历生获得了奖学金，非学历生只有 19178 人，仅为学历生获奖学金人数的 12.7%；美洲国际留学生中获奖学金的学历生和非学历生各有 15197 人和 9668 人；非洲的学历生获奖学金人数是非学历生的 32.4 倍。大洋洲的学历生和非学历生获奖学金人数差距较小，分别为 4053 人和 4156 人；欧洲非学历生获奖学金人数是学历生人数的 1.3 倍。

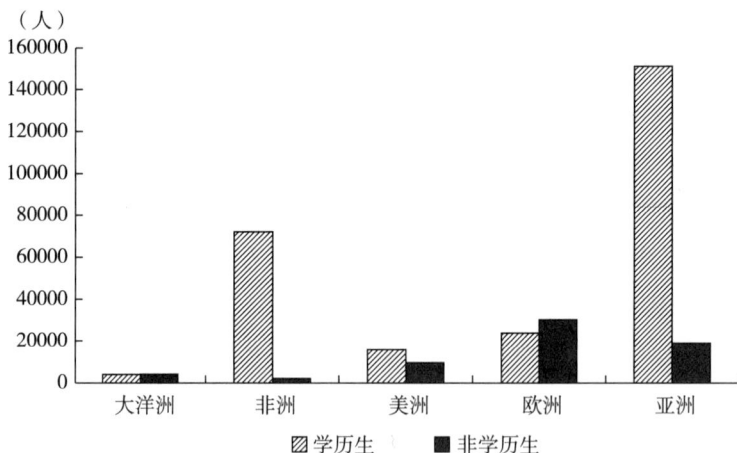

图 4-16　各大洲学历生和非学历生获奖学金人数情况

资料来源：历年《来华留学生简明统计》。

由图 4-17 可知，学习工科的国际留学生获得中国政府奖学金的人数最多，占比为 19%，接近 1/5。虽然汉语言是外国学生最欢迎的专业，但获奖学金比例排在了第二位，比例为 16%。排在第三位的是管理学，获奖学金人数份额占据 11%。学习经济和西医专业的留学生获奖学金比例均为 9%，学习文学和理科专业的占比均为 8%。法学专业获奖学金人数比例为 6%。学习中医和历史的留学生获奖学金占比均为 3%，各有 2% 的选修农科或艺术或教育的学生获得了奖学金。哲学和体育这两个专业获奖学金的比例最低，仅有 1%。由此可见，中国政府奖学金相对倾向于热门专业。

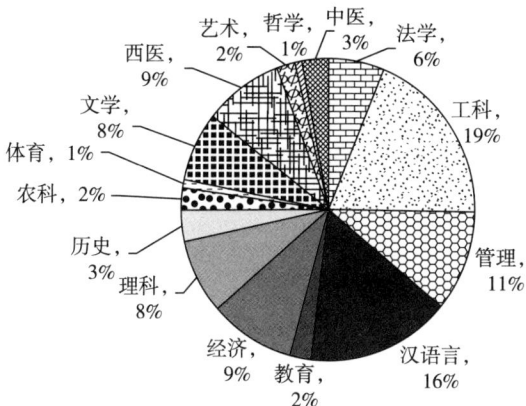

图4-17 2000—2016年各专业获奖学金累计人数占比

资料来源：历年《来华留学生简明统计》。

第三节 本章小结

本章主要介绍了国际人才流动的总体概况和中国国际人才流入的现状分析内容。一方面，随着经济全球化的不断深化，全球范围内的人才流动不断增强；另一方面，中国吸引的国际留学生规模迅速增加，2018年已成为仅次于美国和英国的世界第三大国际学生流入目的国，占国际市场份额高达10%。我国不仅在海外留学生规模上取得了显著的成绩，在来华留学的生源、专业以及层次等方面均实现了长足的提升。目前，我国已经跻身世界主要留学生目的国行列。

关于国际留学生人才来源地的分布状况，整体来看，各洲国际留学生总数排名依次是亚洲、欧洲、美洲、非洲、大洋洲，其中最主要的15个国家分别为韩国、日本、泰国、新加坡、印度尼西亚、越南、尼泊尔、巴基斯坦、蒙古国、美国、加拿大、俄罗斯、法国、德国、澳大利亚。关于国际留学生人才的学历结构方面，可以分为学历留学生和非学历留学生，其中国际留学生学历生的学历主要分为四个层次：博士研究生、硕士研究生、本科、专科，国际留学生非学历生则主要包括高进、普进、短期及语言生。

我国留学教育的发展也存在一些不足之处，主要包括以下三个方面：首先，从全球角度来看，我国高校留学生占在校生的比例仍处于较低水平。其次，从国内角度来看，不同地区的来华留学教育发展呈现出较为明显的区域化差异。相关数据显示，2014 年，分布在中国 31 个省份的国际留学生共 37.7 万人，其中有 28.9 万人集中在接收国际留学生数量最多的前 10 名省份，可见，绝大部分留学生还是集中在小部分地区，来华留学教育区域发展不平衡现象尤为明显，如图 4-18 所示。最后，从留学生构成的角度来看，来中国的留学生中非学历生长期处于主要位置，并且国际留学生中高层次学生比例较低。如 2003 年之前，来华学历生所占比例从未超过 30%，到 2017 年，来华学历生虽达到留学生总数的 49.38%，但相当一部分仍是获得中国政府奖学金的国际留学生。

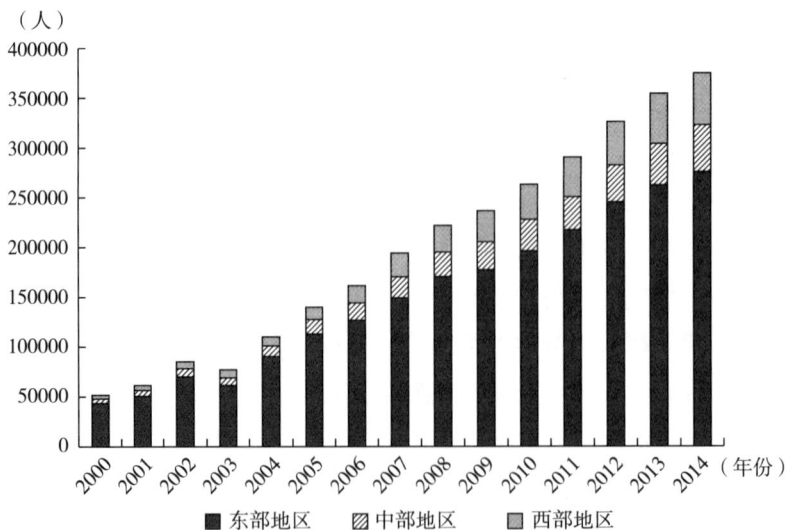

图 4-18　历年东部、中部、西部国际留学生人数的变动情况

资料来源：历年《来华留学生简明统计》。

第五章

国际人才流入影响
因素的实证研究

本章主要对影响国际人才流入的因素进行了实证分析，并在此基础上重点分析了市场化进程与来华留学教育发展之间的互动关系。研究结果显示，市场化进程对来华留学教育的发展有显著的促进作用，并且市场化进程对东中西部来华留学教育发展的影响存在一定差异，主要体现在其对中西部地区有显著促进作用，而对东部地区则无显著的促进作用；进一步研究发现，市场化程度对扩大学历生规模的促进作用显著大于对非学历生的促进作用，并且在高等教育水平不同的地区，市场化程度对其来华留学教育规模的促进作用存在显著的差异，即在没有高水平大学的地区通过加快市场化进程的途径来带动其来华留学教育发展的效果与拥有高水平大学的地区相比较会更加显著。

第一节　计量模型构建与数据说明

一　样本与数据来源

本章选取 2000—2014 年 31 个省份（除中国台湾、香港、澳门地区外），共计 465 个观测值的面板数据作为研究样本，考察对象为 31 个省份。其中市场化进程数据来自樊纲等（2010）编制的中国各地区

（包括 31 个省、自治区和直辖市）市场化相对进程 2009 年报告，由于该指数的测算截至 2009 年，因此本章关于 2009 年以后的年份均通过完全线性回归的方法估算得出；其余数据来自历年《中国统计年鉴》《来华留学生统计年鉴》以及《中国教育年鉴》。

二 变量定义

（一）来华留学教育规模

本章的被解释变量为来华留学教育规模，因此，我们选择 2000—2014 年各地区来华留学生的数量作为来华留学教育规模的代理变量，数据来源于历年《来华留学生简明统计》。

（二）市场化进程

本书的核心解释变量为市场化程度，而市场化是指我国从计划经济向市场经济过渡的体制改革，不是简单的一项规章制度的变化，而是一系列经济、社会、法律乃至政治体制的变革（樊纲等，2003）。鉴于本章主要研究市场化进程与来华留学教育的互动关系，因此，为了便于对这一体制转轨过程进行量化分析，我们在研究中使用樊纲等（2009）测算出的"中国各地区市场化进程相对指数"（market）来表示各地区的市场化进程。

市场化指数从政府与市场的关系、非国有经济的发展、产品市场的发育程度、要素市场的发育程度、市场中介组织发育和法律制度环境五个方面测度各地区市场化的进展（樊纲等，2011），因此，该指标涵盖了市场化转型的多个方面，能够有效地反映出市场化进程的主要内容。此外，由于樊纲等（2010）关于市场化指数的测算截止到 2009 年，因此，本书中 2010—2014 年的数据是通过完全线性回归的方法拟合出事态发展曲线①，从而估算出后续年份市场化指数。根据上文中的典型化事实以及作用机制的分析，我们猜测来华留学教育规模与市场化进程之间可能存在一定的正向关系，因此解释变量的预期符号为正。

---

① 事态发展曲线，一般可用指数函数或多项式拟合。但少量数据的拟合，不宜用复杂函数拟合，否则易出现过拟合，这里使用完全线性回归方法，各年份的 total 值对预期年份外插值影响相同，这种外插方法对大趋势的把握会比较准。

（三）其他影响来华留学教育的变量

本书参考已有文献的常用做法（Ray-Cbaudburi et al.，2007；曲如晓，2011；Beine，2014），选取了包含生均教育经费、经济发展水平、地区人口总规模、高校生师比以及对外贸易出口额在内的 5 个变量，具体说明如表5-1 所示。

表 5-1　　　　　　　　　影响来华留学教育的变量说明

控制变量	资料来源	变量说明
生均教育经费 $eduexp_{it}$	《中国教育年鉴》	该变量用来衡量不同地区的教育投入差异，一般教育财政支出占财政总支出的比重越高，则表示政府对教育越重视。数据根据在校生人数和政府教育投入的相关数据计算得出
经济发展水平 $rgdp_{it}$	《中国统计年鉴》	该变量用来衡量地区的经济发展水平和收入水平
地区人口总规模 $popu_{it}$	《中国统计年鉴》	该变量用来衡量一个地区市场规模的大小
高校生师比 ssb_{it}	《中国统计年鉴》	该变量用来衡量地区教育质量，文献中一般认为生师比越大说明该地区教育质量越低。数据根据历年中高校专职教师人数和在校生人数的相关数据计算得出
对外贸易 出口额 $export_{it}$	《中国统计年鉴》	该变量用来衡量地区的对外开放水平。地区对外开放度越高，则与外部发生经济往来越频繁，从而越有可能被外部了解和向往

从表5-2 可以看出，各地区来华留学生数量差异巨大，样本数据中数量最少的省份只有 17 人（2000 年江西地区），而数量最多的省份则有 77706 人（2012 年北京），两者相差 4500 多倍。对于本章重点关注的市场化指数，各地区的差异也较大，市场化指数最小的仅有 0，而最大值为 14.450。与此同时，各地区间不同时点上的生均教育经费、人均 GDP、地区人口规模、高校师生比以及地区总出口额等变量的差异也十分明显。

表 5-2　　　　　　　　　　　　描述性统计

变量	样本数	均值	标准差	最小值	最大值
forestu	465	6384.858	11790.040	17.000	77706.000
market	465	6.893	2.604	0.000	14.450
eduexp	465	5.730	4.779	1.036	42.412
rgdp	465	25302.960	20059.600	2759.000	105231.000
lnpopu	465	8.064	0.869	5.568	9.280
ssb	465	0.068	0.014	0.049	0.156
lnexport	465	15.881	1.846	11.304	20.287

三　计量模型的设定

本章参照 Ray-Cbaudburi 等（2007）和 Beine 等（2014）的研究，建立如下实证分析模型：

$$\ln forestu_{it} = \alpha + \beta_1 market_{it} + \beta_2 eduexp_{it} + \beta_3 \ln rgdp_{it} + \beta_4 \ln popu_{it} + \beta_5 ssb_{it} +$$
$$\beta_6 \ln export_{it} + \lambda_t + c_i + \varepsilon_{it} \tag{5-1}$$

上述计量模型中，ln 表示取对数，i 代表省份，t 代表具体年份，α 代表常数项，β 代表影响系数，λ_t 为年份的固定效应，c_i 为省份的固定效应，ε_{it} 为随机扰动项。

第二节　实证结果分析

一　模型选择与检验

为了避免模型存在多重共线性问题，我们对所有进入模型的解释变量和控制变量进行方差膨胀因子（VIF）诊断，结果显示，VIF 均值为 3.57，即模型不存在多重共线性问题。为选择合适的检验模型，我们首先通过 LM 检验（Breusch and Pagan，1980）得到 P 值为 0，因此在"混合回归"和"个体随机效应"之间选择个体效应模型；其次对模型进行 Hausman 检验，结果拒绝了随机效应模型；最后进行年度虚拟变量的联合显著性检验，F 检验的 P 值等于 0.0487，拒绝"无时间效应"的原假设，因此，模型最终确定为包含时间效应的双向固定效应模型。

另外，为了检验模型中是否存在异方差、序列相关以及截面相关等问题，因此在将模型确定为双向固定效应模型之后，我们进行了包含异方差检验、序列相关检验以及截面相关检验在内的一系列假设检验。通过 Modified Wald 检验得到 P 值为 0.000，即模型存在异方差；通过 Pesaran's 检验得到 P 值为 0.017，因此模型存在截面相关；通过 Arellano-Bond 检验得到 P 值为 0.001，因此模型存在序列相关。此外，通过 Davidson-MacKinnon（1993）检验得到 P 值为 0.614，即内生性问题对 OLS 的估计结果影响不大。为了得到较为稳健的结论，我们采用 Driscoll 和 Kraay（1998）提出的 DKSE 方法进行估计，该方法相当于将 White/Newey 估计扩展到 Panel 的情形，分析时同时考虑了异方差、截面相关以及序列相关的影响，其系数估计结果与固定效应模型相同，但标准差已得到修正。因此，我们有理由认为这种处理方法的估计结果是稳健的。

二　总样本分析

表 5-3 中列（1）、列（2）分别报告了以来华留学生数量为被解释变量的双向固定效应模型和 DKSE 模型的估计结果。结果显示，在控制了生均教育经费、人均 GDP、地区人口总量、师生比以及地区总出口额等条件下，区域市场化进程对其来华留学教育规模的影响是在 1% 的水平下显著的，并且地区市场化指数（market）每增加 1 单位可以带来该地区来华留学生规模扩大 0.114%，这说明加快市场化改革对来华留学教育的发展有显著的促进作用。这主要是因为加快市场化进程能够促进经济增长，继而通过提高居民收入水平、提高政府财政收入以及提高地区对外开放程度来带动来华留学教育的发展。同时，从检验结果可以看出，在本章选择的其他控制变量中，地区生均教育经费投入（eduexp）和高校生师比（ssb）均在 1% 的水平下显著影响来华留学生规模，其中地区生均教育经费每增加 1 万元会导致来华留学规模缩小 0.053%，这是因为生均教育经费增加带来的教育质量提高可能被由于生均教育经费增加而引起的提供给留学生奖学金数额的

下降所带来的负面影响所抵消，从而导致来华留学规模随着生均教育经费的增加而缩小；而高校生师比与来华留学规模的相关系数更是达到−4.973，这说明高等教育质量的高低是影响留学生决策的重要因素之一；此外，地区人均 GDP 水平（lnrgdp）与地区总出口额（lnexport）也在 1%的水平下与来华留学生规模显著正相关。

表 5-3　　　　　　　　　　　　市场化进程与来华留学教育发展

	被解释变量：lnforestu（总样本）			被解释变量：lnforestu（分区域）		
	双向固定效应（1）	DKSE（2）	DKSE（3）	East DKSE（4）	Middle DKSE（5）	West DKSE（6）
market	0.114***	0.114**	0.366***	0.026	0.293**	0.292***
	(0.041)	(0.050)	(0.138)	(0.044)	(0.117)	(0.071)
eduexp	−0.053***	−0.053**	−0.056***	−0.239***	−0.130***	−0.035**
	(0.011)	(0.023)	(0.010)	(0.051)	(0.041)	(0.015)
lnrgdp	0.691***	0.691**	1.364***	0.487	0.721**	1.2185***
	(0.244)	(0.321)	(0.152)	(0.456)	(0.334)	(0.221)
lnpopu	0.680	0.680	1.257**	1.913***	5.190***	0.087
	(0.534)	(0.544)	(0.511)	(0.731)	(1.481)	(0.900)
ssb	−4.973***	−4.973***	−3.500***	−2.785***	−5.145***	−3.467**
	(0.783)	(1.503)	(0.735)	(0.924)	(1.451)	(1.647)
lnexport	0.262***	0.262**	0.227***	0.200	0.559***	0.080
	(0.069)	(0.099)	(0.066)	(0.131)	(0.144)	(0.104)
Market×lnrgdp			−0.021*			
			(0.012)			
C	−3.149	−3.149	−15.329***	−12.054**	−46.385***	−3.221
	(5.846)	(5.102)	(4.519)	(8.613)	(12.996)	(7.075)
LM−P	0.000					
Hausman−P	0.036					
Pesaran's−P	0.000					
Arellano−Bond−P	0.001					
Modified Wald−P	0.000					

	被解释变量：lnforestu（总样本）			被解释变量：lnforestu（分区域）		
	双向固定效应（1）	DKSE（2）	DKSE（3）	East DKSE（4）	Middle DKSE（5）	West DKSE（6）
Davidson–MacKinnon–P	0.614					
R^2	0.827	0.827	0.811	0.909	0.835	0.784
Observations	465	465	465	165	120	180

注：（1）括号内数值为标准误；（2）＊、＊＊、＊＊＊分别表示变量系数通过了在10%、5%和1%水平下的显著性检验，下同。

此外，我们猜测加快地区市场化进程有可能还可以通过弱化其他因素对来华留学教育的影响来促进来华留学教育的发展。为了验证这一猜想，我们在表5-3列（3）中加入了市场化指数与人均GDP的交互项（$Market \times$ lnrgdp）进行回归，交互项系数的含义为 $\dfrac{\partial\left[\partial(\mathrm{ln}forestu)/\partial(\mathrm{ln}rgdp)\right]}{\partial(\mathrm{ln}Market)}$，即市场化程度与经济发展水平因素之间存在何种关系（原倩，2016）。

回归结果显示，市场化指数与人均GDP的交互项回归系数为−0.021，且通过10%的显著性检验，这意味着在市场化程度与经济发展水平之间存在某种替代效应（王永钦等，2014），即加快市场化进程可以在某种程度上抵消由于经济发展水平落后所带来的负面影响，从而促进来华留学教育的发展。由此可见，在经济发展水平相对落后的地区，加快推动市场化改革对其来华留学教育的发展会产生更为显著的促进作用。

三　分样本分析：基于东部、中部、西部的角度

上述分析证明了加快市场化进程有助于促进来华留学教育的发展，然而，由于在中国的市场化改革过程中全国各地区所获得的体制改革所释放的制度红利存在较大差异，并且市场化进程的不同步是地区经济发展失衡的重要原因之一（孙晓华，2015），因此，这种差异很可能导致各地区来华留学教育的发展区域不平衡。下面，本章将分别以东部、中部、西部地区为考察对象，进一步探究由于各地区市场

化进程的不同步对来华留学教育产生的区域影响差异。

表5-3中的列（3）、列（4）、列（5）分别报告了东部地区、中部地区以及西部地区的估计结果，结果显示，在中部地区和西部地区，市场化进程对来华留学规模的发展有显著的促进作用，而在东部地区市场化进程对来华留学生规模则没有显著的影响。孙晓华等（2015）指出，市场化改革对地区经济发展的门限效应会促进发达地区经济更快发展，而对欠发达地区的带动作用则较弱，这种强者越强的"马太效应"是助推地区经济发展差距的内在机制。因此在这里，我们有理由认为市场化进程对来华留学生规模的促进作用已经突破了"门限效应"，并且这种促进作用已经开始出现边际效用递减的情况，由于东部地区的市场化水平较中西部地区已经处于一个较高的水平，所以加快东部地区市场化进程对其来华留学教育的促进作用没有中西部地区显著。

综观分区域分析的估计结果，有两个方面的现象值得关注：一方面，加快市场化进程对中西部地区发展来华留学教育有显著的促进作用，这也再次验证了我们上文中的猜想，即在经济发展水平相对落后的地区，加快推动市场化改革对其来华留学教育的发展会产生更为显著的促进作用；另一方面，各个解释变量对来华留学教育的影响在中部地区表现得尤为显著，除生均教育经费投入和高校生师比与来华留学规模显著负相关以外，其他解释变量均对中部地区的来华留学生规模有显著的正向影响，这一结果对于中部地区进一步发展其来华留学教育有重要的启示意义。

第三节　稳健性检验

为了进一步检验上述回归结果的可靠性，本章对前文的结果进行稳健性检验。我们以各地区来华留学生占高校在校生的比重来衡量各地区来华教育的发展规模，进行稳健性检验。表5-4中列（1）、列（2）报告了稳健性检验的结果。回归结果显示，无论被解释变量为各地区来华留学生人数，还是为各地区来华留学生占高校在校生的比重，变量系数的符号均与上文基本一致，这表明本章的研究结论是稳健的。

此外，我们还以留学生是否享受中国政府奖学金为标准将来华留学生分为两部分进一步细化上述研究，即比较分析市场化程度对享受政府奖学金的来华留学生规模和自费来华留学生规模的影响是否存在差异。这同时也是对本章研究结论稳健性的再次检验。因此，我们预测市场化程度对自费来华留学生规模的影响应更加显著，而享受中国政府奖学金的来华留学生规模则应更多地受到政府奖学金发放指标因素的影响。表5-4中列（3）、列（4）分别报告了回归结果，即自费来华留学生规模与市场化进程显著正相关，而享受政府奖学金的来华留学生规模则与市场化进程显著负相关。这说明加快市场化进程不仅能够促进来华留学教育规模的发展，同时也有助于提高我国教育服务贸易的国际竞争力，吸引更多的自费来华留学生，并且能够有效改善我国依靠发放政府奖学金来吸引国际留学生的现状。由此可见，这一研究结论不仅进一步验证了本章的结论，同时还对我国来华留学生奖学金政策的制定以及奖学金指标的发放有一定指导意义。

表 5-4　　　　　　　　　　　　稳健性检验

	被解释变量：forestu-ratio		被解释变量：lnforestu	
	双向固定效应（1）	DKSE（2）	Scholarship forestu DKSE（3）	self-supporting forestu DKSE（4）
market	0.003 *** (0.001)	0.003 *** (0.001)	−0.214 *** (0.030)	0.144 *** (0.038)
eduexp	0.000 *** (0.000)	0.000 ** (0.000)	0.166 *** (0.041)	−0.029 ** (0.013)
lnrgdp	0.002 (0.003)	0.002 (0.002)	1.069 *** (0.242)	0.838 *** (0.088)
lnpopu	0.027 *** (0.007)	0.027 *** (0.004)	−0.131 (0.529)	−1.250 *** (0.320)
ssb	0.329 *** (0.045)	0.329 *** (0.102)	−13.542 ** (4.964)	−2.692 (4.020)

续表

	被解释变量：forestu-ratio		被解释变量：lnforestu	
	双向固定效应 （1）	DKSE （2）	Scholarship forestu DKSE（3）	self-supporting forestu DKSE（4）
lnexport	−0.001 （0.001）	−0.001* （0.001）	0.146 （0.143）	0.176 （0.113）
C	−0.259*** （0.078）	−0.259*** （0.034）	−4.735 （5.261）	5.776 （3.387）
LM−P	0.000			
Hausman−P	0.000			
R^2	0.488	0.488	0.792	0.784
Observations	465	465	325	465

第四节　进一步讨论

在来华留学生规模逐年扩大的同时，只有保持学历生比例也稳步提升，才能在真正意义上证明我国高等教育在世界范围内的竞争力有所提升，从而促使来华留学教育产业的经济效益更好地显现出来。因此，在研究不同地区来华留学生总规模的同时，来华留学学历生占来华留学生总规模的比重高低也是学界长期关注的问题之一。另外，Beine 等（2014）认为，一国高等教育质量的高低是影响学生国际流动的重要因素之一，因此在一国范围内不同地区间高等教育水平的差异也可能影响其来华留学教育规模的发展。

本章将在该部分进一步探讨在控制其他变量的基础上市场化进程对来华留学的学历生规模和非学历生规模的影响以及在高等教育水平不同的地区市场化进程又是如何影响来华留学教育规模的。

一　基于来华留学生中学历生、非学历生的角度讨论

表5-5中的列（1）、列（2）、列（3）、列（4）分别报告了全国范围和分区域情况下，市场化进程对来华留学学历生规模的影响。

首先，从总体上看，市场化进程对来华学历生规模有显著的正向影响，并且控制变量中人均 GDP 水平和出口总额对来华学历生均有显著的正影响，而地区人口规模和生师比则对来华学历生规模有显著负影响，生均教育经费则没有显著影响。其次，市场化进程对不同区域来华留学学历生规模的影响与表 5-3 中关于总体来华留学生分区域分析的结果一致，即在东部地区无显著影响，而在中西部地区则显著正相关。

表 5-5　　　　　来华留学学历生和非学历生回归结果

解释变量	被解释变量：ln（degree-forestu）				被解释变量：ln（non-degree forestu）			
	全国 DKSE (1)	East DKSE (2)	Middle DKSE (3)	West DKSE (4)	全国 DKSE (5)	East DKSE (6)	Middle DKSE (7)	West DKSE (8)
market	0.214***	0.066	0.817***	0.767***	0.085**	−0.004	0.031	0.244***
	(0.078)	(0.060)	(0.188)	(0.199)	(0.035)	(0.035)	(0.113)	(0.071)
eduexp	−0.025	−0.026	−0.051	−0.029	−0.014	−0.056**	0.048	−0.017
	(0.021)	(0.030)	(0.067)	(0.030)	(0.010)	(0.025)	(0.039)	(0.015)
lnrgdp	1.206***	1.120***	−0.186	1.139***	0.800***	1.236***	0.320	0.805***
	(0.231)	(0.276)	(0.557)	(0.388)	(0.130)	(0.218)	(0.324)	(0.221)
lnpopu	−1.993**	−1.452**	−6.271**	−0.130	−0.938*	−0.346	−6.479***	0.284
	(0.870)	(0.697)	(2.581)	(1.847)	(0.491)	(0.632)	(1.437)	(0.899)
ssb	−0.890***	−0.503**	−0.593	0.254	0.259	−0.102	4.140***	−1.929
	(0.265)	(0.236)	(0.457)	(0.657)	(0.729)	(0.918)	(1.409)	(1.645)
lnexport	0.473***	0.560***	0.260	−0.181	0.082	0.075	−0.008	0.090
	(0.129)	(0.175)	(0.256)	(0.240)	(0.064)	(0.116)	(0.140)	(0.104)
C	2.396	−0.899	52.114**	−6.191	4.497	−2.044	51.752***	−3.481
	(7.776)	(6.616)	(22.546)	(15.353)	(4.211)	(5.742)	(12.613)	(7.069)
R^2	0.708	0.854	0.729	0.733	0.739	0.872	0.736	0.712
Observations	436	161	119	156	465	165	120	180

反观关于来华留学非学历生的总体回归结果，见表5-5模型（5），虽然市场化进程对其也有显著的正向影响，但影响的程度显然要小于学历生，并且从分区域的分析可以看出，市场化进程对来华留学非学历生规模的影响主要体现在西部地区，而在东部、中部地区则无显著影响。另外一个值得关注的现象就是高校生师比的影响，对比表5-5中学历生和非学历生的检验结果，我们发现高校生师比这一变量与来华留学学历生规模显著负相关，而对来华留学非学历生规模则无显著影响，这一结果说明选择来华攻读学位的留学生更看重高校教学质量这一因素，而来华进行短期交流的留学生则对这一因素不是很敏感，相比较之下，他们更在意的可能是当地的经济水平、文化底蕴以及高校的办学规模等因素。

二 基于不同地区高等教育水平差异的角度讨论

Beine 等（2014）在研究学生国际流动的影响因素时，采用进入Shanghai Ranking 前500名的高校数量作为衡量一个国家高等教育质量高低的代理变量。根据这一研究思路并结合我国高等教育发展的实际情况①，本章在探讨了市场化进程对我国留学生总规模的影响之后，进一步按照一个地区是否拥有高水平大学为标准，把总样本区分为具有高水平高等教育地区和一般水平高等教育地区两类进行分析，进一步比较在教育水平不同的前提下市场化进程又是如何影响来华留学教育的发展的。

表5-6中模型（1）和模型（2）分别报告了拥有高水平大学的地区和没有高水平大学的地区，各个解释变量是如何影响来华留学教育的。从估计结果可以看出，无论是拥有高水平大学的地区还是没有高水平大学的地区，市场化进程均对其来华留学生规模有显著影响，但从各自的相关系数大小可以看出，没有高水平大学地区的市场化进程对其来华留学规模的影响更大，是拥有高水平大学地区的近3倍。进一步分析表5-6中的模型（3）和模型（4），我们会发现市场化进

---

① 为建设若干所具有世界先进水平的一流大学，1999年，国务院批转教育部《面向21世纪教育振兴行动计划》，"985工程"正式启动建设。因此，"985工程"院校可以作为我国高水平学校的代表，并且其启动的时间刚好符合本章样本的选择时间。

程对拥有高水平大学和没有高水平大学地区的来华留学学历生规模的影响有显著的差异，在没有高水平大学的地区有显著的促进作用，而在拥有高水平大学的地区则无显著影响，这一结果对高等教育水平一般的地区发展来华留学教育无疑有重要的启示意义。

表 5-6　　按接收来华留学生地区高等教育水平高低的回归结果

	lnforestu		ln（degree-forestu）		ln（non-degree forestu）	
	FE-高水平 DKSE（1）	FE-非高水平 DKSE（2）	FE-高水平 DKSE（3）	FE-非高水平 DKSE（4）	FE-高水平 DKSE（5）	FE-非高水平 DKSE（6）
market	0.077*	0.212***	0.048	0.985***	0.050	0.237***
	(0.045)	(0.066)	(0.055)	(0.195)	(0.036)	(0.074)
eduexp	-0.028	-0.033**	-0.021	-0.038	-0.046***	-0.013
	(0.022)	(0.013)	(0.027)	(0.031)	(0.017)	(0.014)
lnrgdp	0.944***	0.845***	1.604***	0.749*	0.973***	0.834***
	(0.161)	(0.176)	(0.201)	(0.410)	(0.130)	(0.197)
lnpopu	-0.147	0.659	-2.383***	-4.819**	-0.971**	-0.781
	(0.542)	(0.864)	(0.670)	(1.988)	(0.438)	(0.963)
ssb	0.008	0.636**	0.108	-2.247***	0.031	-1.037***
	(0.158)	(0.253)	(0.197)	(0.580)	(0.128)	(0.282)
lnexport	0.124	0.061	-0.026	0.418**	0.109	0.048
	(0.088)	(0.095)	(0.109)	(0.262)	(0.071)	(0.106)
C	-2.872	-8.409	11.249*	24.855***	4.277	2.243
	(5.101)	(6.836)	(6.311)	(16.590)	(4.118)	(7.621)
R^2	0.828	0.806	0.844	0.716	0.855	0.641
Observations	270	195	267	169	270	195

　　比较其他控制变量，我们发现，人均 GDP 在两个地区均有显著的正向影响，地区人口总量和地区出口额均无显著影响。此外，还有两个有趣的发现，即生均教育经费在拥有高水平大学的地区无显著影响，而在没有高水平大学的地区却有显著负影响，同时生师比在拥有高水平大学的地区无显著影响，而在没有高水平大学的地区却有显著的正影响。究其原因，我们认为，一般高水平大学会获得更多的国家

专项拨款，相比于非高水平大学拥有更多的办学资金支持，因此，即使生均教育经费投入较多也不会影响到提供给留学生的奖学金数额，而在没有高水平大学的地区加大生均教育经费的投入可能会对来华留学教育的发展产生一定的挤出效应。而生师比在不同地区的影响差异更可能源自来华留学生留学目的的不同，一般选择去非高水平大学的留学生更多的可能是想了解中国的文化，体验中国的生活，所以招生规模越大的院校反而更有吸引力；而去高水平大学学习的留学生更看重的是其领先的教育质量，在这里高校生师比因素不显著的原因可能在于留学生在衡量高水平大学的教育质量时除了考虑代表教学水平的高校生师比因素之外，还会考虑到高校科研水平的高低。

第五节　本章小结

本章以 2000—2014 年我国 31 个省份的面板数据为样本，分析了影响来华留学教育发展的各项影响因素，且重点关注了市场化进程对来华留学教育发展的影响，并在此基础上进一步探讨了市场化进程对来华留学的学历生规模和非学历生规模的影响以及在高等教育水平不同的地区市场化进程又是如何影响来华留学教育规模的。我们在研究中得到以下发现。

首先，市场化进程与来华留学教育规模之间有显著正向关系，但市场化程度对来华留学教育发展的促进作用存在明显的区域差异，即对中西部地区来华留学教育发展有显著的促进作用，而对东部地区则无显著影响。因此，中央和地方政府应重视以加快市场化进程为代表的改革，并且推进市场化改革进程也是扭转我国教育服务贸易逆差的有效途径之一；但不同区域的侧重点应有所不同，针对市场化程度已相对较高的东部地区，政府在进一步推进市场化改革的同时应更多地关注其他因素的影响，如生均教育经费的投入，为了在发展来华留学教育的同时不对本国学生接受高等教育的机会产生挤出效应，高校应进一步拓宽办学资金的来源，在不减少教育经费投入的前提下尽可能增设一些针对来华留学生的奖学金项目；而对于中西部地区则可以把工作重点放在迅速推进市场化改革方面，其中中部地区还可以从扩大高校办学规模以及增加学生多样性的角度吸引来华留学生。

其次，市场化程度与来华留学教育中的学历生规模和非学历生规模均呈显著正相关关系，但其对扩大学历生规模的促进作用显著大于对非学历生的促进作用。鉴于此，高校作为开展来华留学教育的主体，必须直面机遇与挑战，一方面，竭力提高自身的教学质量，建立良好的师资队伍，在提高师生比例的基础上进一步吸引一些在国际上知名的专家学者回国发展，充分做到以质取胜。另一方面，应积极拓宽宣传渠道和境外考察渠道，加强与国外高校的合作与交流，吸收别人的长处，由被动变主动。只有这样才能提升我国高等教育在世界范围内的竞争力，同时促进来华留学生中学历生比例不断增加，从而促使来华留学教育产业的经济效益更好地显现出来。

最后，在高等教育水平不同的地区，市场化程度对其来华留学教育规模的促进作用存在显著的差异，即没有高水平大学的地区通过加快市场化进程的途径来带动其来华留学教育发展的效果会更显著。这里可能存在一个"门槛效应"，即高等教育水平达到一定的高度以后市场化程度对留学教育的促进作用会有所减弱。同时这一结论也为高等教育水平较落后的地区提供了一条吸引留学生的新思路。因此，无论是政府还是高校在发展来华留学教育时的侧重点都应有所不同。在高等教育水平较高的地区，应该把更多的工作重心放在提高高等教育质量方面，政府应该给予高校更多的资金支持和政策倾斜，从而帮助高校吸引到更多的高质量、国际化人才，高校自身也应该积极地提高自身教学质量，力争达到国际顶尖水平。而在高等教育水平一般的地区，吸引留学生更多地依靠较高的经济发展水平、完善有序的现代市场体系以及高校的办学规模和学生群体的多样化，因此提高经济水平、推进市场化改革以及扩大高校办学规模才是推动当地留学教育发展的有效途径。

第六章

国际人才流入促进人力资本积累的机制检验

人力资本是促进技术进步的重要因素之一。20 世纪 80 年代中期，随着知识、人力资本对技术进步以及经济增长的作用日益显著，Lucas（1988）提出了"人力资本积累增长模型"，该模型指出人力资本除了能为经济主体产生经济效益外还能够增进生产主体的生产率。国际人才的流入可以通过直接累积效应和竞争示范效应促进中国的人力资本积累，一方面，国际人才的流入直接充实了地区的知识库，提升其人力资本存量；另一方面，国际人才的流入进一步加剧了国内就业市场的竞争，激励本土劳动者不断提高自身的人力资本水平。因此，为了进一步检验国际人才流入对中国人力资本积累的促进效应，本章采用省级层面的面板数据来验证国际人才流入促进中国技术进步的机制之一。

第一节　计量模型构建与数据说明

一　计量模型构建

根据已有文献中（Katz and Murphy，1992；陈开军和赵春明，2014）关于技能劳动力需求和供给分析框架，这里假设一国在生产过程中投入两种生产要素，即一般技能劳动力 L 和高素质人力资本 H，采用 CES 生产函数：

$$F(A_tL_t,\ B_tH_t) = \left[\lambda(A_tL_t)^\rho + (1-\lambda)(B_tH_t)^\rho\right]^{\frac{1}{\rho}} \tag{6-1}$$

其中，分布函数 $0<\lambda<1$ 反映了生产中的人力资本密集度，且不随时间改变。A_t 和 B_t 分别为一般技能劳动力和高素质人力资本的效率指数，代表技术进步偏向。两类劳动力之间的替代弹性为 $\sigma = 1/1-\rho$。

假定一般技能劳动力和高素质人力资本的报酬分别为 W_L 和 W_H，在完全竞争条件下，两种要素将按其边际产出获得报酬。根据式（6-1）分别对 L 和 H 求偏导数，即：

$$MP_L = \frac{\partial F}{\partial L_t} = \frac{1}{\rho}\left[\lambda(A_tL_t)^\rho + (1-\lambda)(B_tB_t)^\rho\right]^{\frac{1}{\rho}-1} \times \rho\lambda A_t^\rho L_t^{\rho-1} \tag{6-2}$$

$$MP_H = \frac{\partial F}{\partial H_t} = \frac{1}{\rho}\left[\lambda(A_tL_t)^\rho + (1-\lambda)(B_tB_t)^\rho\right]^{\frac{1}{\rho}-1} \times \rho(1-\lambda)B_t^\rho H_t^{\rho-1}$$

$$\tag{6-3}$$

因此，通过把式（6-2）和式（6-3）相比，可以得到两种生产要素的报酬之比：

$$\frac{W_H}{W_L} = \frac{MP_H}{MP_L} = \frac{1-\lambda}{\lambda}\left(\frac{H_t}{L_t}\right)^{\rho-1}\left(\frac{B_t}{A_t}\right)^\rho \tag{6-4}$$

通过对式（6-4）两边取对数，可整理得到：

$$\ln\left(\frac{H_t}{L_t}\right) = \frac{1}{1-\rho}\ln\left(\frac{1-\lambda}{\lambda}\right) + \frac{1}{1-\rho}\ln\left(\frac{W_H}{W_L}\right) + \frac{\rho}{1-\rho}\ln\left(\frac{B_t}{A_t}\right) \tag{6-5}$$

式（6-5）表明一国人力资本要素的相对规模一方面取决于劳动力市场中人力资本的相对价格，另一方面取决于一般技能劳动力和高素质人力资本的相对效率指数。Coe 和 Helpman（1995）发现国外研发对国内生产力有积极影响，且外贸经济越开放影响越强；随后的研究中包括捕捉跨境使用中间产品产生的跨国 R&D 溢出强度，视具有外来直接投资（Potterie and Lichtenberg，2001）等具体技术的实体资本或组织资本或纯粹的在技术空间中的接近（Frantzen，2002）为技术传播的渠道。随着新技术体现在人力资本以及物质资本和中间产品中，人力资本的国际运动将引发技术在各国间的进一步扩散。Park

（2004）和 Le（2010）研究发现，国际学生流动是促进国际研发溢出效应的另一个重要渠道。据此，本书将人力资本和普通劳动力两种要素的相对效率指数分解成如下形式：

$$\ln\left(\frac{B_t}{A_t}\right) = \theta_1 \ln talent + \theta_2 \ln trade + \theta_3 \ln fdi + \varepsilon \tag{6-6}$$

将式（6-6）代入式（6-5），可以得到：

$$\ln\left(\frac{H_t}{L_t}\right) = \frac{1}{1-\rho}\ln\left(\frac{1-\lambda}{\lambda}\right) + \frac{1}{1-\rho}\ln\left(\frac{W_H}{W_L}\right) + \frac{\rho}{1-\rho}\theta_1 \ln talent + \frac{\rho}{1-\rho}\theta_2 \ln trade + \frac{\rho}{1-\rho}$$

$$\theta_3 \ln fdi + \frac{\rho}{1-\rho}\varepsilon \tag{6-7}$$

式（6-7）中包含了前文中提出的国际人才流入影响人力资本积累的两个机制，分别是国际人才流入的劳动力技能溢价效应和生产力溢出效应。一方面，国际人才的流入进一步加剧了本土市场的人才竞争，其产生的技能溢价能够激励本土劳动力进一步进行人力资本投资，从而促进人力资本积累。另一方面，现代经济增长理论中强调人力资本外部性如何改变特定工人的生产率，即一个突然被许多高技能工人包围的工人将通过接触新的思想和观念来提高自己的生产力（Borjas，2014）。同时，考虑到地区经济发展水平、教育经费投入情况以及人力资本的累积效应，这里进一步加入人均国内生产总值、生均教育经费以及人力资本水平的一阶滞后项作为控制变量，从而得到如下计量模型：

$$\ln avg\_edu_{it} = \alpha_1 \ln forestu_{it} + \alpha_2 \ln avg\_edu_{it-1} + \alpha_3 \ln rgdp_{it} + \alpha_4 \ln premium_{it} +$$

$$\alpha_5 \ln edu\_exp\_pc_{it} + \alpha_6 \ln fdi_{it} + \alpha_2 \ln tol\_trad_{it} + \sigma_i + \eta_t + \varepsilon_{it}$$

$$\tag{6-8}$$

其中，t 表示年份，i 表示省份，avg_edu_{it} 表示各省份的人力资本状况，$forestu_{it}$ 表示各地区的国际人才流入规模，$rgdp_{it}$ 表示各地区的人均生产总值，$premium_{it}$ 表示地区人力资本的相对价格，$edu\_exp\_pc_{it}$ 表示各省份的生均教育经费投入，fdi_{it} 表示各省份的外商投资总额，tol_trad_{it} 表示进出口贸易总额。同时，考虑到 29 个样本省份在历史沿革、人文地理、经济发展等方面可能存在的一定差异，为控制住个体效应和时间效应，最终将模型确定为包含时间效应的双向固定效应模型。σ_i 表示不可观测的个体效应，η_t 表示时间效应，ε_{it} 为随机误差项。为了降低可能存在的异方差问题，对各变量取自然对数。

二　变量选取与数据来源

（一）被解释变量：人力资本

本章采用各省份的历年人力资本作为被解释变量。为检验国际人才流入对中国人力资本积累的影响，首先需要选取合适的方法度量我国的人力资本存量（H_{it}）。已有相关文献中有些（姚洋和崔静远，2015；许家云等，2016）采用教育年限累积法来衡量各省份的人力资本存量，即将劳动力的受教育年数直接累加作为人力资本，这一方法的缺点在于忽视了不同教育阶段对生产效率的作用可能存在较大的差异。这里参照彭国华（2005）的做法，使用教育回报率法测算各省份的人均人力资本。根据 Psacharopoulos（1994）中提供的相关数据，中国教育回报率在小学教育阶段为 0.18，中学教育阶段为 0.134，高等教育阶段为 0.151。具体来说，本书在计算某一地区平均人力资本时，假设该区域的劳动力平均受教育年限为 15 年，那么该地区劳动力的平均人力资本则为 0.18×6+0.134×6+0.151×3＝2.337。

（二）核心解释变量：流入国际人才规模

本章主要分析国际人才流入对人力资本积累的影响，因此解释变量为国际人才流入量。考虑到国际人才流入数据的可获得性，本章借鉴魏浩和袁然（2018）及谷媛媛和邱斌（2019）的做法，以各省份的国际留学生在校生人数（$lnfore\_stu$）衡量国际人才流入规模，包括学历留学生（大专学生、本科生、硕士生和博士生）和非学历留学生（访问学生、高级访问学生、语言访问学生和短期留学生）。这里使用的中国留学生统计数据包括毕业生，在中国留学的新生以及同年继续留学的学生，且不包括中国台湾、香港、澳门地区接受的国际留学生。

（三）其他控制变量

人均国内生产总值，首先使用各省份各年的地区生产总值与年末人口总数相比得到人均生产总值，再用各地区生产总值指数将其调整为 2017 年的不变价格。

关于人力资本溢价，借鉴 Avalos 和 Savvides（2006）以及陈开军和赵春明（2014）的做法，本章依据中国各省份制造业中不同行业的平均工资差距来估算人力资本的相对溢价，因为通常情况下，人力资本禀赋较高的工人更容易被较高工资的制造行业雇用。本章选取 2000—2016 年各省份 22 个制造业行业①，具体做法如下：首先对 2000—2016 年各年各省份 22 个制造业行业的平均工资由高到低进行排序，其次分别选取排序前 5 的行业和排序后 5 的行业作为工资较高组和工资较低组，并根据各行业年末的从业人数进一步计算其加权平均工资额，然后用工资较高组的加权平均工资与工资较低组的加权平均工资相比，得到人力资本溢价指标，最后用各省份各年的居民消费价格指数将其调整为 2017 年不变价格，以剔除价格因素的影响。

生均教育经费，首先选取各省份历年地方政府教育支出经费额，同时将各地区的小学、初中、高中以及高等院校的在校生人数进行加总，两者相比得到生均教育经费，最后再使用地区居民消费价格指数进行平减，折算为 2017 年的不变价格，以剔除价格因素的影响。使用进出口贸易总额来衡量各地区的贸易开放以及发展程度，由于各省份进出口总额的数据是以美元为单位进行统计的，所以首先将对外贸易总额数据按照人民币与美元的历年平均汇率进行折算，再使用各省份各年的居民消费价格指数将其调整为 2017 年不变价格，以剔除价格因素的影响。由于各省份的外商直接投资总额同样使用美元为单位进行统计，所以首先将其折算为人民币金额，继而使用各省份各年固

---

① 在《国民经济行业分类标准》（GB/T4754—2002）的制造业门类中共有 30 个大类。由于工艺品及其他制造业与废弃资源和废旧材料回收加工业为新设大类，木材加工及木、竹、藤、棕、草制品业，文教体育用品业，化学纤维制造业三个行业在个别年份有个别省份数据缺失，另外 2012 年开始橡胶制品业和塑料制品业进行了合并，同时交通运输业被分为汽车制造业和铁路、船舶、航空航天和其他运输设备制造业，因此本书中的样本剔除了上述 8 个行业。本章所选行业包括农副食品加工业，食品制造业，酒、饮料和精制茶制造业，烟草制品业，纺织业，纺织服装、鞋、帽制造业，皮革、毛皮、羽毛（绒）及其制品业，造纸及纸制品业，印刷业和记录媒介的复制，石油加工、炼焦及核燃料加工业，化学原料及化学制品制造业，医药制造业，非金属矿物制品业，黑色金属冶炼及压延工业，有色金属冶炼及压延工业，金属制品业，通用设备制造业，专用设备制造业，电气机械及器材制造业，通信设备、计算机及其他电子设备制造业，仪器仪表及文化、办公用机械制造业。

定资产投资指数将其调整为 2017 年不变价格，以剔除价格因素的影响。

（四）数据来源

本章选取 2000—2016 年 29 个省份（除中国台湾、香港、澳门、西藏和青海外）、共计 461 个观测值的面板数据作为研究样本。其中计算各省份人均人力资本的数据来源于《中国人口与就业统计年鉴》（2000—2016），各省份国际留学生规模数据来源于《来华留学生简明统计》（2000—2016），其他相关数据来源于《中国统计年鉴》（2000—2016）。

三　描述性统计

从表 6-1 可以看出，2000—2016 年，全国 29 个省份的平均人力资本的对数均值为 2.355，最小值为 2.036，最大值为 2.704，标准差为 0.115。在国际人才流入规模方面，人才规模的对数均值为 7.917，标准差为 1.674，说明各省份在国际人才流入规模方面存在一定的差别。至于人力资本溢价、生均教育经费、进出口贸易总额和外商投资总额等 7 个控制变量，样本省份之间或同省份的不同时期也存在一定的差异。通过方差膨胀因子（Variance Inflation Factor，VIF）方法检验得到，所有变量 VIF 均值为 3.82，远小于 10，从而排除了模型可能存在的多重共线性问题；此外，图 6-1 描绘了人力资本均值与各主要解释变量之间的散点图，从图 6-1 中可以看出，人力资本与国际人才流入规模、人力资本溢价、人均国内生产总值、生均教育经费、外商投资总额以及进出口贸易总额之间存在较强的正相关关系，从而初步验证了本章计量模型设定的合理性。

表 6-1　　　　　　　　各变量的描述性统计

变量	变量含义	观测值	均值	标准差	最小值	最大值
lnavg_edu	人力资本指数	461	2.355	0.115	2.036	2.704
lnfore_stu	国际人才流入规模	461	7.917	1.674	3.258	11.261
L.lnavg_edu	人力资本指数滞后项	461	2.342	0.115	2.034	2.704
lnrgdp	人均国内生产总值	461	10.875	0.465	9.771	11.998
lnpremium	人力资本溢价	461	9.957	0.446	8.724	11.501

续表

变量	变量含义	观测值	均值	标准差	最小值	最大值
lntol_trad	进出口贸易总额	461	16.814	1.582	13.26	20.407
lnedu_exp_pc	生均教育经费	461	10.901	0.945	9.011	13.074
lnfdi	外商直接投资总额	461	14.410	1.566	10.000	16.971

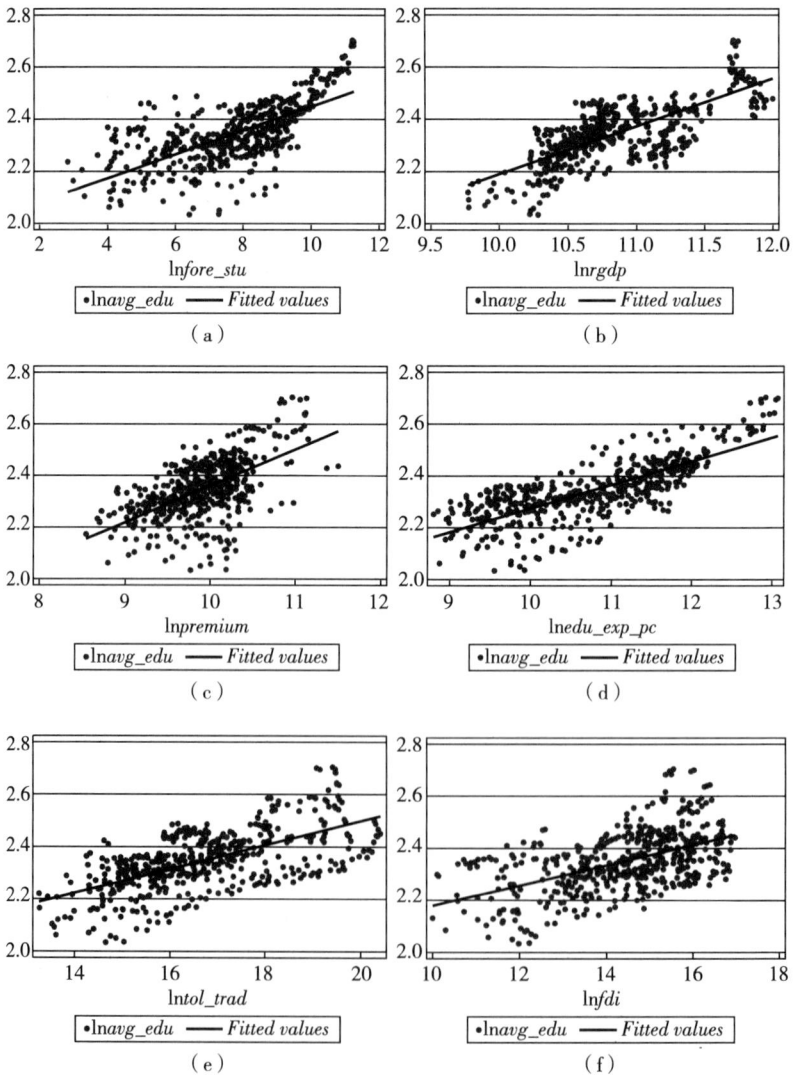

图 6-1　lnavg_edu 与 ln$fore\_stu$、ln$rgdp$、ln$premium$、
lnedu_exp_pc、lntol_trad 和 lnfdi 的散点回归图

第二节　实证结果分析

一　模型选择与检验

为了避免因模型所选的人力资本积累影响因素之间存在过高的相关性而导致严重的多重共线性问题，本章接下来对所有变量进行方差膨胀因子（VIF）诊断，结果显示，VIF 均值为 3.82，即可排除多重共线性问题。

对于面板数据模型而言，首先应在"混合回归"和"个体随机效应"之间做出选择。本章采用 LM 检验（Breusch and Pagan，1980）进行个体效应检验，从而选择"个体随机效应"；继而通过 Hausman 检验，在固定效应模型和随机效应模型之间做出选择，检验结果显示，P 值为 0.000，小于 0.05，拒绝原假设，因此本章选择固定效应模型。

二　国际人才流入对人力资本积累的总体影响

为了考察国际人才流入对不同地区人力资本积累的影响，本章首先采用双重固定效应模型实证检验国际人才流入规模对各省份人力资本积累的影响，估计结果见表6-2。表6-2的列（1）中，在不考虑其他因素的影响时，解释变量国际人才规模显著为正，说明国际人才的流入对各地区的人力资本积累产生了较为显著的促进作用；列（2）至列（7）中依次加入了人力资本的一阶滞后项、人均国内生产总值、人力资本溢价、生均教育支出、外商直接投资和进出口贸易总额等控制变量。从表6-2的回归结果可以发现，在逐步加入控制变量的过程中，国际人才流入规模变量的系数始终统计显著且为正，说明从整体上看，国际人才的流入确实显著促进了地区人力资本的累积。

此外，在控制变量中，人力资本的一阶滞后项对人力资本积累有显著的正向影响，这说明过去已有的人力资本状况对人力资本积累有着重要的影响，即人力资本的积累存在较强的自我强化效应，这主要是因为人力资本的形成本身就是对劳动力不断地进行教育和健康等方面的一个投资过程（陈开军和赵春明，2014），时间上往往存在一定的滞后效应，因此前期较高的人力资本水平能够有效地促进后续的累积过程。同时，人均国内生产总值的系数也是显著为正，这说明随着地区收入水平的不断提高，人力资本投资的信贷约束会得到不断的缓解，从而倾向于将更多的资金用于人力资本方面的投资。

表 6-2　　　　　　　　　　　　　基准回归结果

	（1）	（2）	（3）	（4）	（5）	（6）	（7）
ln*fore_stu*	0.014*	0.008**	0.007*	0.007*	0.007*	0.008*	0.008*
	(0.007)	(0.004)	(0.004)	(0.004)	(0.004)	(0.004)	(0.004)
L.ln*avg_edu*		0.596***	0.589***	0.588***	0.588***	0.584***	0.584***
		(0.040)	(0.042)	(0.043)	(0.044)	(0.045)	(0.045)
ln*rgdp*			0.020*	0.020*	0.017	0.024*	0.024*
			(0.011)	(0.011)	(0.011)	(0.012)	(0.012)
ln*premium*				0.001	0.001	0.002	0.002
				(0.006)	(0.005)	(0.006)	(0.006)
ln*edu_exp_pc*					0.005	0.005	0.005
					(0.010)	(0.011)	(0.012)
ln*fdi*						−0.001	−0.001
						(0.003)	(0.003)
ln*tol_trad*							0.000
							(0.005)
Constant	2.165***	0.879***	0.690***	0.683***	0.675***	0.597***	0.596***
	(0.044)	(0.097)	(0.135)	(0.134)	(0.134)	(0.128)	(0.124)
时间固定效应	Yes	Yes	Yes	Yes	Yes	Yes	Yes
省份固定效应	Yes	Yes	Yes	Yes	Yes	Yes	Yes
Observations	493	464	464	464	464	461	461
R^2	0.893	0.927	0.927	0.927	0.927	0.928	0.928

注：（1）括号内数值为标准误；（2）*、**、***分别表示变量系数通过了在10%、5%和1%水平下的显著性检验，下同。

第三节 稳健性检验

一 基于不同类型人才的异质性分析

由于流入的国际人才包含不同的类型，如前文提到的包括学历留学生（大专学生、本科生、硕士生和博士生）和非学历留学生（访问学生、高级访问学生、语言访问学生和短期留学生），与此同时，由于中国政府提供了各种奖学金政策，因此还包括享受奖学金留学生和自费留学生两种不同的类型。为了进一步探究不同类型的国际留学人才对中国人力资本累积的促进效应是否存在异质性，在这一部分本章进一步考察学历留学生、非学历留学生、享受奖学金留学生以及自费留学生对人力资本累积的不同影响。表6-3报告了回归结果。

表6-3 不同类型国际人才的回归结果

	（1）	（2）	（3）	（4）	（5）
lnfore_stu	0.008* (0.004)				
lndiploma		0.005* (0.002)			
lnnon_diploma			0.008** (0.004)		
lnscholarship				0.000 (0.003)	
lnself_funding					0.008** (0.004)
L. lnavg_edu	0.584*** (0.045)	0.566*** (0.046)	0.589*** (0.049)	0.596*** (0.062)	0.584*** (0.046)
lnrgdp	0.024* (0.012)	0.015 (0.014)	0.030** (0.011)	0.029* (0.016)	0.025** (0.012)
lnpremium	0.002 (0.006)	0.003 (0.005)	0.003 (0.006)	0.005 (0.006)	0.003 (0.006)

	（1）	（2）	（3）	（4）	（5）
ln*tol_trad*	0.000	0.001	−0.001	0.001	−0.000
	（0.005）	（0.005）	（0.005）	（0.006）	（0.005）
ln*edu_exp_pc*	0.005	0.015	0.003	0.021	0.005
	（0.012）	（0.010）	（0.012）	（0.012）	（0.012）
ln*fdi*	−0.001	−0.002	−0.000	−0.004	−0.001
	（0.003）	（0.003）	（0.003）	（0.003）	（0.003）
Constant	0.596***	0.658***	0.540***	0.416***	0.589***
	（0.124）	（0.134）	（0.133）	（0.140）	（0.128）
时间固定效应	Yes	Yes	Yes	Yes	Yes
省份固定效应	Yes	Yes	Yes	Yes	Yes
Observations	461	452	461	385	461
R^2	0.928	0.927	0.928	0.928	0.928

回归结果表明，除了列（4）中的享受奖学金留学生外，学历留学生、非学历留学生以及自费留学生均对人力资本积累有显著的促进作用。这可能是因为，一方面，国际留学生中近九成为自费留学生，而获得政府奖学金的留学生占的比重较低，因此由于其规模方面的限制导致其产生的人力资本累积的促进效应不显著；另一方面，大部分享受政府奖学金留学生在毕业后都倾向于回到其母国参加工作，从而无法对中国的人力资本积累产生较为明显的积极影响。

二 基于不同区域的异质性分析

考虑到不同省份在地理区位、资源禀赋以及经济发展水平等方面的差异，可能会导致国际人才的流入对不同地区人力资本累积的促进效应产生地区差异。为此，进一步将总样本划分为东部地区、中部地区以及西部地区三个子样本，对比分析国际人才流入对人力资本积累影响的地区差异，回归结果见表6-4至表6-6。

表6-4的回归结果表明，一方面，在东部地区，无论是学历留学生、非学历留学生，还是享受政府奖学金留学生、自费留学生，国际人才流入均对人力资本积累没有显著的促进作用；另一方面，人力资本的一阶滞后项和进出口贸易总额对东部地区的人力资本累积具有显著的促进作用。其原因可能是：

表 6-4 东部地区回归结果

	（1）	（2）	（3）	（4）	（5）
ln$fore\_stu$	−0.001 (0.0086)				
ln$diploma$		−0.007 (0.0042)			
ln$non\_diploma$			0.004 (0.0070)		
ln$scholarship$				−0.004 (0.0031)	
ln$self\_funding$					−0.000 (0.008)
L. lnavg_edu	0.537*** (0.056)	0.510*** (0.073)	0.538*** (0.050)	0.476*** (0.057)	0.537*** (0.055)
ln$rgdp$	0.006 (0.027)	0.026 (0.030)	0.003 (0.024)	0.017 (0.028)	0.005 (0.027)
ln$premium$	−0.007 (0.006)	−0.006 (0.008)	−0.009 (0.008)	0.005 (0.012)	−0.008 (0.007)
lntol_trad	0.026** (0.009)	0.026** (0.009)	0.026** (0.009)	0.036** (0.013)	0.026** (0.009)
lnedu_exp_pc	0.003 (0.018)	0.004 (0.019)	0.001 (0.017)	0.020 (0.017)	0.002 (0.018)
lnfdi	−0.012** (0.005)	−0.013** (0.004)	−0.011** (0.005)	−0.014** (0.005)	−0.012** (0.005)
Constant	0.809** (0.314)	0.655* (0.3446)	0.809** (0.336)	0.412 (0.481)	0.813** (0.314)
时间固定效应	Yes	Yes	Yes	Yes	Yes
省份固定效应	Yes	Yes	Yes	Yes	Yes
Observations	176	173	176	158	176
R^2	0.944	0.945	0.944	0.944	0.944

东部地区经济发展水平较高，居民的收入水平也相对较高，因此无论是政府的公共教育投入还是居民的家庭人力资本投资均处于较高

水平，从而导致国际人才流入的人力资本累积效应不显著。另外，从回归结果还可以看出，东部地区的进出口贸易额对其人力资本的积累效应有显著的促进效应，已有文献也发现对外贸易能够通过各种渠道促进人力资本的积累（Harris and Robertson，2011；陈开军和赵春明，2014）。

表 6-5 的回归结果表明，在中部地区，除享受政府奖学金留学生以外，国际人才流入对人力资本积累有显著的促进作用。此外，回归结果还显示，人均教育投资对人力资本投资有显著的促进作用，这说明在中部地区，政府可以通过进一步增加教育经费支出来促进人力资本的累积。

表 6-5　　　　　　　　　　中部地区回归结果

	（1）	（2）	（3）	（4）	（5）
ln*fore_ stu*	0.012* (0.006)				
ln*diploma*		0.006* (0.003)			
ln*non_ diploma*			0.014* (0.007)		
ln*scholarship*				-0.004 (0.004)	
ln*self_ funding*					0.013* (0.006)
L. ln*avg_ edu*	0.371*** (0.105)	0.382** (0.111)	0.393** (0.114)	0.464*** (0.118)	0.359*** (0.101)
ln*rgdp*	0.034 (0.038)	0.026 (0.044)	0.050 (0.042)	0.075 (0.049)	0.031 (0.036)
ln*premium*	0.009 (0.014)	0.013 (0.013)	0.008 (0.015)	0.011 (0.017)	0.009 (0.013)
ln*tol_ trad*	-0.008 (0.012)	-0.0038 (0.010)	-0.009 (0.011)	-0.001 (0.010)	-0.009 (0.012)

续表

	（1）	（2）	（3）	（4）	（5）
lnedu_exp_pc	0.069*	0.084**	0.054	0.052	0.066*
	（0.033）	（0.033）	（0.037）	（0.042）	（0.033）
lnfdi	0.006	0.004	0.006	−0.002	0.006
	（0.004）	（0.004）	（0.005）	（0.006）	（0.004）
Constant	0.337	0.230	0.283	−0.070	0.437
	（0.255）	（0.266）	（0.351）	（0.298）	（0.248）
时间固定效应	Yes	Yes	Yes	Yes	Yes
省份固定效应	Yes	Yes	Yes	Yes	Yes
Observations	128	128	128	106	128
R^2	0.921	0.919	0.921	0.916	0.923

表 6-6 的回归结果表明，在西部地区，国际人才流入对人力资本积累的促进作用主要体现在学历留学生上。这可能是因为一方面西部地区的留学生总规模相比于中东部地区较小，另一方面学历留学生的学习周期往往较长，毕业后留在中国工作的可能性也相对较大，因而可以产生一定的示范效应和激励作用，刺激当地劳动力进一步进行人力资本投资。

表 6-6　　　　　　　　　　西部地区回归结果

	（1）	（2）	（3）	（4）	（5）
ln$fore\_stu$	0.008				
	（0.009）				
ln$diploma$		0.010***			
		（0.002）			
ln$non\_diploma$			0.003		
			（0.007）		
ln$scholarship$				0.006	
				（0.003）	
ln$self\_funding$					0.007
					（0.007）

	（1）	（2）	（3）	（4）	（5）
L. lnavg_edu	0.577***	0.4588***	0.5836***	0.520***	0.577***
	（0.087）	（0.080）	（0.098）	（0.103）	（0.088）
lnrgdp	0.037	0.028	0.039	0.056	0.036
	（0.033）	（0.039）	（0.033）	（0.032）	（0.033）
lnpremium	0.004	0.003	0.005	0.014	0.005
	（0.010）	（0.010）	（0.010）	（0.021）	（0.010）
lntol_trad	0.001	0.003	0.001	−0.004	0.000
	（0.006）	（0.005）	（0.007）	（0.007）	（0.006）
lnedu_exp_pc	−0.001	0.031*	−0.004	0.043	−0.002
	（0.022）	（0.016）	（0.018）	（0.029）	（0.021）
lnfdi	0.004	0.005	0.005	0.001	0.004
	（0.005）	（0.004）	（0.005）	（0.004）	（0.005）
Constant	0.426	0.450	0.426	−0.006	0.452
	（0.417）	（0.448）	（0.388）	（0.267）	（0.414）
时间固定效应	Yes	Yes	Yes	Yes	Yes
省份固定效应	Yes	Yes	Yes	Yes	Yes
Observations	157	151	157	121	157
R^2	0.945	0.950	0.944	0.956	0.945

第四节 内生性处理

上述基准回归和异质性分析结果均证明了国际人才的流入对地区人力资本的积累有显著的促进作用。但是，模型中可能存在的内生性问题仍然会影响结果的准确性。一方面，为了考虑人力资本积累的累积效应，前文的计量模型中包含了被解释变量的一阶滞后项，从而产生了与扰动项相关的问题，因此在处理内生性问题时，删除了这一控制变量；另一方面，人力资本变量和其他各解释变量之间也可能存在双向因果关系，从而导致估计结果存在偏差。首先，人力资本水平较高的地区，往往具有较高的经济发展水平，从而更容易推动对外贸易的发展，吸引外资和国际人才的流入。其次，本章借鉴已有研究，从地区经济发展水平、地区贸易投资发展状况以及教育投资水平等角度尽可能全面地选取控制变量，但仍可能存在遗漏变量问题。例如，在样本考察期内，来自各省份经济和政策等方面的冲击，会同时影响国际人才的流入规模和人力资本水平的累积，这些难以衡量的冲击变量对人力资本水平的影响会包含到扰动项中，从而导致国际流入人才规模变量与扰动项相关，导致模型存在内生性。

　　基于以上两方面考虑，为了进一步验证上述结果的稳健型，在双固定效应模型下，本部分还采用二阶段最小二乘法（IV-2SLS）进行回归。这里选择各省份的空气质量状况（PM2.5）作为国际人才流入规模的工具变量，这样做的原因是，一方面，考虑到空气质量的变化具有较强的外生性，满足工具变量的外生性条件；另一方面，地区空气质量的好坏的确是影响国际人才流入的一个重要因素，在其他条件不变的情况下，空气质量越好的地区越有可能吸引到更多的国际人才，满足工具变量相关性的要求。表6-7汇报了2SLS的第一阶段回归结果，可以看出，F统计量在各模型中均大于10，这说明不存在弱工具变量问题。因此，本书选择的工具变量较为合理。

表6-7　　　　　　　　　　第一阶段回归结果

	(1)	(2)	(3)	(4)	(5)
	ln$fore\_stu$	ln$diploma$	ln$non\_diploma$	ln$scholarship$	ln$self\_funding$
ln$pm2.5$	−0.379 **	−0.769 **	−0.492 ***	−0.097	−0.375 **
	(0.156)	(0.298)	(0.155)	(0.244)	(0.162)
ln$rgdp$	0.978 ***	3.914 ***	0.094 *	1.507 ***	0.879 ***
	(0.246)	(0.472)	(0.023)	(0.398)	(0.253)
ln$premium$	0.201 **	0.229	0.173 *	−0.114	0.161
	(0.097)	(0.183)	(0.096)	(0.156)	(0.100)
lntol_trad	0.266 ***	0.084	0.313 ***	0.179	0.314 ***
	(0.076)	(0.142)	(0.075)	(0.114)	(0.078)

续表

	（1）	（2）	（3）	（4）	（5）
	ln fore_stu	ln diploma	ln non_diploma	ln scholarship	ln self_funding
ln edu_exp_pc	−0.075	−1.510***	0.203	−0.282	−0.058
	（0.183）	（0.349）	（0.181）	（0.296）	（0.188）
ln fdi	−0.080**	0.002	−0.133***	−0.030	−0.092**
	（0.040）	（0.076）	（0.039）	（0.068）	（0.041）
Constant	−7.263***	24.183***	−0.079	−10.250***	−6.725**
	（2.592）	（4.919）	（2.586）	（3.826）	（2.667）
F−test	140.520	75.480	95.650	85.090	128.640
Observations	490	477	490	404	490
R²	0.8758	0.796	0.827	0.841	0.866

表6-8汇报了工具变量法的估计结果，可以发现，其结果基本和前文的结论一致，除享受奖学金来华留学人才外，国际人才流入规模的增加均能够对人力资本积累产生显著的促进作用。这表明在考虑了内生性问题后，国际人才流入规模的增加依然显著促进地区人力资本的累积，说明上述回归结论基本稳健和基本可靠。

表6-8 内生性处理——2SLS

	（1）	（2）	（3）	（4）	（5）
ln fore_stu	0.093**				
	（0.044）				
ln diploma		0.047**			
		（0.020）			
ln non_diploma			0.072**		
			（0.029）		
ln scholarship				0.470	
				（1.200）	
ln self_funding					0.0940**
					（0.045）

续表

	（1）	（2）	（3）	（4）	（5）
ln*rgdp*	−0.0428	−0.135	0.041*	−0.671	−0.035
	（0.053）	（0.087）	（0.023）	（1.810）	（0.051）
ln*premium*	−0.008	−0.001	−0.002	0.065	−0.005
	（0.013）	（0.011）	（0.010）	（0.153）	（0.013）
ln*tol_trad*	−0.018	0.003	−0.015	−0.079	−0.023
	（0.015）	（0.008）	（0.012）	（0.233）	（0.017）
ln*edu_exp_pc*	0.010	0.076**	−0.012	0.172	0.008
	（0.020）	（0.035）	（0.018）	（0.352）	（0.020）
ln*fdi*	0.004	−0.004	0.006	0.006	0.005
	（0.006）	（0.004）	（0.005）	（0.049）	（0.006）
Constant	2.349***	2.804***	1.680***	6.371	2.305***
	（0.499）	（0.644）	（0.237）	（13.073）	（0.495）
时间固定效应	Yes	Yes	Yes	Yes	Yes
省份固定效应	Yes	Yes	Yes	Yes	Yes
Observations	490	477	490	404	490

第五节　本章小结

本章通过使用2000—2016年29个省份（除中国台湾、香港、澳门、西藏和青海外）的省级面板数据作为研究对象，从流入人才类型以及不同区域等角度实证分析了国际人才流入对人力资本积累的影响。

根据本章的研究结果，得到的结论是，国际人才流入规模的增加：①从全国整体上看，可以显著促进地区人力资本的累积；②从流入国际人才不同类型的角度来看，除享受奖学金留学生外，学历留学生、非学历留学生，以及自费留学生均对人力资本积累有显著的促进作用；③从国际人才流入区域不同的角度来看，在东部地区，无论是学历留学生、非学历留学生，还是享受政府奖学金留学生、自费留学生，国际人才流入均对人力资本积累没有显著的促进作用，在中部地区，除享受政府奖学金留学生以外，国际人才流入对人力资本积累有显著的促进作用，在西部地区，国际人才流入对人力资本积累的促进作用主要体现在学历留学生上。

同时，为进一步检验实证结果的稳健型，本章还选择各省份的空气质量状况（PM2.5）作为国际人才流入规模的工具变量，通过二阶段最小二乘工具变量法对内生性问题进行处理，从而进一步验证了本章结论的稳健型。

第七章

国际人才流入促进外商
直接投资的机制检验

根据第三章机制分析部分关于国际人才流入促进外商直接投资的理论模型可知，国际人才流入可以通过一系列途径有效地降低国际贸易壁垒，而国际贸易壁垒作为贸易成本的重要组成部分，在以往的研究中经常被作为测算贸易自由度的指标，并且贸易壁垒的降低能够促进贸易自由度的提升；同时，根据理论模型推导出的企业利润函数可以发现，贸易自由度的提升能够带来企业利润的进一步增长，因此，可以得出地区国际人才的流入也是提高当地企业利润的重要因素之一，结合企业在生产过程中追求利润最大化的原则可以得出，国际人才流入能够有效地促进地区外商直接投资。因此，为了进一步检验国际人才流入对中国外商直接投资的促进效应，本章采用省级层面的面板数据，验证了国际人才流入促进中国技术进步的机制之二。

第一节　问题的提出

一个国家能否接触并有效利用其他国家先进的科学技术知识是影响这个国家科学技术进步以及经济增长的关键因素（Grossman and Helpman，1991），因此，携带着新技术、新思想和具有较强创造力的国际人才的流动是近年来值得关注的一个新现象。对我国而言，通过引进高层次人才提高自主创新能力是我国现阶段重要人才战略之一（蔡昉，2009）。而随着来华留学教育服务体系的逐渐完善以及我国对高等教育中海外留学群体投入的不断增加，将有助于吸引更多的海外高层次人才，这将直接提升相关领域的人才储备，为实现我国经济的长期增长打下良好的人才与技术基础。

相关统计资料显示，1999 年我国留学生人数为 4.47 万人，到 2018 年，国际留学生较 1999 年增长了 10 多倍，达到 49.22 万人，国际留学生人数呈长期增长趋势。与此同时，中国的外商直接投资规模自 20 世纪 90 年代以来也呈现出迅速增长的趋势，于 2012 年超过 1000 亿美元，占全球跨境直接投资的 8.9%，居世界第二位；2013 年，在全球直接投资下降的背景下，中国吸收外商投资仍保持 5.3% 的增速，当年外商实际投资再创 1176 亿美元历史新高；2014 年中国更是成为当年全球最大的 FDI 接收国，流入 FDI 达 1290 亿美元，增长约 4%。① 然而近两年随着欧美国家"再工业化战略"的提出，中国吸引 FDI 的国际竞争力有所减弱。FDI 的增加不仅可以提高一国的资本存量水平，还可以通过技术外溢效应促进东道国资源配置效率的提升（Romer，1990；Grossman and Helpman，1991）。FDI 还可以通过促进东道国的就业、提高当地的人力资本、引进技术并发生技术外溢等途径优化东道国的资源配置效率，进而促进其经济增长（黄肖琦等，2006）。

综观两者的增长趋势，可以发现其存在一定的相似之处，那么，国际人才流入和 FDI 的区位分布之间是否存在一定的内在联系呢？综观已有文献，关于这方面的研究并不多，但已有文献中有不少提及国际人才流动对国际贸易的积极影响：Head 和 Ries（1998）的研究得出人才跨国流动对降低国际贸易壁垒的积极作用，提出人才跨国流动所产生的交易成本降低效应、交易信息获取效应、交易契约履行效应可以引发的贸易扩张和创造效应。相比国内贸易，信息缺乏会导致国际贸易活动成本大幅度上涨，而贸易成本正是阻碍国家间进行商品交换的重要障碍。国际流入人才能够较好地掌握母国市场情况，同时具

---

① 资料来源：https：//www.yicai.com/news/4637076.html，2015 年 6 月 25 日。

备语言交流方面的优势，因此，国际人才的流入能够使信息的搜寻与获取变得更为便利，从而有利于降低贸易交流壁垒（Portes et al.，2001）。魏浩和陈开军（2015）认为，跨国人才流动可以通过降低交易成本和机会成本来促进国际贸易规模的增长。

国际人才流动还可以通过偏好扩散效应来影响双向贸易（Head and Ries，1998）。Combes 等（2005）认为，多数消费者都有"本土消费倾向"，而国际流入人才可能会强化这种倾向，从而有助于增加两国的货物贸易和服务贸易。这种偏好扩散效应的另一种体现就是文化趋同带来的双边贸易规模的扩张。比如，White 和 Tadesse（2008）对美国文化产品出口贸易的研究结果显示，移民能够通过弱化国际文化距离对国际贸易产生的壁垒来显著地推动产品出口二元边际的扩张，即一国往往倾向于与文化相近的国家进行双边贸易。

此外，移民对国际贸易影响的文献也有一定的参考意义，虽然国际人才的流入与移民并非同一群体，但二者的贸易促进效应却颇为相似。已有文献得出移民网络对东道国对外贸易存在推动作用的结论（Parsons and Vezina，2018；赵永亮，2012），其中一个重要的原因在于移民所组成的网络能够提高市场信息搜寻的效率（Ottaviano et al.，2018），同时，该网络还通过克服各种非正式壁垒来降低国际贸易的交易成本，从而促进出口贸易（Rauch，2001；Docquier and Rapoport，2012）。因此，国际人才的流入将极大地增加信息来源的多样性，减少企业对产品（尤其是差异化产品）需求信息的甄选成本（Rauch，2001）。

由于国际人才流入能够促进国际贸易，而贸易与 FDI 之间是正向关系（Caves，1996）；此外，Du 等（2014）在研究税收和关税政策如何影响 FDI 溢出效应时，得出通过改善贸易政策能够提高外商直接投资的外部性，据此，这里推断，国际人才流入能够对地区 FDI 规模产生一定的积极影响，继而影响 FDI 的区位分布。图 7-1 拟合了中国各省份的来华留学教育发展规模与本地区 FDI 规模的关系曲线，以进行初步考察并寻求经验证据。图 7-1 中拟合的曲线向右上方倾斜，这一典型化事实也初步验证了上文关于国际人才流入与 FDI 之间存在正向关系的猜想。

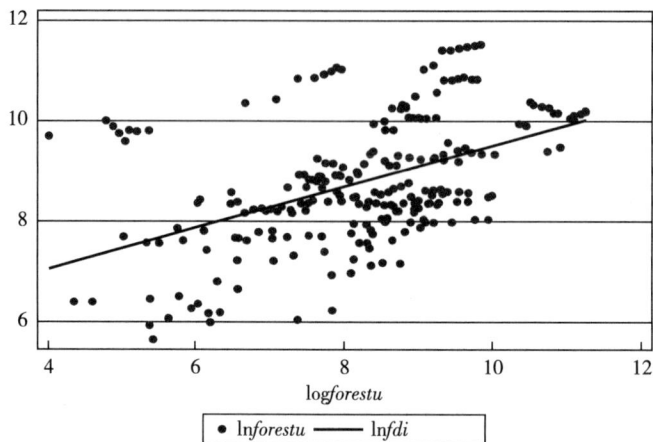

图 7-1　国际人才流入与 FDI 之间关系的散点图

第二节　数据、变量定义与计量模型构建

一　指标选取

影响 FDI 区位选择的因素有：市场接近因素、劳动力成本因素、政府政策因素以及市场潜能因素（Blonigen et al., 2005）等；国内学者关于影响 FDI 区位选择因素的研究结论主要包括：贸易成本、人力资本存量、技术外溢、FDI 存量和优惠政策等对 FDI 流入具有正面影响（黄肖琦，2006；冼国明，2009）。此外，根据前文推导出的企业利润函数可知，外资企业在选择区位时会考虑地区国际人才流入规模、地理集聚水平、区域政府政策、金融服务情况、本地及出口市场容量以及地区工资水平等因素。

因此，本章基于已有文献的经验研究并结合机制分析章节的理论模型推导，最终确定实证模型中相关变量，具体如下：

（1）ln*fdi* 为被解释变量，表示各地区吸收的 FDI 规模，本章用各地区外商投资企业个数作为代理变量（黄肖琦等，2006）。

（2）国际留学生人数（*fore_stu*），本章的解释变量。

（3）企业经营环境指数（*envirindex*），该变量表示企业经营环境状况，具体由政府行政管理、企业经营的法制环境、企业的税费负担、金融服务、人力资源供应、企业经营的诚信社会环境等 8 个方面分指数构成（王小鲁等，2013）。盛丹和王永进（2010）通过考察契约执行效率与 FDI 区位分布的关系得出结论，即对于契约密集度较大的行业，跨国公司倾向于在契约制度较为完善的地区进行 FDI。岳咬兴等（2014）提出制度环境因素是对外直接投资区位选择的重要影响因素。因此，本章用企业经营环境指数作为影响 FDI 区位分布的包括政府政策、金融服务、基础设施以及人力资源供应状况等在内的一系列因素的综合代理变量。

（4）地理集聚程度（*geoagg*），该变量主要用来衡量地理集聚的程度，这里用地区相对规模来权衡，即 $n_r^t = (I_r^t/GDP_r^t) / (area_r/\sum area_r)$，其中 I_r^t 表示 t 时期 r 地区工业总值，GDP_r^t 即为 t 时期 r 地区 GDP，$area_r$ 为区域面积（颜银根，2014）。

（5）地区经济发展水平（*rgdp*），反映一个地区的收入水平和经济规模，以人均 GDP 为指标。已有研究证明，经济发展水平等因素与 FDI 规模正相关（许罗丹等，2003；李杏等，2009）。

（6）地区人口规模（*popu*），本章用该变量来衡量一个地区的本地市场容量，即式（3-19）中的 $Ep_h^{-\sigma}/p_M^{1-\sigma}$ 项。Krugman（1980）指出，由于存在"本地市场效应"，因此企业在市场规模大的地区能够更充分地利用规模经济，从而获得更高的利润。

（7）地区工资水平（*wage*），工资水平的高低反映了一个地区劳动力成本的高低，而劳动力成本会直接影响企业利润，因此必然会对 FDI 的区位选择产生一定的影响。

（8）地区总出口额（*export*），该变量表示 i 地区 t 年出口贸易总额，用于衡量出口市场规模，即式（3-19）中的 $\dfrac{\varphi E^* p_h^{-\sigma}}{(p_M^*)^{1-\sigma}}$ 项，且贸易与 FDI 间存在正向关系。进出口贸易总额根据各年度汇率中间价调整为人民币计价。

（9）地区对外开放度（*open*），该变量用来衡量一个地区对外开放的程度，本章选择地区进出口总额占地区 GDP 的比重来衡量，且根据各年度汇率中间价将贸易总额调整为人民币计价。

二 实证模型与数据来源

根据上述分析，本章建立如下实证分析模型：

$$lnfdi_{it} = \alpha + \beta_1 lnforestu_{it} + \beta_2 envirindex_{it} + \beta_3 lngeoagg_{it} + \beta_4 lnrgdp_{it} +$$
$$\beta_5 lnpopu_{it} + \beta_6 lnwage_{it} + \beta_7 lnexport_{it} + \beta_8 lnopen_{it} + cons_{it} + \varepsilon_{it}$$

$$(7-1)$$

上述计量模型中 i 代表具体省份，t 代表具体年份，α 代表常数项，β 代表影响系数，$cons_{it}$ 表示不可观测的、与各地区相关的、时间上恒定的因素，ε_{it} 为随机扰动项。

本章以中国大陆除西藏自治区和青海省外的 29 个省份 2006—2013 年的数据为研究样本，数据主要来源于历年《来华留学生简明统计》《中国分省企业经营环境指数报告（2013）》、《中国统计年鉴》和各省统计年鉴。

三 描述性统计

从表 7-1 可以看出，不同区域外商投资企业数量存在巨大差异，样本数据显示，外商投资企业数最少的地区只有 285.000 个（2007 年宁夏地区），而数量最多的省份则有 100639.000 个（2013 年广东地区），标准差达到 19390.780。本章的核心解释变量国际留学生在各地区的数量差异也是显而易见的，国际留学生人数最少的只有 55 人，而最多的则达到了 77706.000 人。与此同时，各地区在不同时点上的地理集聚水平、人均 GDP 以及工资水平等变量的差异也是十分明显的。

表 7-1 描述性统计

变量	观察样本	均值	标准差	最小值	最大值
fdi	232.000	13803.490	19390.780	285.000	100639.000
forestu	232.000	8875.480	13762.230	55.000	77706.000
envirindex	232.000	3.010	0.140	2.640	3.440
geoagg	232.000	68.810	131.790	2.460	707.250

续表

变量	观察样本	均值	标准差	最小值	最大值
rgdp	232.000	33157.190	19532.260	5750.000	100105.000
ln*popu*	232.000	8.225	0.681	6.400	9.270
wage	232.000	34481.470	13698.750	15370.000	93006.000
ln*export*	232.000	14.290	1.570	11.210	17.970
open	232.000	0.350	0.420	0.040	1.720

第三节　实证结果分析

一　模型选择与检验

为了避免因模型所选的 FDI 区位选择影响因素之间存在过高的相关性而导致严重的多重共线性问题，本章接下来对所有变量进行方差膨胀因子（VIF）诊断，结果显示，VIF 均值为 3.61，即可排除多重共线性问题。

对于面板数据模型而言，首先应在"混合回归"和"个体随机效应"之间做出选择。本章采用 LM 检验（Breusch and Pagan，1980）进行个体效应检验，从而选择"个体随机效应"；继而通过 Hausman 检验，在固定效应模型和随机效应模型之间做出选择，检验结果显示，P 值为 0.0000，小于 0.05，拒绝原假设，因此本章选择固定效应模型。

二　国际人才流入对 FDI 区位选择的总体影响

表 7-2 中模型（1）是国际人才来华对 FDI 区位选择整体影响的初步估计。回归结果显示，在控制其他变量的基础上，区域国际留学生规模对地区 FDI 规模有显著的正向影响，即国际留学生每增加 1%，FDI 水平将增加 0.150%。此外，从控制变量的回归结果可以发现，当地企业经营环境状况、地理集聚程度以及地区工资水平也是影响 FDI 水平的重要因素，即企业环境指数增加 1 单位，能够使 FDI 规模

增加 1.721%，地理集聚水平每提高 1%，能够带来 FDI 水平上涨 1.297%。

尽管固定效应模型控制了非观测的个体效应，但事实上经济变量之间通常会存在内生性问题，严重的内生性将导致估计结果的有偏和非一致。本书选择的被解释变量地区 FDI 规模和解释变量国际留学生规模之间可能会存在一定的内生性。一方面，FDI 水平较高的地区往往经济水平也比较发达，而经济水平发达的地区更容易吸引到国际留学生。另一方面，留学生的流动可以通过各种途径削弱贸易壁垒以及提高地区的对外开放程度，从而可以吸引更多的 FDI。

因此，这里选择普通高校专任教师数作为工具变量，作为教育水平高低的衡量指标之一，该变量与各省吸收的留学生人数之间有较强的相关性，而与扰动项不存在明显的相关，满足选择工具变量的两个标准（魏浩，2015）。同时，为了增强估计的有效性，还加入国际留学生人数的一阶滞后项作为工具变量。本章采用 IV-2SLS 估计，表7-2 中关于 IV-2SLS 估计的相关检验结果表明，本章选择的工具变量都是合理有效的。

表 7-2　　　　　　　　　　　整体及区域样本回归结果

	$\ln fdi$				
	全国 （FE） （1）	全国 （IV-2SLS） （2）	长江三角洲 （IV-2SLS） （3）	环渤海地区 （IV-2SLS） （4）	西部地区 （IV-2SLS） （5）
$\ln forestu$	0.150* （0.089）	0.478*** （0.183）	−0.188 （0.213）	2.015* （0.976）	0.458* （0.266）
$envirindex$	1.721*** （0.192）	1.660*** （0.202）	2.072*** （0.496）	0.350 （0.401）	1.621*** （0.354）
$\ln geoagg$	1.297*** （0.330）	1.374*** （0.387）	−1.060 （1.378）	6.918*** （1.400）	0.527 （0.796）
$\ln rgdp$	−0.602* （0.320）	−0.490 （0.389）	−1.056 （1.467）	−7.526*** （1.342）	0.260 （0.751）
$\ln popu$	−1.339** （0.562）	−0.800 （0.624）	2.688*** （0.904）	−0.548 （0.814）	0.154 （1.118）

续表

	lnfdi				
	全国 （FE） （1）	全国 （IV-2SLS） （2）	长江三角洲 （IV-2SLS） （3）	环渤海地区 （IV-2SLS） （4）	西部地区 （IV-2SLS） （5）
ln$wage$	1.286 *** （0.360）	0.778 ** （0.433）	0.163 （1.353）	5.866 *** （0.710）	0.198 （0.884）
ln$export$	-0.159 ** （0.074）	-0.204 ** （0.081）	0.521 （0.307）	0.786 *** （0.295）	-0.332 * （0.190）
$open$	0.188 （0.244）	0.156 （0.285）	-0.351 （0.470）	-1.018 * （0.401）	0.699 （1.459）
$Constant$	3.959 （4.202）				
$Observations$	232.000	203.000	21.000	35.000	70.000
Within-R^2/C-R^2	0.646	0.491	0.785	0.783	0.561
Anderson LM		56.523 ［0.000］	16.47 ［0.000］	8.485 ［0.014］	31.227 ［0.000］
Cragg-Donald Wald F		39.695	48.327	24.102	27.676
Sargan statistic		0.598	0.875	0.447	0.465

注：（1）括号内数值为标准误；（2）*、**、***分别表示变量系数通过了在10%、5%和1%水平下的显著性检验，下同。

表7-2模型（2）显示，在控制了变量的内生性后，国际人才流入对FDI区位选择的影响程度大大增加，即国际留学生每增加1%，FDI将增加0.478%，且各控制变量的符号与固定效应模型的估计一致。由此可见，国际人才的流入的确可以通过降低贸易壁垒提高外资企业的利润来吸引更多的FDI。此外，在控制变量中，研究发现，企业经营环境指数、地理集聚水平和地区工资水平均对FDI的区位选择有着显著的正向影响，如企业经营环境指数每增加1单位，可以带来该地区FDI水平扩大1.660%，地理集聚水平每提高1%，则可以推动FDI增加1.374%。

第四节 稳健性检验

一 国际人才流入对不同经济区域 FDI 区位选择的影响

上述分析证明了国际人才流入规模的增加有助于吸引更多的 FDI，然而从国内范围来看，尽管中国吸引的外商直接投资总量非常大，但是其地区分布极为不均衡，外商在华直接投资中绝大部分的资金都投在东部 9 个沿海省份和 3 个直辖市，只有很少一部分资金流向西部地区。以 2013 年为例，外商在华直接投资中有 67% 的资金投在东部 9 个沿海省份和 3 个直辖市，仅广东、辽宁、江苏、上海这 4 省（市）的实际利用外资额就占了全国的 57%，仅有 11% 的资金流向西部地区。因此，接下来本章没有以常规的中部、东部、西部去分析，而是分别以长三角地区、环渤海地区以及西部地区这三个热点经济区域为考察对象，进一步探究国际人才流入对不同经济区域吸引 FDI 的影响。为了得到较为稳健的结论，本章对三个区域同样采用 IV-2SLS 估计方法，估计结果如表 7-2 中的模型（3）、模型（4）和模型（5）所示。

结果显示，在本章选取的三个热点经济区域中，国际人才的流入对长三角地区 FDI 的增长并无显著的促进作用，但对环渤海地区以及西部地区的影响则较为显著，其中以环渤海地区的影响最为明显，即国际留学生每增长 1% 能带来环渤海地区的 FDI 水平增加 2.015%。对长三角地区 FDI 水平影响较为显著的因素分别为企业经营环境指数和地区人口规模；在环渤海地区，除人才流动因素之外，地理集聚水平对地区 FDI 水平有显著的影响，地理集聚水平每提高 1% 可以带来地区 FDI 水平上升 6.918%；而西部地区的分析结果则显示，对其 FDI 水平有显著影响的因素主要是国际人才的流入和企业经营环境。因此，本章在验证了已有研究中对 FDI 区位分布有影响的相关因素的基础上，进一步得出了国际人才流入对地区 FDI 水平的显著正向影响，并且通过分析可以看出，在不同经济区域各个影响因素的显著性均有较大的差异。

二　国际人才流入对不同经济区域 FDI 区位选择的影响

为了进一步检验上述回归结果的可靠性，本章以来华攻读学位的留学人才作为衡量各地区国际人才流入的规模，进行稳健性检验。表 7-3 报告了学历留学人才为解释变量的回归结果。

表 7-3　　　　　　　　　　学历留学人才的回归结果

	$\ln fdi$	
	全国（FE）	全国（IV-2SLS）
$XL\ln forestu$	0.216***	0.181***
	（0.044）	（0.066）
$envirindex$	1.667***	1.660***
	（0.183）	（0.184）
$\ln rgdp$	−0.632**	−0.444
	（0.305）	（0.353）
$\ln popu$	−0.965*	−0.693
	（0.541）	（0.576）
$open$	0.180	0.139
	（0.232）	（0.259）
$\ln export$	−0.129*	−0.164**
	（0.071）	（0.074）
$\ln geoagg$	1.351***	1.444***
	（0.312）	（0.350）
$\ln wage$	1.132***	0.921**
	（0.337）	（0.384）
$Constant$	2.016	
	（4.018）	
$Observations$	232.000	203.000
Within-R^2/C-R^2	0.680	0.578
Anderson LM		103.726 [0.000]
Cragg-Donald Wald F		121.771
Sargan statistic		0.485

通过观察表7-3中稳健性检验回归分析结果，可以发现，无论解释变量为各地国际留学生总人数，还是为各地来华攻读学位的留学生人数，变量系数的符合与上文的估计结果均保持一致，总体上并没有改变原有的研究结论，因此有理由认为本章的结论是稳健的。

三 考虑国际人才流入间接影响的进一步分析

虽然上述结果已经证实了本章的经验假说，但是依然无法得知国际人才的流入是否会通过影响其他因素从而间接影响 FDI 的区位分布。根据表7-2中模型（2）的分析结果可知，FDI 喜欢进入企业经营环境良好以及地理集聚效应较为明显的地区。因此，接下来本章进一步讨论国际人才的流入对企业经营环境和地理集聚吸引 FDI 的效应有何影响。为此，在上述回归模型中分别加入国际留学生与企业经营环境的交互项（lnforestu×envirindex）和国际留学生与地理集聚效应的交互项（lnforestu×lngeoagg），即新的实证分析模型如下：

$$\ln fdi_{it} = \alpha + \beta_1 \ln forestu_{it} + \beta_2 envirindex_{it} + \beta_3 \ln geoagg_{it} + \beta_4 \ln rgdp_{it} +$$
$$\beta_5 \ln popu_{it} + \beta_6 \ln wage_{it} + \beta_7 \ln export_{it} + \beta_8 \ln open_{it} + \beta_9 (\ln forestu_{it} \times$$
$$\ln envirindex_{it}) + cons_{it} + \varepsilon_{it} \qquad (7\text{-}2)$$

$$\ln fdi_{it} = \alpha + \beta_1 \ln forestu_{it} + \beta_2 envirindex_{it} + \beta_3 \ln geoagg_{it} + \beta_4 \ln rgdp_{it} +$$
$$\beta_5 \ln popu_{it} + \beta_6 \ln wage_{it} + \beta_7 \ln export_{it} + \beta_8 \ln open_{it} + \beta_9 (\ln forestu_{it} \times$$
$$\ln geoagg_{it}) + cons_{it} + \varepsilon_{it} \qquad (7\text{-}3)$$

表7-4中分别报告了固定效应模型和两阶段最小二乘法的检验结果，结果显示，国际留学生与企业经营环境的交互项（lnforestu×en-virindex）的回归系数分别为 -0.272 和 -1.395，国际留学生与地理集聚效应的交互项（lnforestu×lngeoagg）的回归系数分别为 -0.182 和 -0.425，且均通过 1% 的显著性水平检验。这表明，国际人才的流入与企业经营环境因素之间存在某种替代效应，即如果能够吸引更多的国际人才在一定程度上可以弥补由于不良的企业经营环境所带来的负面影响；同样，国际人才的流入与地理集聚水平之间也存在这种替代效应，即吸引更多的国际人才在一定程度上可以弥补地理集聚水平的低下所带来的负面影响。换句话说，对于一些在改善企业经营环境或者进一步提高地理集聚水平方面存在较大困难的地区，通过吸引国际

人才能够在一定程度上弥补其他条件的不足。究其原因，可能是因为国际人才流入能够改善地区的人力资源供给、降低交易成本等，从而削弱了其他因素对 FDI 区位分布的影响。

表 7-4　　国际人才的流入对 FDI 区位分布的间接影响

变量	$\ln fdi$			
	FE	FE	IV-2SLS	IV-2SLS
lnforestu	0.899 *** (0.305)	0.694 *** (0.166)	4.306 *** (1.498)	1.646 *** (0.485)
envirindex	3.861 *** (0.858)	1.813 *** (0.187)	12.755 *** (3.828)	1.894 *** (0.206)
lngeoagg	1.268 *** (0.325)	2.512 *** (0.449)	1.351 *** (0.430)	4.297 *** (0.879)
lnrgdp	-0.714 ** (0.319)	-0.132 (0.333)	-0.908 * (0.472)	0.485 (0.447)
lnpopu	-1.172 ** (0.558)	-0.994 * (0.551)	-0.1651 (0.749)	0.007 (0.679)
lnwage	1.407 *** (0.358)	0.784 ** (0.372)	1.324 *** (0.474)	-0.133 (0.545)
lnexport	-0.124 * (0.074)	-0.171 ** (0.072)	-0.067 (0.098)	-0.229 *** (0.081)
open	0.022 (0.250)	0.101 (0.237)	-0.480 (0.373)	0.070 (0.281)
lnforestu×envirindex	-0.272 ** (0.106)		-1.395 *** (0.482)	
lnforestu×lngeoagg		-0.182 *** (0.047)		-0.425 *** (0.121)
Constant	-3.679 (5.107)	-1.978 (4.345)		
Observations	232.000	232.000	203.000	203.000
Within-R^2/C-R^2	0.658	0.671	0.375	0.504
Anderson LM			13.304 [0.001]	34.954 [0.000]
Cragg-Donald Wald F			6.789	20.613
Sargan statistic			0.905	0.100

第五节　本章小结

本章利用2006—2013年29个省份的面板数据，从国际人才流入的角度分析了影响外商直接投资的相关因素。结果显示：国际人才的流入促进了地区FDI水平的提高。此外，良好的企业经营环境和较高的地理集聚水平均对吸引外商直接投资有积极的效应。从整体上看，以国际留学生为代表的国际人才流入提高了全国各省份及部分热点经济区域吸引FDI的能力，并且国际人才流入能够通过降低企业经营环境和地理集聚水平对吸引FDI的积极效应间接地影响FDI的区位分布。国际人才流入对FDI区位分布的影响在不同的经济区域存在一定的差异。

在分别以长三角地区、环渤海地区以及西部地区这三个热点经济区域为考察对象，进一步探究国际人才流入对不同经济区域吸引FDI的影响时发现，国际人才的流入对长三角地区FDI的增长并无显著的促进作用，但对环渤海地区以及西部地区的影响则较为显著，其中以环渤海地区的影响最为明显。

通过交互项检验还发现，国际人才的流入与企业经营环境因素之间存在某种替代效应，即如果能够吸引更多的国际人才，在一定程度上可以弥补由于不良的企业经营环境所带来的负面影响；同样，国际人才的流入与地理集聚水平之间也存在这种替代效应，即吸引更多的国际人才，在一定程度上可以弥补地理集聚水平的低下所带来的负面影响。研究结果表明，政府应高度重视国际人才的引进。

第八章

国际人才流入促进对外
直接投资的机制检验

国际人才流入可以通过投资成本降低效应、投资风险规避效应以及人才"瓶颈"突破效应三条途径推动中国对外直接投资。首先，国际留学生能够较好地掌握母国市场情况，同时具备语言交流方面的优势，能够使信息的搜寻与获取变得更为便利（Head and Ries，1998；Portes and Rey，1999），可以通过交易成本降低效应、交易信息获取效应、交易契约履行效应降低国际投资的交易成本和机会成本，从而引发投资扩张和创造效应（魏浩等，2015）。其次，国际留学生可以通过促进中国与其母国之间签订更多的双边投资协定，进而推动中国对其母国的直接投资。此外，通过国际留学生背后的家庭和社会关系进行投资还可以降低企业对外投资的风险。因此，为了进一步检验国际人才流入对中国对外直接投资的促进效应，本章采用跨国面板数据，验证了国际人才流入促进中国技术进步的机制之三。

第一节 数据、变量定义与计量模型构建

一 样本与数据来源

本章选择"一带一路"国家作为研究样本[1]，借鉴邹嘉龄等（2016）的做法，将"一带一路"国家限定为 64 个，剔除数据缺失的东道国以后，本章最终所选的研究样本为 44 个"一带一路"沿线国家[2]，研究的时间段为 2003—2014 年。数据来自 CEPII 数据库、The Heritage Foundation 数据库、世界银行数据库以及历年《中国对外直接投资统计公报》《来华留学生简明统计》《中国统计年鉴》。本书中，东道国的 GDP、人均 GDP 以及两国的双边贸易额均使用 2005 年不变价美元为计量单位，因此在一定程度上可消除价格因素的影响。

二 变量说明

被解释变量：本章参考已有文献的常用做法，选择中国在"一带一路"沿线国家的 OFDI 年度流量作为被解释变量，数据来源于 2003—2014 年《中国对外直接投资统计公报》。与流量相比，对外直接投资存量数据虽更加稳定，但存在累积效应难以进行技术处理（郭烨和许陈生，2016）。此外，由于中国对世界各国的直接投资并不连续，因此存在不少投资流量为负数和零值的情况，鉴于这一问题目前有两种处理方法，一种较为简单的方法是直接剔除这些数据或者样本国家，但该方法会造成数据量减少，并且有可能忽略掉一些重要信息，从而导致结果有偏（潘镇和金中坤，2015）；因此，本章选择第

---

[1] 根据已有相关研究（周记顺和万晶，2020）的结论，对发展中国家的直接投资产生的逆向技术溢出效应可能更加明显，因此本章这里先选择"一带一路"沿线国家为研究样本，后面在稳健性检验部分再进一步加入 OECD 国家样本进行分析。

[2] 本章 44 个样本包括：蒙古国、新加坡、马来西亚、印度尼西亚、泰国、老挝、柬埔寨、越南、菲律宾、伊朗、伊拉克、土耳其、叙利亚、约旦、以色列、沙特阿拉伯、也门、阿曼、阿联酋、卡塔尔、科威特、埃及、印度、巴基斯坦、孟加拉国、阿富汗、斯里兰卡、尼泊尔、哈萨克斯坦、乌兹别克斯坦、土库曼斯坦、塔吉克斯坦、吉尔吉斯斯坦、俄罗斯、乌克兰、白俄罗斯、格鲁吉亚、阿塞拜疆、波兰、捷克、斯洛伐克、匈牙利、罗马尼亚、保加利亚。

二种处理方法，即参考 Busse 和 Hefeker（2007）的建议，按照公式 ln［OFDI+（OFDI 2+1）1/2］对数据进行转换，从而解决对外直接投资绝对流量为零值或者负值的问题。

核心解释变量：本章重点探讨国际人才流入规模对中国对外直接投资的影响，因此核心解释变量为"一带一路"沿线国家来华留学生规模（forestu），在这里本章选择"一带一路"沿线国家历年的来华留学生数量作为来华留学教育规模的代理变量。根据上文作用机制的分析，初步猜测来华留学生规模与 OFDI 之间可能存在一定的正向关系，因此解释变量的预期符号为正。"一带一路"沿线国家的来华留学生数据来自历年《来华留学生简明统计》。

其他控制变量：本章基于投资引力模型以及已有文献的常用做法，选取了 8 个控制变量，具体说明如表 8-1 所示。

表 8-1　　　　　　　　　　　　控制变量说明

控制变量	数据来源	变量说明
东道国国内生产总值 lnGDP	世界银行	该变量用来表示一国的市场规模，根据引力模型可知，两国的双边投资流量与两国的经济总量正相关，因此该变量的预期符号为正（王永钦等，2014）
东道国与中国的双边贸易额 lnTrade	世界银行	该变量用来反映两国之间的经济密切程度，同时还可以通过该变量检验出贸易与投资之间究竟是互补效应还是替代效应（Buckley 和 Casson，1981）
东道国人均国内生产总值 lnGDPP	世界银行	该变量用来反映一国的经济发展水平（王永钦等，2014），并且进一步通过该变量来检验中国在进行直接投资时是倾向于流入经济水平更高的国家还是经济水平更低的国家
东道国与中国的人均国内生产总值差额 lnRelend	世界银行	该变量用来反映两国间经济水平相似度和需求结构差异度（Linder，1961；Edward，2003），因此，这一变量可以帮助检验中国的 OFDI 是倾向于投资与中国经济水平和需求结构水平较为相似的国家还是差异较大的国家
东道国的市场开放程度 Open	世界银行	该变量用东道国贸易总额占国内生产总值的比重（Open）来衡量，主要反映一国的市场开放程度

续表

控制变量	数据来源	变量说明
东道国的自然资源禀赋 RES	世界银行	该变量用东道国燃料、矿石和金属的出口额占商品出口总额的比重来衡量，用来反映东道国的自然资源禀赋状况，由于中国 OFDI 迅速增长的原因之一是获取东道国的原材料和能源，自然资源较丰富的国家一般能够吸引更多的外商直接投资（Aleksynska and Havrylchyk，2012），所以该变量的预期符号为正
地理距离 lnDistance	CEPII 数据库	该变量用两国首都的地理距离（Distsnce）来衡量，反映两国间的地理距离对投资成本的影响
东道国制度质量 Efindex	The Heritage Foundation 数据库	该变量为经济自由指数（Efindex），用来反映东道国的制度质量。Zhang and Daly（2011）认为，一般经济制度越开放的国家越容易吸引更多的外商直接投资，因此该变量的预期符号为正

从表8-2可以看出，2003—2014年，中国对沿线国家的直接投资规模差异巨大，最小为-38304.000万美元（沿线国家对中国进行直接投资），最大为326896.000万美元，标准差达到34578.300；同时，沿线国家来中国的留学生规模也存在较大的差异，最少的只有1人（2006年卡塔尔），而规模最大的则达到62442.000人（2011年哈萨克斯坦）。至于GDP、双边贸易额、人均GDP、人均GDP差额、对外开放度、自然资源禀赋、地理距离以及制度质量8个控制变量，样本国家之间以及同一样本国家的不同时期也存在一定的差异。从标准差看，人均GDP、人均GDP差额以及地理距离这3个变量的离散程度较为明显，对外开放度、自然资源禀赋以及制度质量的离散程度相对较小；而从最大值与最小值之间的差距来看，自然资源禀赋的差距最为明显，最大值几乎达到最小值的10000倍。

表8-2　　　　　　　　　描述性统计

变量	样本数	均值	标准差	最小值	最大值
OFDI	487.000	14072.130	34578.300	-38304.000	326896.000
forestu	528.000	2095.680	4372.010	1.000	62442.000
lnGDP	518.000	24.760	1.550	21.400	28.100
lnTrade	528.000	12.950	1.740	7.900	16.180

续表

变量	样本数	均值	标准差	最小值	最大值
GDPP	518.000	7457.600	11619.130	240.190	63479.400
Relend	528.000	6315.490	10789.360	7.520	59616.400
Open	493.000	101.250	59.300	26.860	439.660
Res	421.000	33.400	33.850	0.010	99.790
Distance	528.000	5285.470	1694.220	1172.050	7551.420
Efindex	502.000	58.560	8.900	38.300	89.400

三　计量模型的设定

在图8-1中，本章先拟合了"一带一路"沿线国家的来华留学生规模与中国对其直接投资规模的关系曲线，以进行初步考察并寻求经验证据。鉴于图8-1中拟合的关系曲线向右上方倾斜以及中国与沿线国家在留学与投资方面日益频繁的互动，本章将重点考察国际学生流入与中国对外投资之间是否存在正向关系。

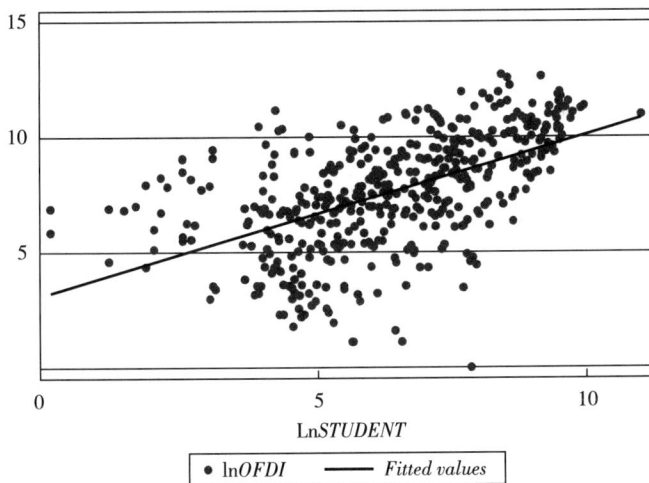

图8-1　国际人才流入与 **OFDI** 之间关系的散点图

本章参考已有文献（Buckley and Casson，1981；王永钦等，2014）中的做法选取控制变量，结合上述典型化事实，并基于投资引力模型（Anderson，2003）探讨中国对"一带一路"沿线国家的直接投资问题，本章计量模型如下：

$$\ln OFDI_{it} = \alpha + \beta_1 \ln forestu_{it} + \beta_2 \ln GDP_{it} + \beta_3 \ln Trade_{it} + \beta_4 \ln GDPP_{it} +$$
$$\beta_5 \ln Relend_{it} + \beta_6 \ln open_{it} + \beta_7 \ln RES_{it} + \beta_8 \ln Distance_{it} + \beta_9 (Efin\text{-}$$
$$dex_{it}) + \lambda_t + u_i + \varepsilon_{it} \tag{8-1}$$

上述计量模型中，ln 表示取对数，i 代表东道国，t 代表具体年份，α 代表常数项，β 代表影响系数，λ_t 为年份的固定效应，u_i 为国家的固定效应，ε_{it} 为随机扰动项。

第二节　实证结果分析

一　模型选择与检验

本章选取 2003—2014 年中国对 44 个"一带一路"沿线国家直接投资的面板数据作为研究样本，对于面板数据模型而言，首先应在"混合回归"和"个体随机效应"之间做出选择。本章采用 LM 检验（Breusch and Pagan, 1980）进行个体效应检验，从而选择"个体随机效应"；同时，通过 Wald 检验得出 P 值为 0，即在固定效应模型和混合效应模型之间应选择固定效应模型；最后通过 Hausman 检验，在固定效应模型和随机效应模型之间做出选择，检验结果显示，P 值为 0.0019，小于 0.05，拒绝原假设，因此本书选择固定效应模型。

接下来进行面板异方差和自相关检验。通过 Modified Wald 检验得到 P 值为 0，因此拒绝原假设，即模型存在异方差；同时，通过对模型中所有解释变量与控制变量进行方差膨胀因子（VIF）诊断，结果显示 VIF 均值为 3.10，即可排除模型存在严重的自相关问题。此外，通过 Davidson-MacKinnon（1993）检验得到 P 值为 0.2192，因此接受原假设，即内生性问题对 OLS 的估计结果影响不大。同时，考虑到本章中的控制变量地理距离在短时间内不会随时间而改变，因此，本章借鉴綦建红和杨丽（2012）的做法，采用最小二乘虚拟变量模型（LSDV），并在 LSDV 的基础上引入时间虚拟变量，同时考虑到模型中存在的异方差问题，本章在估计中使用聚类稳健标准误。

二　总样本分析

表8-3中模型（3）是国际留学生规模对中国对外直接投资规模影响的初步估计。回归结果显示，国际留学生规模通过1%的显著性检验，即在控制了东道国经济发展水平、对外开放程度、自然资源禀赋以及制度质量等因素后，国际留学生人数的增加将促进中国对外直接投资规模的增长，且国际留学生规模每增长1%，中国对外投资规模将增长0.521%。另外，对比模型（1）可以发现，加入国际留学生变量后，方程能够更好地解释中国对外直接投资规模的增长原因。这可能是因为国际留学生因素在某种程度上弱化了诸如双边贸易、经济水平差异以及制度质量等传统因素对OFDI的影响作用。"一带一路"倡议实施过程中，除文化冲突、地缘政治等传统风险因素外，人才风险同样不可小觑，因此既熟悉沿线国情又了解"一带一路"倡议的高端人才供给至关重要（周谷平和阚阅，2015）。随着中国与"一带一路"沿线国家合作关系的日益紧密，境外经贸合作区已成为促进中国和东道国投资合作"双赢"的重要载体，而高技术人才的需求正是境外经贸合作区发展必不可少的要素之一。正是在这样的大背景下，人才因素显得尤为重要。此外，对比模型（3）和模型（1），还可以发现，在加入留学生因素之前，双边贸易额与中国对外投资规模显著正相关，这与已有文献中关于中国对外直接投资规模与中国和东道国之间的双边贸易额存在正相关关系（Zhang and Daly，2011）的结论相一致，但加入国际留学生变量后，双边贸易额则变得不显著，因此本书猜测作为跨国人才重要组成部分的国际留学生很有可能从某种程度上弱化了一些传统因素的影响作用。

表8-3　　　　　　　　　　　　　　样本估计结果

	lnOFDI（总样本）			lnOFDI			
	LSDV（1）	LSDV（2）	LSDV（3）	LSDV（4）（人才规模较小组）	LSDV（5）（人才规模较大组）	LSDV（6）（地理距离较小组）	LSDV（7）（地理距离较大组）
lnforestu		0.506*** (0.049)	0.521*** (0.094)	0.183 (0.155)	1.255*** (0.291)	0.550*** (0.189)	0.179 (0.122)

续表

	lnOFDI（总样本）			lnOFDI			
	LSDV（1）	LSDV（2）	LSDV（3）	LSDV（4）（人才规模较小组）	LSDV（5）（人才规模较大组）	LSDV（6）（地理距离较小组）	LSDV（7）（地理距离较大组）
lnGDP	0.428**		0.319*	0.644***	−0.452	0.239	1.241***
	(0.199)		(0.185)	(0.238)	(0.289)	(0.247)	(0.311)
lnTrade	0.389**		0.012	−0.278	0.606	−0.107	−0.384
	(0.168)		(0.180)	(0.223)	(0.395)	(0.327)	(0.242)
lnGDPP	−0.977***		−0.707***	−1.452***	0.445	−0.764***	−1.676***
	(0.199)		(0.201)	(0.281)	(0.350)	(0.288)	(0.342)
lnRelend	0.356***		0.456***	0.872***	0.229**	0.202*	0.803***
	(0.113)		(0.123)	(0.166)	(0.100)	(0.127)	(0.196)
lnOpen	0.674**		0.544**	0.781*	−0.822	1.118***	0.514
	(0.283)		(0.262)	(0.416)	(0.599)	(0.421)	(0.506)
Res	0.023***		0.025***	0.023***	0.010	0.025***	0.020***
	(0.004)		(0.004)	(0.005)	(0.009)	(0.007)	(0.006)
lnDistance	−1.420***		−0.724**	−0.815	−0.166	0.382	−5.439***
	(0.331)		(0.374)	(0.581)	(0.697)	(0.411)	(1.704)
Efindex	0.070***		0.069***	0.050**	0.050**	0.079***	0.071***
	(0.018)		(0.017)	(0.025)	(0.025)	(0.025)	(0.026)
Constant	−0.967	2.530***	−4.405	−4.015	−1.521	−10.950**	25.512*
	(3.396)	(0.391)	(3.349)	(5.465)	(6.431)	(4.483)	(15.104)
国家效应	yes	yes	yes	yes	yes	yes	yes
年份效应	yes	yes	yes	yes	yes	yes	yes
Observations	341.000	452.000	341.000	229.000	112.000	154.000	187.000
R^2	0.573	0.425	0.612	0.489	0.776	0.713	0.542

注：（1）括号内数值为标准误；（2）*、**、***分别表示变量系数通过了在10%、5%和1%水平下的显著性检验，下同。

在经济变量方面，国内生产总值的系数为0.319，且在10%的水平下显著，这表明中国在市场经济规模越大的"一带一路"沿线国家，其对外投资规模也越大，这与已有文献中关于OFDI区位选择问题的实证结论一致。回归结果还显示，人均 GDP 与中国对外投资规模显著负相关，这与部分文献中提到的中国 OFDI 倾向于流向人均 GDP 较高的经济体（王永钦等，2014）的结论相悖，但与郭烨和许陈生（2016）的研究结论却不谋而合，并且中国对沿线国家的直接投资规模与两国间人均 GDP 差额的绝对数显著正相关，这表明中国在"一带一路"沿线国家进行直接投资时倾向于流向与本国经济发展水平和需求结构差异较大且经济发展水平较低的国家。这可能刚好反映出中国在"一带一路"沿线国家直接投资的独有特点，一方面，中国与沿线国家间的进出口贸易主要呈现出互补性特征，比如与中亚地区的贸易往来主要集中在资源产品、能源产品以及劳动密集型工业制成品上，因此由贸易引致的投资也倾向于流入同类型的国家。另一方面，中国在沿线国家的直接投资项目主要分布在电力工程、交通运输以及通信工程等基础设施领域，因此，相比之下经济发展水平较低的东道国对中国的直接投资有着更大的需求。此外，对外开放度与对外投资规模显著正相关则表明东道国提高对外开放程度有利于吸引更多的中国 OFDI。

在其他控制变量方面，自然资源禀赋的系数为正且通过 1% 的显著性检验，说明中国倾向于在自然资源丰富的沿线国家投资，这一结果与 Dunning（1993）关于自然资源是 FDI 的一个区位优势的论断相一致。地理距离的回归结果显著为负，这一结果说明距离中国越远的沿线国家吸引到的中国直接投资越少，即地理距离对中国对外直接投资有明显的阻碍作用。制度质量的回归系数为 0.069，同样在 1% 的水平下显著。由此可见，中国在"一带一路"沿线国家进行直接投资时会重点考虑东道国的制度因素。这些结果说明中国在对沿线国家进行直接投资时，总体上倾向于选择一个制度较为健全、自然资源较为丰富且与中国地理距离较近的东道国，但是即使东道国具有丰富的自然资源也难以抵消总体制度不健全对中国 OFDI 的阻碍作用（王永钦等，2014）。综上所述，从"一带一路"区域看，国际留学生向中国的流入的确能够促进中国对外直接投资规模的扩大。

三 分样本讨论

全样本的估计结果表明，"一带一路"沿线国家的来华留学生规模的增加能够显著地促进中国对其直接投资，而国家间的地理距离则会阻碍中国对外直接投资。然而，仅仅通过全样本的检验，还无法知道国际留学生规模对中国对外直接投资的促进作用是否存在门槛效应，以及国家间地理距离差异较大时来华留学教育规模对 OFDI 的影响是否会发生变化。因此，接下来本章参照綦建红等（2012）的做法进行分组检验，将沿线国家的来华留学生按照全样本的留学生规模均值分组，留学生规模小于或等于均值的东道国定义为"留学生流入规模较小组"；反之定义为"留学生流入规模较大组"；同理，按照东道国地理距离的差异也进行分组检验。表 8-3 中报告了按照留学生流入规模和地理距离分组的估计结果。

（一）基于东道国来华留学生规模差异的视角分析

从表 8-3 模型（4）和模型（5）可以看出，留学生流入规模对中国对外直接投资的影响并不能一概而论。在留学生流入规模较小组，其回归结果并未通过显著性检验，而在留学生流入规模较大组，其回归系数为 1.255，并且在 1% 显著性水平下显著。这表明，当留学生流入规模较小时，其对 OFDI 的促进作用尚不明显，但是随着留学生流入规模的不断增加，其对 OFDI 产生的促进作用开始凸显出来，结果显示，留学生流入规模每扩大 1% 能够使得吸引的 OFDI 增加 1.255%。这一门槛结论是全样本检验中无法发现的。这种"门槛效应"产生的主要原因是，来华留学生对 OFDI 的促进作用尤其是在降低投资风险方面的作用，主要是通过来华留学生规模的不断增长所形成的网络效应而产生的，这种社会和家庭网络通过增加信息量而消除投资中的各种不确定性（赵永亮，2012），当东道国来华留学生规模过小时来华留学生的网络效应难以形成，因此导致来华留学生因素对 OFDI 的促进机制失灵。由此可见，留学生流入规模的大小对来华留学生的投资风险规避效应有着至关重要的影响。

（二）基于地理距离差异的视角分析

从表 8-3 模型（6）和模型（7）可以看出，当地理距离存在较大差异时，留学生流入规模对 OFDI 的影响同样存在显著的差异。在地理距离较小组，留学生流入规模通过了 1% 的显著性检验，且来华留学生规模每增长 1%，中国对外投资规模将增长 0.550%；而在地理距离较大组，留学生流入规模因素则并未通过显著性检验。这表明，与中国地理距离越小的东道国，其来华留学生规模的扩大能够显著促进中国的对外直接投资，但是对于地理距离较大的东道国，留学生因素对 OFDI 的促进作用并不明显。这是因为地理距离过大，一方面投资成本的大幅度上涨会对 OFDI 产生阻碍作用，另一方面国家间文化壁垒的阻碍作用也会显著增加。尤其是"一带一路"倡议包含的国家众多，且宗教、政治差异极大，国情民意极为复杂，地理距离过大会对国家间的交流沟通产生显著的阻碍作用，同时地理距离过远也不利于东道国人才做出来华留学的决策，不利于留学生流入规模的增长，从而导致留学生因素对 OFDI 的促进机制失灵。由此可见，地理距离的远近对国际留学生的文化壁垒降低效应有重要的影响。

第三节　稳健性检验

前面的分析已经验证，国际人才流入对中国对外直接投资具有显著的促进作用。为了进一步验证上述结果的稳健性，本章进行如下稳健性检验。首先，使用对沿线国家投资的存量数据替换流量数据进行稳健性检验；其次，使用 DKSE 方法进行稳健性检验；最后，考虑到本章的研究样本为"一带一路"沿线国家，而大部分沿线国家均为发展中国家，因此为进一步考察该影响机制在对外直接投资的东道国为发达国家时是否依然存在，这里还加入 OECD 国家的样本进行进一步的检验。

一　利用对外投资存量数据替换流量数据分析

检验回归对于被解释变量变化的稳健性。为此，本章采用历年中国对"一带一路"沿线国家直接投资的存量数据代替上文中的对外投资流量数据，观察原结论是否仍然成立，结果见表 8-4。检验结果显示，用对外投资存量数据代替流量数据后并未改变国际留学生流入规模对 OFDI 的正向影响。

表 8-4　　　　　　　　　稳健性检验 I

	lnOFDI（总样本：存量）		lnOFDI			
	LSDV（1）	LSDV（2）	LSDV（3）（人才规模较小组）	LSDV（4）（人才规模较大组）	LSDV（5）（地理距离较小组）	LSDV（6）（地理距离较大组）
lnforestu	0.590*** (0.041)	0.438*** (0.078)	-0.050 (0.112)	1.059*** (0.214)	0.370** (0.143)	0.179 (0.122)
lnGDP		0.188 (0.157)	0.5556*** (0.197)	-0.6302*** (0.217)	0.1689 (0.167)	1.2414*** (0.311)
lnTrade		0.307** (0.151)	0.211 (0.182)	0.850*** (0.233)	0.074 (0.185)	-0.384 (0.242)
lnGDPP		-0.781*** (0.151)	-1.680*** (0.192)	0.924*** (0.222)	-0.574** (0.232)	-1.676*** (0.342)
lnRelend		0.292*** (0.069)	0.593*** (0.088)	0.242*** (0.078)	0.165** (0.079)	0.803*** (0.196)
lnOpen		0.363 (0.225)	0.456 (0.330)	-1.434*** (0.411)	0.778** (0.331)	0.514 (0.506)
Res		0.016*** (0.003)	0.012*** (0.003)	-0.004 (0.005)	0.021*** (0.005)	0.020*** (0.006)
lnDistance		-0.378* (0.221)	0.067 (0.292)	-0.876** (0.431)	0.252 (0.214)	-5.439*** (1.704)
Efindex		0.078*** (0.014)	0.067*** (0.021)	0.022 (0.015)	0.072*** (0.019)	0.071*** (0.026)
Constant	3.444*** (0.378)	-3.772 (2.700)	-8.383** (4.250)	9.196** (4.273)	-6.853** (3.191)	25.512* (15.104)
国家效应	yes	yes	yes	yes	yes	yes
年份效应	yes	yes	yes	yes	yes	yes
R^2	0.584	0.732	0.660	0.871	0.790	0.542
Observations	452.000	341.000	229.000	112.000	154.000	187.000

二　利用 DKSE 方法进行检验

考虑到模型可能存在的异方差问题，本章还采用替换检验方法的手段进行稳健性检验。Driscoll 和 Kraay（1998）提出的 DKSE 检验方法主要用于克服面板数据的异方差问题，这里使用该方法对模型再次进行稳健性检验，结果见表 8-5。回归结果显示，回归系数依然显示为显著正相关，且变量系数符号也与上文的估计结果基本一致。这说明，在使用不同的方法进行检验时，国际留学生流入规模对中国对外直接投资的促进作用依然显著，因此有理由认为本章的结论是稳健的。

表 8-5　　　　　　　　　　　　　稳健性检验 II

	lnOFDI（总样本）		lnOFDI			
	DKSE（1）	DKSE（2）	DKSE（3）（人才规模较小组）	DKSE（4）（人才规模较大组）	DKSE（5）（地理距离较小组）	DKSE（6）（地理距离较大组）
lnforestu	1.486***	0.639***	0.576**	0.471**	0.865***	0.606**
	(0.049)	(0.147)	(0.226)	(0.155)	(0.218)	(0.240)
lnGDP		1.469*	0.697	9.232***	5.612*	0.828
		(0.775)	(0.583)	(2.405)	(2.908)	(0.634)
lnTrade		0.625**	0.735*	1.093***	0.158	0.614*
		(0.216)	(0.348)	(0.285)	(0.311)	(0.316)
lnGDPP		0.906	1.495	-10.332***	-2.043	0.759
		(1.509)	(1.504)	(2.811)	(3.460)	(0.918)
lnRelend		0.059	0.111	-0.087	0.105	-0.176
		(0.127)	(0.174)	(0.103)	(0.128)	(0.221)
lnOpen		0.151	-0.249	2.090***	-1.795***	2.757***
		(0.335)	(0.442)	(0.454)	(0.414)	(0.819)
Res		0.028*	0.043	0.023	-0.011	0.004
		(0.016)	(0.026)	(0.014)	(0.022)	(0.020)
lnDistance		-6.045***	-4.167*	-22.414***	-14.316**	-4.987***
		(1.783)	(2.041)	(4.675)	(5.721)	(1.301)
Efindex		0.003	-0.009	0.120**	-0.018	0.011
		(0.025)	(0.020)	(0.0520)	(0.053)	(0.024)

续表

	lnOFDI（总样本）		lnOFDI			
	DKSE（1）	DKSE（2）	DKSE（3）（人才规模较小组）	DKSE（4）（人才规模较大组）	DKSE（5）（地理距离较小组）	DKSE（6）（地理距离较大组）
Constant	−1.818（0.363）					
国家效应	yes	yes	yes	yes	yes	yes
年份效应	yes	yes	yes	yes	yes	yes
R²	0.522	0.556	0.467	0.790	0.739	0.449
Observations	452.000	341.000	229.000	112.000	154.000	187.000

三　加入 OECD 国家的样本进行检验

鉴于本章选择的研究样本为"一带一路"沿线国家，为了进一步检验影响机制的稳健性与外部性，这里加入 34 个 OECD 国家的样本进行进一步分析。由于前文所选的 44 个样本国家中包含 5 个 OECD 国家，因此这里最终的样本总量为 73 个国家，表 8-6 汇报了回归结果。在扩大样本国进行检验后的结果依然显示为显著正相关，且变量系数符号也与上文的估计结果基本一致，因此有理由认为本章的结论是稳健的。在此基础上，还进一步使用对外投资存量替代流量数据进行检验，表 8-7 的回归结果表明，用对外投资存量数据代替流量数据后并未改变国际留学生流入规模对 OFDI 的正向影响。

表 8-6　　　　　　　　　　稳健性检验Ⅲ（1）

	lnOFDI（总样本）		lnOFDI			
	LSDV（1）	LSDV（2）	LSDV（3）（人才规模较小组）	LSDV（4）（人才规模较大组）	LSDV（5）（地理距离较小组）	LSDV（6）（地理距离较大组）
ln*forestu*	0.713***（0.090）	0.506***（0.157）	−0.440（0.285）	0.927***（0.206）	0.694***（0.210）	−0.335（0.292）
ln*GDP*		−0.240（0.370）	0.089（0.632）	−0.752*（0.418）	−0.196（0.493）	−0.422（0.532）

续表

	lnOFDI（总样本）		lnOFDI			
	LSDV（1）	LSDV（2）	LSDV（3）（人才规模较小组）	LSDV（4）（人才规模较大组）	LSDV（5）（地理距离较小组）	LSDV（6）（地理距离较大组）
ln*Trade*		0.729 **	0.441	1.020 ***	0.365	2.002 ***
		（0.334）	（0.536）	（0.386）	（0.468）	（0.481）
ln*GDPP*		−0.664 *	−1.485 ***	−0.253	−0.609	−1.365 **
		（0.340）	（0.550）	（0.418）	（0.426）	（0.613）
ln*Relend*		0.581 ***	1.044 ***	0.330 *	0.454 **	1.163 ***
		（0.180）	（0.349）	（0.176）	（0.198）	（0.442）
ln*Open*		0.206	0.889	−0.246	0.680	−0.891 *
		（0.403）	（0.667）	（0.412）	（0.604）	（0.533）
Res		0.012 *	−0.013	0.025 ***	0.014	0.013
		（0.007）	（0.012）	（0.006）	（0.009）	（0.010）
ln*Distance*		0.376	0.482	1.392 **	0.506	−2.863 ***
		（0.503）	（0.911）	（0.543）	（0.878）	（0.926）
Efindex		0.018	−0.033	0.032	0.016	0.025
		（0.027）	（0.046）	（0.032）	（0.043）	（0.039）
Constant	1.527 **	−5.321	−2.358	−9.062	−5.043	21.490 *
	（0.644）	（6.070）	（11.241）	（5.825）	（8.477）	（11.846）
国家效应	yes	yes	yes	yes	yes	yes
年份效应	yes	yes	yes	yes	yes	yes
Observations	752.000	625.000	264.000	361.000	283.000	342.000
R^2	0.178	0.293	0.158	0.332	0.257	0.424

表 8-7　　　　　　　　　稳健性检验Ⅲ（2）

	lnOFDI（存量）		lnOFDI			
	LSDV（1）	LSDV（2）	LSDV（3）（人才规模较小组）	LSDV（4）（人才规模较大组）	LSDV（5）（地理距离较小组）	LSDV（6）（地理距离较大组）
ln*forestu*	0.687 ***	0.305 ***	−0.274 **	0.807 ***	0.485 ***	−0.226
	（0.038）	（0.076）	（0.136）	（0.098）	（0.086）	（0.146）
ln*GDP*		0.040	−0.094	−0.054	0.322 *	−0.278
		（0.176）	（0.323）	（0.128）	（0.183）	（0.255）

续表

	lnOFDI（存量）		lnOFDI			
	LSDV（1）	LSDV（2）	LSDV（3）（人才规模较小组）	LSDV（4）（人才规模较大组）	LSDV（5）（地理距离较小组）	LSDV（6）（地理距离较大组）
ln*Trade*		0.680***	0.883***	0.436***	0.211	1.541***
		(0.156)	(0.227)	(0.141)	(0.165)	(0.230)
ln*GDPP*		−0.809***	−1.033***	−0.633***	−1.031***	−0.916**
		(0.169)	(0.296)	(0.128)	(0.174)	(0.357)
ln*Relend*		0.275***	0.301**	0.289***	0.288***	0.374*
		(0.077)	(0.133)	(0.079)	(0.078)	(0.224)
ln*Open*		0.040	−0.490	0.314***	0.832***	−1.146***
		(0.184)	(0.358)	(0.113)	(0.221)	(0.300)
Res		0.013***	−0.005	0.022***	0.024***	0.005
		(0.003)	(0.005)	(0.003)	(0.003)	(0.005)
ln*Distance*		−0.048	−0.526	0.754***	−0.415*	−2.301***
		(0.165)	(0.440)	(0.183)	(0.232)	(0.435)
Efindex		0.065***	0.037	0.070***	0.078***	0.062***
		(0.013)	(0.024)	(0.010)	(0.017)	(0.020)
Constant	3.444***	−3.753	9.654	−10.699***	−6.107**	22.316***
	(0.369)	(3.055)	(6.233)	(1.727)	(2.858)	(5.775)
国家效应	yes	yes	yes	yes	yes	yes
年份效应	yes	yes	yes	yes	yes	yes
Observations	841.000	704.000	341.000	363.000	307.000	397.000
R²	0.553	0.670	0.457	0.733	0.731	0.713

第四节　进一步讨论

一　对回归结果的进一步分析

前文提出国际留学生因素可能在某种程度上弱化了诸如双边贸易、经济水平差异以及制度质量等传统因素对中国对外直接投资的影响作用，为了进一步确认来华留学生是否真的弱化了这些传统因素的影响，在表 8-8 的模型（3）、模型（4）和模型（5）中分别引入来华留学教育规模与双边贸易额的交互项、来华留学教育规模与两国人均 GDP 差额的交互项以及来华留学教育规模与东道国制度质量的交互项进行回归，加入的三个交互项系数的含义依次为

$$\frac{\partial\left[\frac{\partial(y\ln OFDI)}{\partial(\ln Trade)}\right]}{\partial(\ln forestu)} \text{、} \frac{\partial\left[\frac{\partial(y\ln OFDI)}{\partial(\ln Relend)}\right]}{\partial(\ln forestu)} \text{、} \frac{\partial\left[\frac{\partial(y\ln OFDI)}{\partial(efindex)}\right]}{\partial(\ln forestu)}, \text{即可以根据交}$$

互项的检验结果判断来华留学生因素与贸易因素、经济水平差异因素以及制度因素之间存在何种关系（原倩，2016）。

表 8-8　　　　　国际人才流入与传统因素间的关系检验

	$\ln OFDI$				
	LSDV（1）	LSDV（2）	LSDV（3）	LSDV（4）	LSDV（5）
$\ln forestu$		0.521***	1.081***	1.030***	1.048***
		(0.094)	(0.203)	(0.193)	(0.200)
$\ln GDP$	0.428**	0.319*	0.252	0.281	0.254
	(0.199)	(0.185)	(0.189)	(0.188)	(0.190)
$\ln Trade$	0.389**	0.012	0.266	0.007	0.040
	(0.168)	(0.180)	(0.190)	(0.179)	(0.179)
$\ln GDPP$	-0.977***	-0.707***	-0.778***	-0.852***	-0.769***
	(0.199)	(0.201)	(0.198)	(0.197)	(0.197)
$\ln Relend$	0.356***	0.456***	0.441***	0.838***	0.431***
	(0.113)	(0.123)	(0.117)	(0.169)	(0.118)
$\ln Open$	0.674**	0.544**	0.584**	0.616**	0.550**
	(0.283)	(0.262)	(0.264)	(0.263)	(0.264)
Res	0.023***	0.025***	0.022***	0.023***	0.022***
	(0.004)	(0.004)	(0.004)	(0.004)	(0.004)
$\ln Distance$	-1.420***	-0.724**	-0.260	-0.252	-0.296
	(0.331)	(0.374)	(0.391)	(0.398)	(0.399)
$Efindex$	0.070***	0.069***	0.069***	0.069***	0.115***
	(0.018)	(0.017)	(0.018)	(0.018)	(0.022)

	lnOFDI				
	LSDV（1）	LSDV（2）	LSDV（3）	LSDV（4）	LSDV（5）
ln*forstu*×ln*Trade*			−2.878*** （0.884）		
ln*forestu*×ln*Relend*				−2.487*** （0.763）	
ln*forestu*×*Efindex*					−2.708*** （0.867）
Constant	−0.967 （3.396）	−4.405 （3.349）	−0.366 （3.687）	−3.149 （3.319）	3.837 （4.525）
国家效应	yes	yes	yes	yes	yes
年份效应	yes	yes	yes	yes	yes
R^2	0.573	0.612	0.623	0.622	0.621
Observations	341.000	341.000	339.000	339.000	339.000

表8-8中模型（3）、模型（4）和模型（5）分别报告了三个交互项的回归结果，即来华留学教育规模与双边贸易额的交互项的回归系数为-2.878，来华留学教育规模与两国人均GDP差额的交互项的回归系数为-2.487，来华留学教育规模与东道国制度质量的交互项的回归系数为-2.708，且均通过1%的显著性检验，这意味着在国际留学生因素与贸易因素、经济水平差异因素以及制度因素之间均存在某种替代效应（王永钦等，2014），即东道国国际留学生规模的增加可以在某种程度上抵消由于双边贸易缺失、两国经济发展水平相似以及东道国制度不健全所带来的负面影响，从而促进中国对外直接投资。一方面，国际留学生人才作为一国文化的载体，其在国与国之间的频繁流动必然有助于加深中国和东道国之间的沟通交流和文化交融，文化壁垒的降低可以拉近国家间的心理距离，正是这种精神层面的交流沟通在一定程度上替代了双边贸易的交流沟通作用。另一方面，熟悉和理解两国文化的留学生人才能够促成中国和东道国之间签订更多的双边投资协定。因为国际留学生是高技术人才移民的重要组成部分

（She and Wotherspoon，2013），而国际移民规模又与国际贸易协定的签订之间存在一定的因果关系（Poot and Strutt，2010），因此，跨国人才流入规模的扩大有助于中国和东道国签订更多的双边投资保护协定。而双边投资协定的签订能够通过弥补东道国制度的缺位和母国制度支持的不平衡，从而为签约国投资提供特殊制度保护，因此对促进中国对外直接投资产生一定的积极作用（宗芳宇等，2012），正是通过这一途径人才因素能够在一定程度上抵消由于东道国糟糕的制度环境所带来的负面影响。

二　中国政府奖学金政策的有效性检验

基于上述检验结果可知，国际学生的流入对中国对外直接投资具有显著的促进作用。与此同时，我国也相继出台了一系列吸引来华留学生的优惠政策，其中具有代表性的当属中国政府奖学金政策。那么通过这些优惠政策发展来华留学教育，是否有助于进一步促进中国对外直接投资？该问题的探讨对政府制定有效的投资政策具有重要的参考意义。本章用享受政府奖学金的留学生人数占总留学生人数的比重作为中国政府奖学金政策实施的代理变量，以此来检验中国政府奖学金政策的有效性，并在原有计量模型的基础上将模型重新设定如下：

$$\ln OFDI_{it} = \alpha + \beta_1 ScholarRatio_{it} + \beta_2 \ln GDP_{it} + \beta_3 \ln Trade_{it} + \beta_4 \ln GDPP_{it} +$$
$$\beta_5 \ln Relend_{it} + \beta_6 \ln open_{it} + \beta_7 \ln RES_{it} + \beta_8 \ln Distance_{it} + \beta_9$$
$$(Efindex_{it}) + \lambda_t + u_i + \varepsilon_{it} \qquad (8-2)$$

表8-9中给出了中国政府奖学金政策对OFDI影响的检验结果，模型（1）、模型（2）和模型（3）分别报告了总样本、留学生流入规模较小组和留学生流入规模较大组的回归结果。模型（1）的回归结果显示，在控制其他变量的基础上，享受政府奖学金的留学生人数占总留学生人数的比重与OFDI之间显著负相关，此外，通过分组检验还发现，无论是留学生流入规模较小组还是留学生流入规模较大组，其回归系数均为负值，但留学生流入规模较小组显著为负，而留学生流入规模较大组则不显著。检验结果表明，虽然国际留学生人才的流入能够显著地推动中国对外直接投资，但如果是通过奖学金等相关优惠政策带动来华留学规模的增加则会导致国际留学生因素对OF-

DI 的推动效应失灵。究其原因，可能是来华留学教育促进中国对外直接投资的机制路径只有在国际留学生自发流入的前提下才是有效的，过多的人为干预会导致留学生来华初衷发生变化，从而导致促进机制失效，甚至适得其反。因此，如果政府想促使来华留学教育对中国对外直接投资促进作用更好地发挥出来，应更多地将工作重点放在经济、文化、制度等方面的不断完善上，从而使跨国人才对 OFDI 的促进作用更好地发挥出来，继而进一步带动中国的对外直接投资。

表 8-9　　　　中国政府奖学金政策对 OFDI 的影响检验

	ln$OFDI$		
	LSDV（1）	LSDV（2） （人才规模较小组）	LSDV（3） （人才规模较大组）
$ScholarRatio$	-1.472** （0.585）	-1.747*** （0.609）	-6.431 （5.159）
lnGDP	0.438** （0.197）	0.722*** （0.234）	-0.465 （0.380）
ln$Trade$	0.274 （0.175）	-0.316* （0.188）	0.835* （0.440）
ln$GDPP$	-1.029*** （0.200）	-1.716*** （0.267）	0.712 （0.590）
ln$Relend$	0.380*** （0.117）	0.920*** （0.164）	0.096 （0.101）
ln$Open$	0.775*** （0.278）	0.995** （0.411）	-1.125 （0.790）
Res	0.024*** （0.004）	0.022*** （0.004）	0.008 （0.012）
ln$Distance$	-1.206*** （0.324）	-0.462 （0.568）	-1.323 （0.955）
$Efindex$	0.068*** （0.018）	0.047* （0.025）	0.005 （0.042）

续表

	ln*OFDI*		
	LSDV（1）	LSDV（2） （人才规模较小组）	LSDV（3） （人才规模较大组）
Constant	−1.242 （3.301）	−5.984 （5.341）	17.234 （12.009）
国家效应	yes	yes	yes
年份效应	yes	yes	yes
R^2	0.580	0.501	0.699
Observations	341.000	229.000	112.000

第五节　本章小结

本章通过实证检验，得到了国际留学生人才流入能够显著推动中国对外直接投资的经验证据，且结论十分稳健。从作用机制来看，发展来华留学教育能够通过投资成本降低效应、投资风险规避效应以及人才"瓶颈"突破效应推动中国对外直接投资。然而，来华留学教育对 OFDI 的促进作用并不是一成不变的，一方面，当国际留学生流入规模较大时，通过网络效应产生的投资风险规避效应会更加显著，因此对 OFDI 的促进作用更有效；当来华留学教育规模较小时，由于网络效应难以形成，从而导致人才因素对 OFDI 的促进机制失灵。另一方面，当地理距离较近时，人才交流产生的文化壁垒降低效应会更加显著，因此对 OFDI 的促进作用更有效；而当地理距离过远时，由于文化壁垒阻碍作用的显著增加以及投资成本的迅速上升导致人才因素对 OFDI 的促进机制失灵。此外，通过检验中国政府奖学金政策的有效性，本书发现通过奖学金等相关优惠政策带动来华留学规模的增加则会导致国际留学生因素对 OFDI 的促进效应失灵。

通过交互项检验发现，国际留学生因素与贸易因素、经济水平差异因素以及制度因素之间均存在某种替代效应（王永钦等，2014），即东道国国际留学生规模的增加可以在某种程度上抵消由于双边贸易缺失、两国经济发展水平相似以及东道国制度不健全所带来的负面影响，从而促进中国对外直接投资。

此外，关于中国政府奖学金政策有效性的检验结果表明，虽然国际留学生人才的流入能够显著地推动中国对外直接投资，但如果是通过奖学金等相关优惠政策带动国际留学生规模的增加则会导致国际留学生因素对 OFDI 的推动效应失灵。

第九章

国际人才流入影响中国全要素
生产率的实证研究

经济学理论和经验事实均表明，技术进步和创新是一个经济体实现长期可持续经济增长的关键。新古典经济增长理论认为全要素生产率（Total Factor Productivity）的增长是经济持续增长的重要源泉。根据前文中关于理论机制的分析与检验可知，国际人才流入可以通过四个机制促进中国技术进步与创新，即国际人才流入的人力资本积累促进效应、国际人才流入的外商直接投资促进效应、国际人才流入的对外直接投资促进效应以及国际人才流入的多元文化创新效应。既有研究中，通常使用全要素生产率来度量技术进步情况，其核心思想是将经济增长进行分解，并将其中无法被要素积累解释的部分归因为技术进步。因此，本章采用 Malmquist 指数法测算中国省级层面的全要素生产率，分别从全要素生产率变化指数、技术创新变化指数、技术效率变化指数三个角度实证分析了国际人才流入对中国全要素生产率的促进作用，并进一步采用门槛回归模型等计量方法分析这一影响。

第一节　计量模型构建与变量选取

一　计量模型构建

借鉴郭家堂和骆品亮（2016）、Beugelsdijk 等（2018）等有关全要素生产率问题的实证研究模型，本章构建如下回归方程：

$$Y_{it}=\alpha_1+\alpha_2\mathrm{ln}fore\_stu_{it}+\alpha_c\mathrm{ln}CV_{it}+\mu_i+\tau_t+\varepsilon_{it} \qquad (9-1)$$

其中，i 表示地区，t 表示时间，Y 为被解释变量，指各省份的全要素生产率（TFP）以及其分解指标，即技术进步（$Tech$）与技术效率（Eff），$fore\_stu$ 表示国际人才流入规模，CV 表示控制变量，μ_i 表示非观测的个体固定效应，τ_t 表示时间固定效应，ε_{it} 表示随机误差项。

二　变量选取与数据来源

（一）被解释变量

全要素生产率及其分解指标为被解释变量。本章运用 Malmquist 指数法计算全要素生产率，其理论方法已相对较为普及（许培源，2012；肖挺，2021）。该方法将 TFP 分解为技术进步和技术效率两个部分，可以避免在研究中技术进步与技术效率的相互掩盖，结论更加准确（郭家堂和骆品亮，2016）。采用该方法测算全要素生产率时所用的产出变量和投入变量如下。

产出变量：采用 1999—2018 年中国 31 个省份的生产总值和生产总值指数，以此计算中国各省份的实际生产总值（以 1978 年为基期）来衡量各省份的产出，数据来自《中国统计年鉴》。

投入变量：包括劳动力投入和资本存量。劳动力投入以中国各省的就业人口来衡量。关于资本存量数据，鉴于中国目前尚无这方面的直接统计数据，本章借鉴单豪杰（2008）的估算方法，采用永续盘存法进行估算，即某期物质资本的存量由上期的资本存量减去当期的折旧再加上当期物质资本投资得到，估算公式为：

$$K_{it}=K_{i(t-1)}(1-\delta_{it})+I_{it}/P_{it} \qquad (9-2)$$

其中，i 代表省份，t 代表年份，K 代表实际的资本存量，I 代表固定资产总额（当年价），P 为固定资产投资价格指数，δ 为折旧率，参考单豪杰（2008）的做法，取值为 10.96%。

（二）核心解释变量：国际人才流入规模

本书是基于留学视角的研究，选择国际留学生作为研究对象，因此主要关注的是国际留学生这一类人才。因此，核心解释变量的选择，参考谷媛媛和邱斌（2019），使用各省份的国际留学生数量作为国际人才流入规模的代理变量，包括学历留学生（大专学生、本科生、硕士生和博士生）和非学历留学生（访问学生、高级访问学生、语言访问学生和短期留学生）。这里使用的中国留学生统计数据包括毕业生，在中国留学的新生以及同年继续留学的学生，该统计数据不包括中国台湾、香港、澳门地区接受的国际留学生。

（三）控制变量

Mankiw 等（1995）认为，教育在技术进步外生的新古典增长模型中是一个附加的生产性因素，能够有效地促进生产率增长。为了得到无偏的估计结果，参考已有文献（郭家堂和洛品亮，2016），本书进一步加入各省份的专利申请水平（$Patent$）、国有企业改革（Noe）、外商直接投资（FDI）、对外开放程度（$Open$）、基础设施状况（$Infra\_stru$）、人均教育支出（Edu_exp_pc）等一系列控制变量。

本书使用各省份历年的专利申请数量来衡量其技术创新水平；使用非国有企业的就业人数在总就业人口中所占的比例来衡量我国国有企业的改革程度；使用各省份的外商直接投资额来衡量其外商投资水平；使用进出口贸易总额来衡量各地区的对外开放程度；使用各省份的铁路公里数与公路公里数之和与其面积之比衡量地区的基础设施水平；关于人均教育支出，使用各省份历年地方政府教育支出经费额，除以各地区的小学、初中、高中以及高等院校的在校生人数总和得到。所有控制变量中使用外币表示的均折算为人民币价格，同时使用相应的价格指数调整为 2018 年不变价格，以剔除价格因素的影响。

此外，考虑到在样本期间内所发生的重大政策变化或外部冲击可能会对被解释变量产生一定的影响，2008 年一场始发于美国的国际金融危机对全球经济产生了重要的影响，因此，本书在实证分析部分还加入了衡量经济环境突变的虚拟变量 Dummy 2008，即在 2008 年之前该变量取值为 0，在 2008 年及 2008 年之后取值为 1。

通过检验方差膨胀因子（VIF）方法得到，所有变量 VIF 均值为 4.12，小于 10，从而排除了模型可能存在的多重共线性问题；同时，考虑到 31 个样本省份在人文地理、经济发展、社会风俗等方面存在一定的差异，为控制住个体效应和时间效应，最终将模型确定为包含个体效应和时间效应的双向固定效应模型。

三 数据来源和描述性统计

本章选取 1999—2018 年 31 个省份共计 562 个观测值的面板数据作为研究样本。其中计算各省份人均人力资本的数据来自《中国人口与就业统计年鉴》（2000—2019），各省份国际留学生规模数据来自《来华留学生简明统计》（1999—2018），其他相关数据来自《中国统计年鉴》（2000—2019）。

从表 9-1 可以看出，1999—2018 年，31 个省份的全要素生产率变化指数（*TFP*）、技术进步变化指数（*Tech*）以及技术效率变化指数（*Eff*）3 个指标的对数均值分别为 0.995、1.001 和 0.994。在国际流入人才规模方面，人才规模的对数均值为 7.594，标准差为 1.958，与被解释变量以及其他控制变量相比，国际流入人才规模的离散程度较大。至于专利申请水平（*Patent*）、国有企业改革（*Noe*）、外商直接投资（*FDI*）、对外开放程度（*Open*）、基础设施状况（*Infra_stru*）、人均教育支出（*Edu_exp_pc*）6 个控制变量，各省份之间或同一省份的不同时期也存在一定的差异。从标准差看，技术创新水平和外商直接投资 2 个变量的离散程度相对较为明显，国有企业改革变量的离散程度最小；而从最大值与最小值之间的差距看，技术创新水平和基础设施状况 2 个变量差距较为明显。

表 9-1　　　　　　　　　　　变量的描述性统计

变量	变量解释	观测个数	均值	标准差	最小值	最大值
TFP	全要素生产率变化指数	562.000	0.995	0.031	0.881	1.096
Tech	技术进步变化指数	562.000	1.001	0.026	0.899	1.096
Eff	技术效率变化指数	562.000	0.994	0.025	0.901	1.097
ln*fore_stu*	国际留学生人数	562.000	7.594	1.958	0.000	11.315
ln*patent*	专利申请数量	562.000	8.563	1.762	2.639	12.715
ln*nsoe*	国有企业改革	562.000	0.379	0.109	0.038	0.614
ln*fdi*	外商直接投资水平	562.000	14.155	1.760	7.867	16.963

续表

变量	变量解释	观测个数	均值	标准差	最小值	最大值
lnopen	对外开放程度	562.000	0.145	0.164	0.006	0.720
lninfra_stru	基础设施状况	562.000	0.493	0.280	0.018	1.160
lnedu_exp_pc	人均教育支出	562.000	10.85	1.047	8.669	13.138
dummy2008	2008年国际金融危机虚拟变量	562.000	0.532	0.499	0.000	1.000

第二节 实证结果分析

在本节中，利用1999—2018年省级层面的面板数据分析国际人才流入对我国全要素生产率的影响。

一 基准回归分析

如上文所述，本书在分析中使用了全要素生产率变化指数、技术进步变化指数、技术效率变化指数3个指标作为被解释变量。表9-2中汇报了全样本下国际人才流入影响全要素生产率的固定效应估计结果。

回归结果显示，国际人才流入规模能够显著促进地区全要素生产率的提升，国际人才流入规模每增加1%，全要素生产率变化指数将增加0.006%，且在5%水平下显著；其对技术效率变化指数的影响为，国际人才流入规模每增加1%，技术效率变化指数将增加0.005%，且在5%水平下显著；对技术进步变化指数没有显著的影响。正如前面理论机制部分的分析，这主要是因为，一方面国际人才的流入直接充实了流入地区的知识库，提升其人力资本存量（魏浩和袁然，2018）。流入中国的国际人才是在国外接受过或正在接受高等教育或者拥有一定国外相应技术领域工作经验的短期移民，这类人群一般具有较高的技能水平，掌握一定的相关领域的专业技术知识，其流入中国可以提升中国劳动力的平均技术水平，从而直接促进中国人力资本存量的积累和质的提升（李平和许家云，2011）。另一方面，

145

国际人才的流入不仅可以通过人力资本的外部性促进国际知识溢出，促进技术进步，同时还可以通过促进对外贸易、外商直接投资以及专利的投资和引用，间接促进国际知识溢出水平。

表9-2　国际人才流入影响全要素生产率的基准回归结果（OLS）

	（1）	（2）	（3）	（4）
				Infrastructure
	TFP	*Tech*	*Eff*	*TFP*
ln*fore_ stu*	0.006**	0.001	0.005**	
	（0.002）	（0.002）	（0.002）	
ln*fore_ stu_* 1				0.001
				（0.003）
ln*fore_ stu_* 2				0.008***
				（0.003）
ln*innov*	0.006	0.001	0.004	0.006
	（0.004）	（0.003）	（0.004）	（0.005）
ln*nsoe*	−0.038	−0.002	−0.034	−0.025
	（0.036）	（0.026）	（0.034）	（0.038）
ln*fdi*	0.003	0.002	0.001	0.003
	（0.002）	（0.001）	（0.002）	（0.002）
ln*open*	0.025	−0.056***	0.081***	0.036
	（0.022）	（0.016）	（0.021）	（0.023）
ln*infra_ stru*	0.051***	0.030***	0.022	0.056***
	（0.015）	（0.011）	（0.014）	（0.016）
ln*edu_ exp_ pc*	0.007	0.010	−0.003	0.001
	（0.010）	（0.007）	（0.010）	（0.011）
dummy 2008	−0.0847***	−0.0358*	−0.0498*	−0.0778***
	（0.0287）	（0.0206）	（0.0270）	（0.0275）

	（1）	（2）	（3）	（4）
				Infrastructure
	TFP	*Tech*	*Eff*	*TFP*
Constant	0.825***	0.867***	0.958***	0.872***
	（0.091）	（0.066）	（0.086）	（0.094）
时间固定效应	控制	控制	控制	控制
省份固定效应	控制	控制	控制	控制
Observations	562.000	562.000	562.000	522.000
R^2	0.305	0.363	0.149	0.350

注：（1）括号内数值为稳健标准误；（2）＊、＊＊、＊＊＊分别表示变量系数通过了在10%、5%和1%水平下的显著性检验，下同。

其他控制变量中，基础设施水平对提升全要素生产率具有显著的积极作用。同时回归结果还显示，技术创新水平和对外开放程度也可以在一定程度上促进地区全要素生产率的提升，而经济环境的突变对全要素生产率具有显著的负影响。

二　稳健型检验

（一）按国际留学生是否获得学历证书分组分析

为了进一步探索来自不同类型的国际留学生人才是否对全要素生产率存在不同的促进作用，这里还将样本分为学历留学生组和非学历留学生组进行子样本分析，表9-3中汇报了子样本的回归结果。根据回归结果，可以发现国际留学生人才对全要素生产率的促进效应主要来自学历留学生。这可能是由于，一方面，学历留学生通常学习周期较长，其在中国生活和学习的时间较长，则有更多的机会参与高校企业的项目研究开发或在企业中积累实习工作经验，而非学历留学生则在中国的学习时间较短，因此产生的影响并不明显。另一方面，学历留学生在取得中国的学历学位证书后，一旦有机会，更有可能选择继续在中国工作和生活，因此其对全要素生产率产生的促进效应更为明显。

表 9-3　　　　　　　　按是否获得学历证书分组回归结果

	（1）	（2）	（3）	（4）	（5）	（6）
	TFP	Tech	Eff	TFP	Tech	Eff
ln*diploma*	0.002*	0.002**	0.000			
	（0.001）	（0.001）	（0.001）			
ln*non_diploma*				0.004	-0.000	0.004
				（0.002）	（0.002）	（0.002）
ln*innov*	0.002	-0.003	0.005	0.005	0.001	0.004
	（0.005）	（0.003）	（0.004）	（0.004）	（0.003）	（0.004）
ln*nsoe*	-0.030	0.011	-0.040	-0.037	-0.001	-0.034
	（0.038）	（0.026）	（0.036）	（0.037）	（0.026）	（0.034）
ln*fdi*	0.004*	0.002	0.002	0.003*	0.002	0.002
	（0.002）	（0.002）	（0.002）	（0.002）	（0.001）	（0.002）
ln*open*	0.040*	-0.037**	0.076***	0.020	-0.057***	0.077***
	（0.023）	（0.017）	（0.022）	（0.022）	（0.016）	（0.021）
ln*infra_stru*	0.051***	0.028**	0.023	0.052***	0.029***	0.023*
	（0.016）	（0.011）	（0.015）	（0.015）	（0.011）	（0.014）
ln*edu_exp_pc*	0.011	0.015**	-0.004	0.008	0.011	-0.003
	（0.011）	（0.008）	（0.010）	（0.010）	（0.008）	（0.010）
Dummy 2008	-0.077***	-0.050**	-0.028	-0.077***	-0.034	-0.045*
	（0.030）	（0.021）	（0.028）	（0.029）	（0.021）	（0.027）
Constant	0.815***	0.833***	0.984***	0.831***	0.868***	0.963***
	（0.093）	（0.066）	（0.089）	（0.092）	（0.066）	（0.086）
时间固定效应	控制	控制	控制	控制	控制	控制
省份固定效应	控制	控制	控制	控制	控制	控制
Observations	534.000	534.000	534.000	562.000	562.000	562.000
R²	0.314	0.390	0.138	0.301	0.363	0.145

（二）按国际留学生是否获得中国政府奖学金分组分析

为了促进中国与世界各国在各个领域的交流与合作，中国政府于20世纪50年代开始设立中国政府奖学金，用于资助世界各国学生、学者到中国高等学校学习和研究。中国政府奖学金按学生类别分为本科生奖学金、硕士研究生奖学金、博士研究生奖学金，汉语进修生奖学金、普通进修生奖学金和高级进修生奖学金。因此，这里分别检验了获得中国政府奖学金留学生和自筹经费来华学习留学生对地区全要素生产率的不同效应，表9-4中的回归结果显示，国际留学生人才对全要素生产率的促进效应更多地来自自筹经费留学生，而获得中国政府奖学金留学人才的促进效应相对较弱，仅在10%的水平下显著，此外，自筹经费人才还对技术效率有一定的正向影响。

表9-4　　　　　按是否获得中国政府奖学金分组回归结果

	（1）	（2）	（3）	（4）	（5）	（6）
	TFP	Tech	Eff	TFP	Tech	Eff
ln*scholarship*	0.005*	0.002	0.003			
	(0.002)	(0.002)	(0.002)			
ln*self_funding*				0.005**	0.001	0.004*
				(0.002)	(0.002)	(0.002)
ln*innov*	0.004	−0.003	0.006	0.005	0.001	0.004
	(0.005)	(0.004)	(0.005)	(0.004)	(0.003)	(0.004)
ln*nsoe*	−0.016	−0.041	0.028	−0.038	−0.002	−0.034
	(0.046)	(0.033)	(0.043)	(0.036)	(0.026)	(0.034)
ln*fdi*	−0.008**	−0.002	−0.006**	0.003	0.002	0.002
	(0.003)	(0.002)	(0.003)	(0.002)	(0.002)	(0.002)
ln*open*	0.035	−0.016	0.051*	0.024	−0.057***	0.080***
	(0.028)	(0.020)	(0.026)	(0.022)	(0.016)	(0.021)
ln*infra_stru*	0.069***	0.017	0.052***	0.050***	0.029***	0.021
	(0.021)	(0.015)	(0.020)	(0.015)	(0.011)	(0.014)
ln*edu_exp_pc*	0.033**	0.037***	−0.004	0.008	0.010	−0.002
	(0.014)	(0.010)	(0.013)	(0.010)	(0.007)	(0.010)
Dummy 2008	−0.144***	−0.093***	−0.052	−0.081***	−0.035*	−0.047*
	(0.037)	(0.027)	(0.035)	(0.029)	(0.021)	(0.027)
Constant	0.753***	0.711***	1.044***	0.827***	0.868***	0.959***
	(0.111)	(0.079)	(0.103)	(0.092)	(0.066)	(0.086)

续表

	（1）	（2）	（3）	（4）	（5）	（6）
	TFP	*Tech*	*Eff*	*TFP*	*Tech*	*Eff*
时间固定效应	控制	控制	控制	控制	控制	控制
省份固定效应	控制	控制	控制	控制	控制	控制
Observations	440.000	440.000	440.000	562.000	562.000	562.000
R^2	0.267	0.386	0.152	0.303	0.363	0.146

第三节　内生性处理

为了进一步验证上述结果的稳健性，避免由于模型存在内生性问题而导致参数估计不一致情况的出现，在该部分进一步采用工具变量二阶段最小二乘法（IV-2SLS）进行分析。由于国际留学生规模可能与地区科技水平之间存在双向因果关系，即国际留学人才的流入可以促进地区科技水平的提升，同时科技水平较高的地区也可能吸引更多的国际留学人才，因此，这里选择国际留学生规模的滞后项作为工具变量进行分析，表9-5中的回归系数较OLS的结果有所增大，但无论是对TFP还是其分解变量的影响及显著性均未发生变化，结论与OLS的结论保持一致，这说明本章的研究结论是稳健的。进一步，本章还使用各省份的空气质量状况（PM2.5）作为工具变量再次进行稳健性检验。一方面，考虑到空气质量状况具有较强的外生性，满足工具变量的外生性条件；另一方面，不同省份的空气质量以及环境污染状况的确是影响国际人才选择的一个重要因素（李明和张亦然，2019），在其他条件不变的情况下，空气质量状况越好的地区越容易吸引更多的国际人才流入，因此满足工具变量的相关性条件。第一阶段回归结果显示F统计量的值为71.770，根据一个经验规则，只要F统计量大于10，则不必担心弱工具变量问题。因此，空气质量状况是一个较好的工具变量。回归结果显示，在使用空气质量状况作为工具变量进行回归时，基本结论依然稳健，即对 TFP 的影响结论是一致的，但是对于 *Tech* 和 *Eff* 的显著性发生了变化，出现这一结果可能是由于使用 PM2.5 作为国际留学生规模的工具变量时，我们考虑的是，在其他条件不变的情况下，空气质量状况越好的地区越容易吸引更多的国际人才流入，而环境状况的好坏可能更多的是与技术进步（*Tech*）相关，而不是技术效率（*Eff*）。总体来看，在使用工具变量法时，并没有改变本章的核心结论。

表 9-5　　　　　　　　　工具变量法回归结果（2SLS）

	（1）	（2）	（3）	（4）	（5）	（6）
	L. lnfore_ stu			PM2.5		
	TFP	*Tech*	*Eff*	*TFP*	*Tech*	*Eff*
lnfore_ stu	0.011***	0.003	0.008**	0.027**	0.023**	0.003
	（0.004）	（0.003）	（0.004）	（0.013）	（0.010）	（0.012）
lninnov	0.004	-0.002	0.006	0.004	-0.004	0.006
	（0.004）	（0.003）	（0.004）	（0.005）	（0.003）	（0.004）
lnnsoe	-0.046	0.021	-0.066*	-0.054	0.010	-0.064*
	（0.039）	（0.027）	（0.037）	（0.041）	（0.031）	（0.037）
lnfdi	0.003	0.002	0.001	0.003	0.002	0.002
	（0.002）	（0.002）	（0.002）	（0.002）	（0.002）	（0.002）
lnopen	0.039	-0.044***	0.081***	0.046*	-0.035*	0.079***
	（0.024）	（0.016）	（0.022）	（0.025）	（0.019）	（0.023）
lninfra_ stru	0.053***	0.030***	0.024	0.060***	0.033***	0.023
	（0.016）	（0.011）	（0.015）	（0.017）	（0.013）	（0.015）
lnedu_ exp_ pc	0.004	0.011	-0.007	-0.005	-0.001	-0.004
	（0.011）	（0.008）	（0.010）	（0.014）	（0.010）	（0.012）
Dummy 2008	-0.038***	-0.026***	-0.012	-0.047***	-0.038***	-0.009
	（0.015）	（0.010）	（0.014）	（0.017）	（0.013）	（0.015）
Constant	0.781***	0.843***	0.938***	0.759***	0.814***	0.945***
	（0.110）	（0.076）	（0.103）	（0.116）	（0.086）	（0.104）
时间固定效应	控制	控制	控制	控制	控制	控制
省份固定效应	控制	控制	控制	控制	控制	控制
Observations	533.000	533.000	533.000	533.000	533.000	533.000

第四节　门槛效应分析

以上使用线性分析框架检验了各省份国际人才流入对全要素生产率的影响，然而这里 31 个样本省份在经济发展水平方面存在较大差异，国际人才流入对地区全要素生产率的影响很可能随着某个变量（门槛变量）而变化（吕延方等，2015）。在考察通过影响某一变量从而对被解释变量产生差异影响的因素时，较为常见的做法是分组检验或交互项连乘检验。但是分组检验存在的最大问题则是如何确定分组的标准，如果仅仅是针对某一影响因素对样本平均分组，则很难准确地解释各因素对被解释变量的影响；而交互项连乘检验的局限则在于其测定的指标影响是单调递减或单调递增的，而事实未必如此（李平，2011）。Hansen（1996）提出了"门槛回归"，以严格的统计推断方法对门限值进行参数估计与假设检验，为非线性经济计量分析提供了有效工具。根据 Hansen（1996）提出的"门槛回归"方法，该部分通过构建门槛回归模型进一步考察国际人才流入对全要素生产率的非线性影响。

一　门槛模型构建

根据 Hansen（1999）提出的门槛面板回归模型，同时考虑到数据自身特点，采用如下两区制回归模型：

$$Y_{it} = \theta^T CV_{it} + \lambda_1 \ln X_{it} \times I(q_{it} \leq \varphi) + \lambda_2 \ln X_{it} \times I(q_{it} > \varphi) + C + \varepsilon_{it} \qquad (9-3)$$

其中，i 表示个体，t 表示时间，Y_{it} 表示被解释变量，X_{it} 表示受到门槛变量影响的核心解释变量，q_{it} 表示门槛变量，φ 表示给定的门槛值，CV_{it} 表示一组除核心解释变量以外的控制变量，θ^T 表示控制变量的系数向量，λ_1 和 λ_2 分别表示在门槛值 $q_{it} \leq \varphi$ 和 $q_{it} > \varphi$ 时核心解释变量的系数，其中 $I(\cdot)$ 为示性函数，即当满足括号里的条件时取值为 1，反之取值为 0，ε_{it} 则为随机扰动项。

在回归模型（9-3）中，φ 相应的残差平方和为 $S(\varphi)$，根据 Chan（1993）的研究，如果回归中的 τ 越接近真实的门槛值水平，则回归模型的残差平方和越小。因此，可以采用最小化 $S(\varphi)$ 得到 φ 的估计值，即：

$$\hat{\varphi}(\varphi) = \underset{\varphi}{\arg\min} S(\varphi) \tag{9-4}$$

在得到 φ 的估计值之后，进一步可估计出其他相关系数。

得到门槛回归的参数值后，应对门槛效应进行两个方面的检验，即门槛效应的显著性检验和门槛值的真实性检验，具体如下：

第一个门槛效应的显著性检验则是检验回归模型（9-3）中的 λ_1 和 λ_2 是否具有显著的差异，如果通过检验发现 $\lambda_1 = \lambda_2$，则意味着该模型不存在显著的门槛特征。这里检验门槛效应的原假设为 H_0：$\varphi_1 = \varphi_2$，相应的备择假设为 H_1：$\varphi_1 \neq \varphi_2$。Hansen（1999）提出的检验统计量如下：

$$F(\varphi) = \frac{S_0 - S(\varphi)}{\hat{\sigma}^2} \tag{9-5}$$

其中，S_0 表示在原假设（无门槛效应）条件下的残差项平方和，S 则表示具有门槛效应时的残差项平方和，$\hat{\sigma}^2$ 表示扰动项方差的一致估计。在无门槛效应 H_0 假设条件下，门槛参数 φ 无法识别。因此，F 统计量的分布是非标准的 χ^2 分布。Hansen（1996）提出以统计量本身的大样本分段函数来转换，得到大样本下的 P 值。在 H_0 成立的条件下，证明 P 值统计量在大样本下渐近服从均匀分布。本章对 F 统计量的临界值使用自抽样法（Bootstrap）以检测门槛效应的显著性，并在此基础上构造其 P 值。如果接受原假设 H_0：$\varphi_1 = \varphi_2$，则模型为线性模型；反之，则表示存在门槛效应。

第二个门槛值的真实性检验则是检验门槛估计值与真实值是否相等。Hansen（1996）使用极大似然法检验门槛值，其似然比检验统计量如下：

$$LR(\varphi) = \frac{S(\varphi) - S(\hat{\varphi})}{\hat{\sigma}^2} \tag{9-6}$$

其中，$S(\hat{\varphi})$ 和 $\hat{\sigma}^2$ 依次表示在 H_0 下估计参数时得到的残差平方和以及残差平方。Hansen（2000）得出在给定的显著性水平 α（0.1、0.05 或 0.01）下，当 $LR(\varphi) > -2\log(1 - \sqrt{1-\varphi})$ 时，则拒绝原假设。

以上是仅考虑单一门槛的情形，无论是从计量角度来看还是在实际的经济分析中，都有可能出现同时存在多个门槛值的情形。这里，以双重门槛模型为例：

$$\ln Y_{it} = \theta^T CV_{it} + \lambda_1 \ln X_{it} \times I(q_{it} \leqslant \varphi_1) + \lambda_2 \ln X_{it} \times I(\varphi_1 < q_{it} \leqslant \varphi_2) + \lambda_3 \ln X_{it} \times I(q_{it} > \varphi_2) + C + \varepsilon_{it} \tag{9-7}$$

这里的估计方法为假定单一门槛模型中估计出的 $\hat{\varphi}_1$ 为已知，并在此基础上使用相同的方法进一步搜索 φ_2，即残差平方和最小时对应的 $\hat{\varphi}_2$。接着对 $\hat{\varphi}_2$ 进行门槛效应检验，原假设为 H_0：只存在单一门槛；H_1：存在双门槛。其对应的检验统计量如下：

$$F_2(\varphi) = \frac{S(\hat{\varphi}) - S_2(\hat{\varphi})}{\hat{\sigma}_2^2} \tag{9-8}$$

接着使用自抽样法来模拟似然比统计量的渐近分布，构造相应的 P 值，并判断是否接受原假设。这里需要注意的是，Bai（1997）研究表明，$\hat{\varphi}_2$ 是渐近有效的，但 $\hat{\varphi}_1$ 不具有此性质。因此，可以固定 $\hat{\varphi}_2$ 对 $\hat{\varphi}_1$ 进行重新搜索，继而获得其优化后的一致估计量 $\hat{\varphi}_1$。然后仍需进行门槛值的真实性检验，如检验结果依旧拒绝原假设，则继续重复上述步骤，直至接受原假设，则可确定具体的门槛个数，多重门槛模型即为双重门槛模型的扩展。

二　门槛效应检验

由于地区基础设施水平是吸引人才流入的重要影响因素之一，因此本章选择地区基础设施建设水平作为门槛变量。这里基于回归模型（9-3），分别设定单一门槛模型和双重门槛模型，具体如下：

$$Y_{it} = \omega_1 + \omega_2 \ln fore\_stu_{it} \times I(q_{it} \leqslant \varphi) + \omega_3 \ln fore\_stu_{it} \times I(q_{it} > \varphi) + \omega_c \ln CV_{it} + \mu_i + \tau_t + \varepsilon_{it} \tag{9-9}$$

$$Y_{it} = \omega'_1 + \omega'_2 \ln fore\_stu_{it} \times I(q_{it} \leqslant \varphi_1) + \omega'_3 \ln fore\_stu_{it} \times I(\varphi_1 < q_{it} \leqslant \varphi_2) + \omega_4 \ln fore\_stu_{it} \times I(q_{it} > \varphi_2) + \omega'_c \ln CV_{it} + \eta_i + \zeta_t + \nu_{it} \tag{9-10}$$

其中，i 表示地区，t 表示时间，Y 为被解释变量，指各省份的全要素生产率（TFP）以及其分解指标，即技术进步（$Tech$）与技术效率（Eff），$fore\_stu$ 表示受门槛变量影响的核心解释变量，CV 表示其他控制变量，q_{it} 为门槛变量。

（一）门槛检验

这里首先应对模型进行门槛效果检验，从而确定门槛的个数，进而确定具体的模型形式。该部分分别对模型在不存在门槛、存在一个门槛以及存在两个门槛的假设下进行估计，表9-6汇报了F统计量和采用自抽样法（Bootstrap）得到的P值。门槛检验结果显示，模型通过了单一门槛效应检验，且在1%水平下显著，但双重门槛效应则未通过检验，说明该模型只存在一个门槛值。同时，在表9-6中还列出了各门槛的估计值和相应的95%的置信区间。

表9-6　　　　　　　　　　　门槛效果检验

模型	F值	P值	门槛值		临界值		
			I	II	1%	5%	10%
单一门槛	58.300***	0.000	0.140		40.799	32.159	26.419
双重门槛	−45.190	1.000	0.105	0.175	39.774	27.925	23.788

注：*、**、***分别表示在10%、5%、1%的水平下显著，P值是采用Bootstrap法反复抽样300次得到的结果。

（二）模型的参数估计结果

表9-2的模型（4）汇报了以地区基础设施水平作为门槛变量的门槛回归模型结果。这里我们以门槛值0.140为标准，将基础设施水平划分为较高水平和较低水平，$lnfore\_stu\_1$ 和 $lnfore\_stu\_2$ 这两个变量分别对应于基础设施水平较低和基础设施水平较高两个区间的 $lnfore\_stu$ 变量。基础设施水平对全要素生产率的影响则呈现出单一门槛特征。当基础设施水平小于或等于门槛值0.140时，国际人才流入规模对全要素生产率变化指数的弹性系数为0.001，当基础设施水平跨越门槛值后，弹性系数则上升为0.008，且在1%水平下显著。这说明地方基础设施水平的提升能够显著地吸引国际人才的流入，但前提是基础设施要达到一定门槛值，然后这种促进效应才能有效地发挥出来。

第五节 本章小结

本章采用1999—2018年中国省级层面的面板数据,分别从全要素生产率变化指数、技术进步变化指数、技术效率变化指数3个维度实证分析了国际人才流入对中国全要素生产率的影响。研究发现,国际人才流入规模能够显著促进地区全要素生产率的提升:国际人才流入规模每增加1%,全要素生产率变化指数将增加0.006%,且在5%水平下显著;其对技术效率变化指数的影响为,国际人才流入规模每增加1%,技术效率变化指数将增加0.005%,且在5%水平下显著;对技术进步变化指数没有显著的影响。

为了进一步探索来自不同类型的国际人才是否对全要素生产率存在不同的促进作用,本书还将样本分为学历留学生组、非学历留学生组和获得中国政府奖学金留学生、自筹经费来华学习留学生进行两组子样本分析;研究发现,国际人才对全要素生产率的促进效应主要来自学历留学生,研究结果还显示,流入的国际人才无论是否获取政府奖学金,均对全要素生产率有显著的促进效应。同时,为了进一步检验本章实证结果的稳健性,分别使用留学生规模的滞后项和地区PM2.5作为工具变量,采用工具变量二阶段最小二乘法(IV-2SLS)进行检验。此外,考虑到国际人才流入对全要素生产率的影响可能是非线性的,本章还通过构建门槛回归模型进一步分析,选择基础设施水平作为门槛变量,研究发现,基础设施水平对全要素生产率的影响均呈现单一门槛特征。

由于国际留学人才对中国的全要素生产率有显著的促进作用,政府应高度重视国际人才因素中提升全要素生产率中的重要作用,在吸引国际留学生人才方面,Raycbaudburi等(2007)指出人均GDP、高等教育入学率和生活成本等因素会影响留学生的目标决策。因此,政府部门可以一方面通过进一步扩大奖学金的覆盖范围和增设奖学金在各个地区的名额,从而吸引到更多来自发达国家以及新兴发展中国家的人才。另一方面，在优惠政策覆盖面上可以适当地向来自发展中国家的留学生人才倾斜，尽可能地为有需要的学生提供帮助，以此来吸引更多的优秀人才。此外，还可创设专门针对海外华人华侨子女来华留学的奖学金政策，他们将有助于传播中国的文化思想，并在中国与世界各国的对接中发挥出重要的桥梁作用。

还应大力推动中国各类人才合作项目的多元化发展。虽然本章重点关注的是国际留学生人才，但是国际人才的内涵远远超过留学生的范畴，因此在吸引国际留学生人才的同时，还应重视各类国际人才的引进，尤其是一些携带先进技术和知识的高端国际人才。中国政府在设立各类外国留学生项目时应兼顾制定面向各类外国专家学者的一些高端人才项目，比如开展一些专门针对世界各国政府官员和社会精英的高端培养项目。如美国的"富布莱特项目"（Fullbright Program）已与160多个国家和地区签订合作协议，据美国国务院教育文化局统计，包括"富布莱特项目"在内的美国国际学术交流项目中有395位项目成员成为各国国家或政府首脑，21位成员成为国际组织负责人，77位成员成为诺贝尔奖获得者。

此外，高校应依托国家政策支持，不断提升大学的国际声誉和教育水平。大学的国际声誉是影响国际留学生流动的重要因素之一（Beine et al.，2014），因此高校也应进一步提高自身办学质量以及其国际知名度。如通过与国际知名高校合作，加大国际化课程比重，制定高层次国际化人才培养计划，同时采用联合培养的方式吸引生源，在国外与当地高校联合办学；从最新公布的2020"QS世界大学排名来看"，共有42所中国高校入围，除排名最高的清华大学名列第16位外，还有12所高校也进入世界百强。高校在不断提升国际声誉与教育水平的同时，还承担为国际留学生提供教育的重要使命，因此还应努力构建一个包容开放的校园环境，尽可能地将世界各地的文化元素融合在校园里，尽可能地向来自世界各地的国际留学生传递出所有师生的热情与友好，帮助他们更好地融入中国和融入校园的生活氛围。

第十章

国际人才流入影响中国
城市创新的实证研究

城市的经济是高效且充满活力的，尤其是一些大城市，其拥有优质的教育资源，高校数量众多，是吸引国际人才流入的主要目的地和培养国际学生的主要场所，因此国际人才流入对中国技术进步的影响更多地会体现在对中国城市层面技术进步的影响。技术进步主要包括技术创新和技术效率两个方面（苏治和徐淑丹，2015）。具体而言，技术创新是指以现有的知识和物质，在特定环境中改进或创造新事物，而技术效率是指生产过程中采取最优方法改善技术使用和分配的低效率，创新是技术进步的核心动力（Schumpeter，1950），因此技术进步在很大程度上依赖于创新（Farmer and Lafond，2016）。第九章的研究结果也显示国际人才流入对全要素生产率的促进作用主要体现在技术创新上。因此，本章在第九章分析的基础上进行了进一步的延伸，使用城市创新力指数和城市发明专利授权数作为城市技术创新的衡量指标，分别从不同规模城市以及不同城市群城市等角度研究了国际人才流入对中国城市层面技术创新的影响。

第一节　计量模型构建与变量选取

一　计量模型构建

为进一步量化分析国际人才流入对中国城市技术创新的影响，本章将省级层面的国际人才流入规模数据与城市层面的创新数据进行匹配，最终构建如下回归方程：

$$\text{Innov}_{ijt} = \alpha_1 + \alpha_2 fore\_stu_{jt} + \alpha_C CV_{ijt} + \mu_i + \tau_t + \varepsilon_{ijt} \qquad (10-1)$$

其中，i 表示城市，j 表示省份，t 表示时间，Innov 为被解释变量，指各城市的创新力指数，$fore\_stu$ 表示国际人才流入规模，CV 表示城市层面的控制变量，包括城市经济发展水平、对外开放程度、人力资本水平、城市人口规模、固定资产投资水平以及第二产业占比等，μ_i 表示非观测的个体固定效应，τ_t 表示时间固定效应，ε_{ijt} 表示随机误差项。

二　变量选取与数据来源

（一）被解释变量

本章使用城市创新力指数（Innov）作为研究的被解释变量。目前，关于城市创新能力的测度指标，学界尚未统一。已有研究中不少使用专利的申请数量或授权数量作为测度指标，专利数据的确是衡量创新与技术变革水平的重要指标，但并非所有创新都会申请专利保护，且由于专利异质性的存在，使每个专利对创新的影响效果也不尽相同。而《中国城市和产业创新力报告（2017）》中的城市创新力指数是基于国家知识产权局的专利数据和国家工商局的新注册企业数据这两组微观大数据，一方面，考虑了不同年龄专利的价值差异，通过专利更新模型估算每个年龄专利的平均价值，并在此基础上计算出衡量城市创新水平的指数。另一方面，考虑到存在一些创新没有申请专利保护的情况，在构建城市创新指数时同时还引入新注册企业数量并以此度量城市层面的创业指数。因此，这里选择的城市创新力指数作为测量指标较好地规避了已有研究中一些指标的测量缺陷，更加具有参考价值。

（二）核心解释变量：国际人才流入规模

本书是基于留学视角的研究，选择国际留学生作为研究对象，因此主要关注的是国际留学生这一类人才。因此，核心解释变量的选择，参考谷媛媛和邱斌（2019）的研究，使用各省份的国际留学生数量作为国际人才流入规模的代理变量，包括学历留学生（大专学生、本科生、硕士生和博士生）和非学历留学生（访问学生、高级访问学生、语言访问学生和短期留学生）。这里使用的中国留学生统计数据包括毕业生，在中国留学的新生以及同年继续留学的学生，该统计数据不包括中国台湾、香港、澳门地区接受的国际留学生。

（三）控制变量

本章借鉴已有的关于城市创新问题研究的相关文献（Landry，2012；谢科范等，2009；Xu，2011；张萃，2019；霍春辉等，2020），选择相关的控制变量，具体包括城市经济发展水平（eco）、对外开放程度（$open$）、人力资本水平（$human$）、城市人口规模（pop）、固定资产投资水平（fix_invest）以及第二产业占比（$second$）。这里采用各城市的实际 GDP 水平衡量城市经济发展水平；使用外商直接投资额占 GDP 的比重来衡量城市的对外开放程度，外商直接投资是国际知识溢出的重要渠道之一；使用城市就业人口作为城市人力资本水平的代理变量，城市的人力资本水平对城市的创新活动有重要影响，能够有效地促进城市的创新发展；城市人口规模即为城市的人口总数；采用固定资产投资总额占 GDP 的比重衡量城市的固定资产投资水平；采用第二产业占 GDP 的比重来衡量城市的产业结构水平，一般来说，第三产业占比越高的城市越依赖于创新发展。

在进行回归分析之前，通过方差膨胀因子（Variance Inflation Factor，VIF）方法检验得到，所有变量 VIF 均值为 3.30，且最大的 VIF为 7.01，小于 10，从而排除了模型可能存在的多重共线性问题；接着通过 LM 检验、豪斯曼（Hausman）检验以及年虚拟变量的联合显著性检验。同时，考虑到 284 个样本城市在人文地理、经济发展、社会风俗等方面均存在较大的差异，为控制住个体效应和时间效应，最终将模型确定为包含时间效应的双向固定效应模型。为了得到较为稳健的结论，这里采用异方差—聚类稳健标准误，因此，有理由认为这种处理方法的估计结果是稳健的。

本章选取 2001—2013 年 284 个城市的面板数据作为研究样本。其中城市创新力指数指标来自《中国城市和产业创新力报告（2017）》，各省份国际留学生规模数据来自《来华留学生简明统计》（2001—2013），其他相关数据来源于《中国城市年鉴》（2002—2014）。

三　描述性统计

从表 10-1 可以看出，2001—2013 年，284 个城市的创新力指数均值为 2.705，最小值为 0，最大值达到了 430.370，标准差为 15.817，说明不同城市间的创新能力存在很大的差异。在国际流入人才规模方面，人才规模的均值为 43.474，标准差为 54.747，与被解释变量创新力指数相比，国际流入人才规模的离散程度显然更大。至于城市经济发展水平（eco）、对外开放程度（open）、人力资本水平（human）、城市人口规模（pop）、固定资产投资水平（fix_invest）以及第二产业占比（second）6 个控制变量，各城市之间或同一城市的不同时期也存在一定的差异。从标准差看，城市经济发展水平和人口规模 2 个变量的离散程度最为明显，对外开放程度和固定资产投资占比这 2 个变量的离散程度最小；而从最大值与最小值之间的差距看，城市经济发展水平、对外开放程度、人力资本水平、城市人口规模、固定资产投资水平以及第二产业占比这 6 个变量均呈现出明显的差异，这说明样本城市之间存在显著的差异。

表 10-1　　　　　　　　变量的描述性统计

变量	变量意义及单位	观察值	均值	标准差	最小值	最大值
lnnov	城市创新力指数	3360.000	2.705	15.817	0.000	430.370
fore_stu	国际留学生人数（百人）	3360.000	43.474	54.747	0.260	777.060
eco	城市经济发展水平（亿元）	3360.000	451.940	1015.400	8.964	15000.000
open	对外开放程度（FDI/GDP）	3360.000	2.769	4.183	0.000	134.590
human	人力资本水平（万人）	3360.000	25.551	50.563	0.810	700.500
pop	人口规模（万人）	3360.000	119.620	173.800	5.223	2070.000
fix_invest	固定资产投资占比（‰）	3360.000	5.531	2.526	0.000	21.475
second	第二产业占比（%）	3360.000	50.625	12.727	8.050	91.470

第二节　实证结果分析

在本节中，利用 2001—2013 年城市层面的面板数据分析了国际人才流入对我国城市创新能力的影响。首先，使用全样本分析得出了模型（10-1）的基准回归结果；其次，使用子样本分析来进一步验证回归结果的稳健性。

一　国际人才流入对城市技术创新的总体影响

表 10-2 中显示了全样本下国际人才流入对中国城市技术创新能力影响的固定效应回归结果。表 10-2 的列（1）中，在不考虑其他控制变量影响时，解释变量回归结果显著为正，说明国际人才流入规模能够显著促进城市创新能力的提升，同时回归结果还显示，在逐步加入控制变量的过程中，国际人才流入规模的系数始终统计显著为正，根据表 10-2 的列（3）可知，整体上，国际人才的流入确实对城市创新能力存在促进作用。

表 10-2　国际人才流入影响城市创新指数的基准回归结果（OLS）

	（1）	（2）	（3）	（4）	（5）	（6）
				超大城市	特大城市	大城市
$fore\_stu$	0.258 ***	0.074 ***	0.066 ***	0.525 ***	−0.011	−0.014
	（0.009）	（0.007）	（0.006）	（0.107）	（0.050）	（0.016）
eco		0.019 ***	0.012 ***	−0.025 **	0.010 ***	0.016 ***
		（0.000）	（0.001）	（0.011）	（0.003）	（0.001）
$open$		0.159 ***	0.227 ***	−1.519	0.055	0.204 *
		（0.045）	（0.040）	（2.763）	（0.313）	（0.113）
$human$			0.303 ***	0.019	0.298 ***	−0.033
			（0.013）	（0.101）	（0.034）	（0.022）
pop			0.048 ***	0.160 **	−0.011	0.023
			（0.006）	（0.073）	（0.012）	（0.017）

续表

	(1)	(2)	(3)	(4)	(5)	(6)
				超大城市	特大城市	大城市
fix_invest			0.124 *	0.418	3.034 ***	-0.551 ***
			(0.075)	(8.336)	(0.802)	(0.181)
second			-0.021	-2.934 *	-0.858 ***	-0.067
			(0.025)	(1.631)	(0.284)	(0.081)
Constant	-3.032 ***	-4.661 ***	-14.793 ***	45.592	1.659	-6.514
	(0.781)	(0.501)	(1.441)	(111.725)	(13.970)	(5.558)
时间固定效应	控制	控制	控制	控制	控制	控制
城市固定效应	控制	控制	控制	控制	控制	控制
Observations	3692.000	3367.000	3360.000	71.000	108.000	156.000
R^2	0.241	0.595	0.672	0.871	0.912	0.919

注：（1）括号内数值为稳健标准误；（2）＊、＊＊、＊＊＊分别表示变量系数通过了在10%、5%和1%水平下的显著性检验，下同。

表10-2显示，国际人才流入规模每增加100单位，城市创新力指数将增加0.066，且在1%水平下显著。正如前面理论机制部分的分析，这主要是因为，国际人才的流入不仅可以增加本地的需要刺激企业创新，还可以通过引入新的观念和知识，改变东道国人力资本存量的方式进一步促进城市创新活动。由于全球化，知识经济的重要性日益提高以及跨国公司内部的转移，高技能工人的全球流动性急剧增加（Poot et al.，2009）。城市经济是复杂的，高效的，充满活力的，并且由无数相互作用的小型企业组成。这些企业增加了城市的文化多样性。反过来，又鼓励了新公司的扩散，也导致了本地公司之间更多的创新行为。同样，生产差异化产品的公司也被大城市吸引。技术的飞速发展极大地缩短了产品的生命周期，从而加快了产品发展的步伐。这些变化鼓励企业在集聚区域中定位。大城市规模、密度和多样性带来的好处带来了更高的资本回报率。此外，规模经济通过在可用技能和工作要求之间建立更好的劳动力市场匹配来降低生产交易成本。劳动力市场中异构技能的可用性更高，这减少了昂贵的工作寻找

和不完善的匹配。因此，生产上的互补性会产生更高的物质和人力资本回报（Quigley，1998）。

这一结果与已有相关研究结论相一致。如 Zucker 和 Darby（2007）在研究美国和其他科技水平发达的国家中"明星科学家"的地理移动问题时发现，接收这些科学家的国家和地区的创新活动与科学家的到来之间存在一定的联系。明星科学家（其中，许多人是外国出生的）倾向于聚集在某些地方，而这些科学家的聚集地更容易吸引高科技公司，从而使这些地区具有将创新商业化的强烈动机和雄心。Zucker 和 Darby 认为，如果有天赋的留学生毕业后留在美国的工作机会减少，可能不利于该国科技行业的起步和成长。

关于其他控制变量，城市经济发展水平、对外开放程度、人力资本水平、城市人口规模等因素对城市的创新能力有显著和积极的作用。这是因为，一般来说，城市的经济发展水平越高，创新能力越强；反之，则更可能依靠增加要素的投入来带动经济的发展；同时，对外开放水平越高，则越有可能承接到来自发达国家的技术和知识溢出，从而带动创新水平的提升；关于第二产业占比，则未发现对创新指数有显著的影响。

二 国际人才流入对规模异质性城市技术创新能力的影响

根据 2014 年 11 月国务院发布的《关于调整城市规模划分标准的通知》，将城市规模做出以下明确划分：地区常住人口①1000 万人以上的城市为超大城市。500 万人以上 1000 万人以下的城市为特大城市。100 万人以上 500 万人以下的城市为大城市，其中 300 万人至500 万人的为 I 型大城市，100 万人至 300 万人的为 II 型大城市。考虑国际人才流入对城市创新能力的影响可能由于城市规模的异质性而存在差异，所以这里根据不同的城市规模进行进一步的分析。

表 10-2 中的列（4）至列（6）汇报了国际人才流入对不同规模城市创新能力发展影响的回归结果。分析结果显示，国际人才流入对超大城市的创新能力存在显著的促进作用，回归系数高达 0.525，并

---

① 住建部的统计口径为"城区总人口，既不是户籍人口也不是市域人口"。

且在 1% 水平下显著，几乎是基准回归中 0.066 的 9 倍之多。这可能是因为，中国的 6 个超大城市分别为上海、北京、重庆、广州、深圳和天津，这几个城市拥有发达的经济水平和先进的教育水平，吸引了大量国际人才的流入，从而产生了十分显著的创新促进效应；尤其是北京、上海和广州 3 个城市，具有高度的对外开放程度，根据国家统计局相关数据，仅从这 3 个城市入境的国际游客就达到全国国际游客总量的 30% 左右。相比之下，本书发现，国际人才流入对特大城市和大城市的创新能力没有显著的影响。

三　国际人才流入对处于不同城市群城市技术创新能力的影响

城市群①是城市发展到成熟阶段的最高空间组织形式，作为一个发展集群，其对创新资源的配置能力会直接影响到该区域创新驱动战略的实施，因而不同城市群的创新效率很可能会影响到国际人才流入对城市的创新效应。

2018 年 11 月，中共中央、国务院发布的《中共中央　国务院关于建立更加有效的区域协调发展新机制的意见》明确指出，以京津冀城市群、长三角城市群、粤港澳大湾区、成渝城市群、长江中游城市群、中原城市群以及关中平原城市群等城市群推动国家重大区域战略融合发展。由于本章的样本城市均为大陆城市，所以这里最终选择从京津冀城市群、长三角城市群、成渝城市群、长江中游城市群、中原城市群以及关中平原城市群这六大城市群的角度进行分组分析，进一步探究国际人才流入对不同城市群中的城市创新能力的影响有何不同。

表 10-3 中汇报了国际人才流入影响不同城市群城市创新能力的回归结果。回归结果显示，国际人才流入对京津冀城市群、成渝城市群以及中原城市群的城市创新能力存在显著的促进作用，首先成渝城市群的促进作用最为显著，回归系数为 1.177，且在 1% 水平下显著。

---

①　城市群是指在特定地域范围内，一般以 1 个以上特大城市为核心，由 3 个以上大城市为构成单元，依托发达的交通通信等基础设施网络所形成的空间组织紧凑、经济联系紧密，并最终实现高度同城化和高度一体化的城市群体。https：//baike.baidu.com/item/城市群/4291670-fr＝aladdin。

成渝城市群主要包括重庆和四川的大部分城市,属于我国的西部地区。由此可见,国际人才流入对于西部地区城市的创新能力发展存在至关重要的作用。其次,京津冀城市群,国际人才流入对城市创新能力影响的回归系数为0.129,京津冀城市群是一个以首都为核心的世界级城市群,其主要包括北京、天津以及河北的部分城市,这可能是因为,作为京津城市群核心之一的北京,是全国教育最发达的城市之一,截至2019年,北京共有普通高等学校93所,其中包括北京大学、清华大学、中国人民大学等全国最为著名的高等学府,与此同时,北京作为首都城市,也拥有更多更好的工作机会,从而对其所在城市群的其他城市产生一定的辐射作用。另外,国际人才流入对中原城市群的城市创新能力也有一定的促进作用,中原城市群主要包括河南、山西、山东以及安徽的部分城市,地处中国中西部地区,可见,吸引更多的国际人才是中西部地区城市进一步提升其创新能力的有效途径之一。然而,相比之下,长三角城市群、长江中游城市群以及关中平原城市群地区受到国际人才流入的影响并不显著。

表10-3 国际人才流入影响不同城市群城市创新能力的回归结果

	(1)	(2)	(3)	(4)	(5)	(6)
	京津冀城市群	长三角城市群	成渝城市群	长江中游城市群	中原城市群	关中平原城市群
fore_stu	0.129*	0.0146	1.177***	0.000	0.007***	−0.029
	(0.069)	(0.016)	(0.118)	(0.007)	(0.003)	(0.022)
eco	−0.007***	0.016***	−0.005***	0.019***	0.010***	0.014***
	(0.003)	(0.001)	(0.001)	(0.001)	(0.001)	(0.002)
open	1.043	0.712***	0.220**	−0.012	0.032**	−0.020
	(0.745)	(0.140)	(0.096)	(0.060)	(0.016)	(0.041)
human	1.122***	0.122***	0.516***	0.047**	0.047***	0.566***
	(0.140)	(0.012)	(0.058)	(0.022)	(0.011)	(0.071)
pop	0.150***	0.077***	0.071***	0.007	0.004	0.057***
	(0.031)	(0.012)	(0.008)	(0.009)	(0.003)	(0.018)

续表

	（1）	（2）	（3）	（4）	（5）	（6）
	京津冀 城市群	长三角 城市群	成渝 城市群	长江中 游城市群	中原 城市群	关中平原 城市群
fix_invest	−0.036	−0.286	0.014	0.118**	0.017	0.023
	(1.271)	(0.256)	(0.108)	(0.056)	(0.017)	(0.084)
second	−0.030	−0.115	−0.031	0.013	−0.024***	0.002
	(0.283)	(0.089)	(0.036)	(0.021)	(0.005)	(0.025)
Constant	−128.194***	−20.717***	−27.766***	−5.058***	−0.795**	−15.941***
	(18.833)	(5.160)	(2.557)	(1.428)	(0.343)	(2.039)
时间固定效应	控制	控制	控制	控制	控制	控制
城市固定效应	控制	控制	控制	控制	控制	控制
Observations	119.000	312.000	191.000	336.000	336.000	130.000
R^2	0.928	0.934	0.8900	0.901	0.905	0.949

四 不同类型国际人才流入对城市技术创新能力的影响

考虑到流入的国际人才包含不同的类型，为了进一步分析不同类型的国际人才是否对城市创新能力存在不同的促进作用，这里还将总样本分别根据是否获取学历学位证书和是否获取中国政府奖学金①，分为学历留学生组、非学历留学生组和获得中国政府奖学金留学生组、自筹经费留学生组进行子样本分析，表10-4中汇报了不同类型国际人才流入影响城市创新能力的回归结果。回归结果显示，无论是学历留学生组、非学历留学生组还是获得中国政府奖学金留学生组或是自筹经费留学生组，均对城市创新能力的提升有显著的促进作用。

---

① 为了促进中国与世界各国在各个领域的交流与合作，中国政府于20世纪50年代开始设立中国政府奖学金政策，用于资助世界各国学生、学者到中国高等学校学习和研究，由中华人民共和国教育部委托中国国家留学基金管理委员会，负责招生和中国政府奖学金项目的管理。中国政府奖学金按学生类别分为本科生奖学金、硕士研究生奖学金、博士研究生奖学金，汉语进修生奖学金、普通进修生奖学金和高级进修生奖学金。中国政府奖学金分为全额奖学金和部分奖学金，全额奖学金包括学费减免、免住宿费、每月固定的生活津贴以及与中国学生同等的公费医疗服务等，部分奖学金则涵盖全额奖学金中的一个或几个项目。

表 10-4　不同类型国际人才流入影响城市创新能力的回归结果

	（1）	（2）	（3）	（4）
	学历留学生	非学历留学生	奖学金留学生	自费留学生
dip_st	0.139 ***			
	（0.013）			
$nondip\_st$		0.095 ***		
		（0.011）		
sch_st			0.579 ***	
			（0.053）	
$self\_st$				0.064 ***
				（0.007）
eco	0.013 ***	0.012 ***	0.013 ***	0.012 ***
	（0.001）	（0.001）	（0.001）	（0.001）
$open$	0.210 ***	0.224 ***	0.157 ***	0.227 ***
	（0.040）	（0.041）	（0.040）	（0.041）
$human$	0.299 ***	0.306 ***	0.306 ***	0.303 ***
	（0.012）	（0.0128）	（0.0127）	（0.013）
pop	0.050 ***	0.047 ***	0.051 ***	0.048 ***
	（0.006）	（0.006）	（0.006）	（0.006）
fix_invest	0.087	0.134 *	0.030	0.126 *
	（0.074）	（0.075）	（0.074）	（0.075）
$second$	−0.019	−0.023	−0.030	−0.020
	（0.025）	（0.026）	（0.025）	（0.025）
$Constant$	−14.413 ***	−14.836 ***	−14.085 ***	−14.751 ***
	（1.438）	（1.449）	（1.434）	（1.445）
时间固定效应	控制	控制	控制	控制
城市固定效应	控制	控制	控制	控制
$Observations$	3360	3360	3360	3360
R^2	0.672	0.669	0.673	0.670

第三节　稳健性检验

一　利用专利申请数据替换创新能力指数进行分析

为了对上述实证研究结果进行进一步的稳健性检验，这里使用城市发明专利授权数据代替本章的被解释变量创新能力指数，尝试从另一个角度验证国际人才流入对城市创新能力的促进效应。表 10-5 汇报了国际人才流入影响城市发明专利授权数量的回归结果。根据回归结果可以发现，不论是从发明专利授权量总数的角度分析，还是从实用新型发明专利授权量，抑或外观发明专利授权量的角度分析，国际人才流入始终对城市的发明专利授权情况存在积极显著的影响。这一分析结果也与以后的相关研究结论相一致。正如 Partridge 和 Furtan (2008) 研究发现，来自发达国家的高技能移民增加了在加拿大各省的专利申请数量，研究结果显示，具有足够水平的语言能力的移民每增加 10%，能够促进加拿大省级专利流量增加 7.3%，尤其具有西欧和北美背景的移民更容易产生这种影响，这也突出了语言沟通能力的重要性，以及移民与本地人之间的互补性。

表 10-5　　国际人才流入影响城市专利授权的回归结果

	（1）	（2）	（3）
	发明专利授权量总数	实用新型专利授权量	外观发明专利授权量
fore_stu	0.019 ***	0.040 ***	0.044 **
	（0.003）	（0.007）	（0.021）
eco	0.004 ***	0.014 ***	0.015 ***
	（0.000）	（0.001）	（0.002）
open	0.115 ***	−0.092	−1.148 ***
	（0.033）	（0.069）	（0.222）

	（1）	（2）	（3）
	发明专利授权量总数	实用新型专利授权量	外观发明专利授权量
human	0.231***	0.252***	−0.160***
	(0.009)	(0.019)	(0.060)
pop	0.053***	0.121***	0.083***
	(0.004)	(0.008)	(0.024)
fix_invest	0.049	−0.109	−0.293
	(0.034)	(0.073)	(0.234)
second	−0.008	−0.128***	−0.262***
	(0.012)	(0.026)	(0.083)
Constant	−12.623***	−15.272***	9.098*
	(0.760)	(1.610)	(5.156)
时间固定效应	控制	控制	控制
城市固定效应	控制	控制	控制
Observations	2781	2781	2781
R^2	0.737	0.781	0.174

二 考虑空间溢出效应的空间计量分析

Maré 等（2010）使用新西兰企业发布的创新活动调查报告（包括产品创新和流程创新）来检验创新活动与移民的出现之间的联系，研究发现，移民与创新之间的联系存在于广阔的空间范围（如劳动力市场区域），而不是当地的社区水平。Kerr（2010）也利用 1990 年《移民法》在美国引起的科学家和工程师的移民潮，以此来识别移民对美国创新活动在水平和空间格局方面的影响。

因此，考虑到城市之间的创新活动可能存在一定的空间溢出效应（Spatial Spillovers），本章进一步引入空间计量模型，以此来考察城市创新能力在城市之间的空间溢出效应，本章分别采用了三种不同的空间计量模型来测度城市间创新活动及其影响因素之间可能存在的空间溢出效应，即空间自回归模型（SAR）、空间误差模型（SEM）和空间杜宾模型（SDM），计量模型设定分别如下：

空间自回归模型：

$$\text{Inn}ov_{ijt} = \alpha + \rho W Innov_{ijt} + \beta fore\_stu_{jt} + \gamma CV_{ijt} + \mu_i + \tau_t + \varepsilon_{ijt} \tag{10-2}$$

空间误差模型：

$$\text{Inn}ov_{ijt} = \alpha + \beta fore\_stu_{jt} + \gamma CV_{ijt} + \mu_i + \tau_t + \varepsilon_{ijt}$$

$$\varepsilon_{ijt} = \varphi W \varepsilon_{ijt} + \zeta$$

$$\zeta \sim N(0, \sigma^2 I_n) \tag{10-3}$$

空间杜宾模型：

$$\text{Inn}ov_{ijt} = \alpha + \rho W Innov_{ijt} + \beta fore\_stu_{jt} + \delta W fore\_stu_{jt} + \gamma CV_{ijt} + \theta W CV_{ijt} + \mu_i + \tau_t +$$
$$\varepsilon_{ijt} \tag{10-4}$$

其中，W 表示一个 $n \times n$ 的空间权重矩阵，ρ 为空间自回归系数，表示内生交互效应，反映的是被解释变量的空间溢出效应，δ 和 φ 为待估参数，表示外生交互效应，即分别为解释变量和误差项的空间溢出效应，ε_{ijt} 为随机误差项。

同时，为了对城市间的空间溢出效应进行考察，本章构建如下空间权重矩阵：以 Queen 相邻来定义两个城市的"邻居"关系，并使用 GeoDa 软件创建空间距离权重矩阵 W。

表 10-6 汇报了空间计量模型的回归结果，列（1）至列（3）分别为空间自回归模型（SAR）、空间误差模型（SEM）和空间杜宾模型（SDM）的分析结果。可以看出，一个城市的创新指数并未对其邻近城市创新指数产生显著的影响。但是，从空间杜宾模型可以发现，国际人才流入规模对本城市创新能力的提升有显著的正面影响，但是对邻近城市却存在显著的负面影响，这说明城市之间在吸引国际人才方面存在一定的竞争效应。关于其他影响因素，城市经济发展水平和人力资本水平对本地城市和邻近城市的技术创新能力的提升都存在显著的积极作用；城市人口规模对本地城市技术创新能力的提升存在显著的积极作用，但对邻近城市却存在显著的负面影响；固定资产投资水平对本地城市技术创新能力的提升没有显著的影响，但对邻近城市却存在显著的正面影响。

表 10-6 空间计量模型的回归结果

	（1） SAR	（2） SEM	（3） SDM
fore_ stu	0. 058 ***	0. 057 ***	0. 083 ***
	（0. 007）	（0. 007）	（0. 008）
eco	0. 013 ***	0. 013 ***	0. 012 ***
	（0. 001）	（0. 001）	（0. 001）
open	0. 292 ***	0. 293 ***	0. 280 ***
	（0. 048）	（0. 047）	（0. 047）
human	0. 278 ***	0. 278 ***	0. 278 ***
	（0. 011）	（0. 011）	（0. 011）
pop	0. 092 ***	0. 092 ***	0. 091 ***
	（0. 006）	（0. 006）	（0. 006）
fix_ invest	0. 153	0. 154 *	0. 098
	（0. 079）	（0. 079）	（0. 079）
second	−0. 009	−0. 009	0. 001
	（0. 023）	（0. 023）	（0. 023）
w_fore_ st			−0. 068 ***
			（0. 011）
w_ eco			0. 007 ***
			（0. 001）
w_ open			0. 048
			（0. 091）
w_ human			0. 050 *
			（0. 028）
w_ pop			−0. 029 **
			（0. 015）
w_fix_ invest			0. 394 ***
			（0. 134）
w_ second			−0. 038
			（0. 043）
spatial rho	−0. 019		−0. 041
	（0. 018）		（0. 026）
spatial lambda		−0. 011	
		（0. 027）	

续表

	（1）	（2）	（3）
	SAR	SEM	SDM
时间固定效应	控制	控制	控制
城市固定效应	控制	控制	控制
Observations	3692	3692	3692
R^2	0.541	0.541	0.546

　　为了进一步选择最佳空间模型，我们进一步分别在空间杜宾模型与空间自回归模型，以及空间杜宾模型与空间误差模型之间进行似然比（LR）检验，检验结果显示，空间杜宾模型是最合适的模型，表10-7的列（1）至列（3）分别汇报了空间杜宾模型的直接效应、间接效应和总效应的估计结果。国际人才流入规模的直接效应为0.084，且在1%的水平下显著，总效应为0.016，在10%的水平下显著，即国际人才流入规模越大，城市创新水平越高。同时，间接效应为-0.068，且在1%的水平下显著，这说明如果有更多的国际人才流入周边，会对当地城市的创新水平产生一定的负面影响。

表10-7　　　　　　　　空间杜宾模型的效应分解

	（1）	（2）	（3）
	直接效应	间接效应	总效应
fore_stu	0.084***	-0.068***	0.016*
	（0.008）	（0.010）	（0.009）
eco	0.012***	0.006***	0.018***
	（0.000）	（0.001）	（0.001）
open	0.284***	0.036	0.320***
	（0.045）	（0.086）	（0.090）
human	0.278***	-0.060**	0.219***
	（0.011）	（0.025）	（0.026）
pop	0.091***	-0.031**	0.060***
	（0.006）	（0.014）	（0.015）

续表

	（1）	（2）	（3）
	直接效应	间接效应	总效应
fix_invest	0.098	0.359***	0.457***
	(0.078)	(0.123)	(0.144)
second	0.001	−0.033	−0.032
	(0.024)	(0.042)	(0.047)

第四节　内生性处理

　　为了进一步验证上述结果的稳健性，为了避免由于解释变量与随机扰动项相关导致参数估计不一致情况的出现，在双固定效应模型下，本章还采用工具变量二阶段最小二乘法（IV-2SLS）进行回归。首先，使用 Hausman 检验来确定模型是否存在内生性，检验结果显示 P 值为 0.0000，即模型存在内生性问题，这意味着普通最小二乘法估计的结果可能是有偏的；考虑到选择工具变量的两个条件分别是：第一，工具变量应与内生变量相关，第二，工具变量与残差项不相关。因此，这里选择解释变量的滞后一期作为内生变量的工具变量，工具变量在 14 个模型中都通过了相关性检验，一方面，第一阶段的回归结果显示工具变量与内生变量之间是强相关的；另一方面，关于第一阶段中的 F 统计量，总样本模型中 F 统计量为 3994.520，14 个模型中 F 统计量最小值也为 72.770。根据一个经验规则，只要 F 统计量大于 10，则不必担心弱工具变量问题。因此，这里选择的工具变量是一个较好的工具变量。

　　表 10-8 至表 10-9 的回归结果显示，在使用工具变量方法进行回归时，无论是显著性还是得到的系数符号，都没有改变本章的核心结论，因此，有理由认为上述结论是稳健可靠的。

表10-8　工具变量法回归结果1（2SLS）

	（1）总样本	（2）超大城市	（3）特大城市	（4）大城市	（5）京津冀城市群	（6）长三角城市群	（7）成渝城市群	（8）长江中游城市群	（9）中原城市群	（10）关中平原城市群
$L.fore\_st$	0.084***	0.624***	-0.003	-0.023	0.241*	-0.000	1.392***	0.001	0.008***	-0.036
	(0.007)	(0.126)	(0.059)	(0.018)	(0.137)	(0.017)	(0.145)	(0.007)	(0.003)	(0.026)
eco	0.012***	-0.030***	0.010***	0.016***	-0.008*	0.016***	-0.006***	0.019***	0.010***	0.014***
	(0.001)	(0.011)	(0.003)	(0.001)	(0.003)	(0.001)	(0.001)	(0.001)	(0.001)	(0.002)
$human$	0.301***	0.003	0.297***	-0.033	0.963***	0.120***	0.570***	0.047**	0.047***	0.568***
	(0.013)	(0.102)	(0.034)	(0.022)	(0.221)	(0.012)	(0.062)	(0.022)	(0.011)	(0.071)
$open$	0.246***	-1.841	0.083	0.198*	1.245	0.707***	0.206**	-0.011	0.033**	-0.020
	(0.041)	(2.796)	(0.333)	(0.113)	(0.786)	(0.141)	(0.097)	(0.060)	(0.016)	(0.041)
fix_invest	0.144*	3.038	2.999***	-0.560***	0.422	-0.388	0.052	0.118**	0.017	0.028
	(0.075)	(8.581)	(0.814)	(0.182)	(1.377)	(0.260)	(0.110)	(0.056)	(0.017)	(0.085)
pop	0.048***	0.180**	-0.011	0.023	0.150***	0.077***	0.070***	0.007	0.004	0.057***
	(0.006)	(0.074)	(0.012)	(0.017)	(0.031)	(0.011)	(0.008)	(0.009)	(0.004)	(0.018)

续表

	(1) 总样本	(2) 超大城市	(3) 特大城市	(4) 大城市	(5) 京津冀城市群	(6) 长三角城市群	(7) 成渝城市群	(8) 长江中游城市群	(9) 中原城市群	(10) 关中平原城市群
second	-0.021	-2.563	-0.840***	-0.073	0.066	-0.135	-0.040	0.014	-0.024***	0.007
	(0.025)	(1.664)	(0.293)	(0.081)	(0.304)	(0.090)	(0.036)	(0.021)	(0.005)	(0.027)
Constant	-24.907***	125.472	-0.269	-6.949	-142.322***	-23.852***	-92.470***	-8.962***	-1.285***	-17.497***
	(1.734)	(182.236)	(18.134)	(7.670)	(21.614)	(6.388)	(8.655)	(1.773)	(0.383)	(2.218)
时间固定效应	控制	控制	控制	控制	控制	控制	控制	控制	控制	控制
城市固定效应	控制	控制	控制	控制	控制	控制	控制	控制	控制	控制
F统计量	3994.520	72.770	201.250	217.950	79.760	772.200	7419.360	2727.360	306.370	130.770
Observations	3348.000	71.000	108.000	156.000	119.000	312.000	191.000	336.000	336.000	130.000

表 10-9   **工具变量法回归结果 2（2SLS）**

	（11）	（12）	（13）	（14）
	学历留学生	非学历留学生	奖学金留学生	自费留学生
dip_st	0.180 ***			
	（0.014）			
$nondip\_st$		0.127 ***		
		（0.013）		
sch_st			0.640 ***	
			（0.055）	
$self\_st$				0.085 ***
				（0.007）
eco	0.012 ***	0.012 ***	0.013 ***	0.0120 ***
	（0.001）	（0.001）	（0.001）	（0.001）
$human$	0.297 ***	0.305 ***	0.306 ***	0.302 ***
	（0.013）	（0.013）	（0.013）	（0.013）
$open$	0.224 ***	0.245 ***	0.158 ***	0.247 ***
	（0.040）	（0.041）	（0.040）	（0.041）
fix_invest	0.098	0.161 **	0.028	0.149 **
	（0.075）	（0.076）	（0.076）	（0.075）
pop	0.050 ***	0.047 ***	0.051 ***	0.048 ***
	（0.006）	（0.006）	（0.006）	（0.006）
$second$	−0.018	−0.023	−0.032	−0.020
	（0.025）	（0.026）	（0.025）	（0.026）
$Constant$	−24.947 ***	−23.649 ***	−22.494 ***	−24.421 ***
	（1.723）	（1.740）	（1.684）	（1.736）
时间固定效应	控制	控制	控制	控制
城市固定效应	控制	控制	控制	控制
F 统计量	9929.750	1474.750	4097.750	3572.820
$Observations$	3348.000	3348.000	3348.000	3348.000

第五节　门槛效应检验

　　关于门槛模型的构建，第九章已经进行了详细的介绍，在此不再赘述。考虑到不同城市之间可能在地理位置、基础设施以及教育水平等方面存在较大的差异，而这些差异的存在很可能导致国际人才流入对城市技术创新能力的促进作用产生一定的差异，本章选择高等教育水平、城市地理面积、基础设施水平以及城市蔓延指数作为门槛变量。这里使用高等学校在校生人数占总人口的比重来衡量一个城市的高等教育水平，城市地理面积即为中国城市统计年鉴中提供的城市的实际面积，使用城市的人均道路面积来衡量城市的基础设施水平，城市蔓延指数通过计算得到。[①]

这里基于回归模型（10-1），分别设定单一门槛模型、双重门槛模型和三重门槛模型，具体如下：

$$\text{In}nov_{it} = \beta_1 + \beta_2 fore\_stu_{jt} \times I(q_{it} \leq \varphi) + \beta_3 fore\_stu_{jt} \times I(q_{it} > \varphi) + \beta_C CV_{it} +$$
$$\mu_i + \tau_t + \varepsilon_{it} \qquad (10-5)$$

$$\text{In}nov_{it} = \gamma_1 + \gamma_2 fore\_stu_{jt} \times I(q_{it} \leq \varphi) + \gamma_3 fore\_stu_{jt} \times I(\varphi_1 < q_{it} < \varphi_2) + \gamma_4 fore$$
$$\_stu_{jt} \times I(q_{it} > \varphi_2) + \gamma_C CV_{it} + \mu_i + \tau_t + \varepsilon_{it} \qquad (10-6)$$

$$\text{In}nov_{it} = \theta_1 + \theta_2 fore\_stu_{jt} \times I(q_{it} \leq \varphi) + \theta_3 fore\_stu_{jt} \times I(\varphi_1 < q_{it} < \varphi_2) + \theta_4 fore$$
$$\_stu_{jt} \times I(\varphi_2 < q_{it} < \varphi_3) + \theta_5 fore\_stu_{jt} \times I(q_{it} > \varphi_3) + \theta_C CV_{it} + \psi_i + \delta_t +$$
$$\zeta_{it} \qquad (10-7)$$

其中，i 表示城市，j 表示省份，t 表示时间，Innov 为被解释变量，指各城市的创新力指数，$fore\_stu$ 表示受门槛变量影响的核心解释变量，CV 表示其他控制变量，q_{it} 为门槛变量。

一　门槛检验

由于选择了四个门槛变量，所以这里首先应对两个模型进行门槛效果检验，从而确定门槛的个数，进而确定具体的模型形式。该部分分别对高等教育水平、城市地理面积、基础设施水平以及城市蔓延指

---

① 借鉴现有研究（Fallah et al.，2011），这里采用如下方法计算城市蔓延指数：$SA_i = 0.5 \times (LA_i - HA_i) + 0.5$，其中，$SA$ 代表城市 i 的蔓延程度，LA 为城市化区中人口密度低于全国平均值的区域面积，占该市总面积（包括非城市化区域）的比重，HA 则为市区内高于全国平均密度的区域面积占整个地级市的面积比重。该指数的取值在（0，1）之间，值越接近1，城市蔓延程度越高。相比此前用平均密度衡量城市蔓延的方法，这一指数没有将城市人口看作"铁板一块"的整体，而是把握了其细分区域的差异，避免了城市某块区域密度异常高（或异常低）对总体密度的扰动，对蔓延的测量更精确。一个城市内的低密度区域比重提高，会使 SA 值上升，代表着更高的蔓延水平与更低的土地利用强度。

数在不存在门槛、存在单门槛、存在双门槛以及存在三个门槛的假设下进行估计，表10-10汇报了F统计量和采用自抽样法（Bootstrap）得到的P值。

表 10-10 门槛效果检验

门槛变量	模型	F 值	P 值	临界值		
				1%	5%	10%
高等教育水平	单一门槛	233.220**	0.020	342.050	73.571	50.208
	双重门槛	201.430***	0.007	86.473	57.162	45.807
	三重门槛	110.200	0.487	379.260	314.260	261.300
城市地理面积	单一门槛	758.220***	0.000	137.160	73.211	49.759
	双重门槛	46.970	0.157	269.770	120.830	71.436
基础设施水平	单一门槛	316.910***	0.000	86.800	54.746	44.764
	双重门槛	819.000***	0.000	126.560	63.710	46.429
	三重门槛	185.670**	0.027	257.010	128.02	72.536
城市蔓延指数	单一门槛	146.590***	0.007	109.410	63.040	36.638
	双重门槛	1008.200***	0.000	149.720	57.631	36.941
	三重门槛	95.850	0.283	332.260	157.880	131.250

表10-10的门槛检验结果显示，高等教育水平的单一门槛效应和双重门槛效应分别通过了5%水平下和1%水平下的显著性检验，但三重门槛效应未通过检验，说明研究样本存在两个门槛值；城市地理面积仅有单一门槛效应通过了1%水平下的显著性检验，说明这里存在一个门槛值；基础设施水平的单一门槛效应和双门槛效应均通过了1%的显著性水平检验，三重门槛效应通过了5%水平下的显著性检验，说明在研究样本中有三个门槛值；城市蔓延指数单一门槛效应和双门槛效应均通过了1%的显著性水平检验，但三重门槛效应并未通过检验，说明这里有两个门槛值。在表10-11中列出了各门槛的估计值和相应的95%的置信区间。

表10-11　门槛值估计和置信区间

		门槛值 $\hat{\gamma}_1$		门槛值 $\hat{\gamma}_2$		门槛值 $\hat{\gamma}_3$	
		估计值	95%置信区间	估计值	95%置信区间	估计值	95%置信区间
高等教育水平	单一门槛	0.004	[0.034, 0.034]				
	双重门槛	0.034	[0.034, 0.034]	0.032	[0.032, 0.033]		
城市地理面积	单一门槛	7399.000	[7086.000, 7418.000]				
	单一门槛	8.100	[7.9800, 8.130]				
基础设施水平	双重门槛	7.640	[7.320, 7.700]	7.500	[7.385, 7.570]		
	三重门槛	7.640	[7.320, 7.700]	7.500	[7.385, 7.570]	8.240	[6.780, 8.280]
城市蔓延指数	单一门槛	0.421	[0.419, 0.422]	0.417	[0.416, 0.418]		
	双重门槛	0.420	[0.414, 0.420]				

二　模型的参数估计结果

（一）高等教育水平

高等教育水平对城市技术创新能力的影响呈现双门槛特征。根据表 10-12 列（1）的估计结果，可以看出，在高等教育水平低于 0.032 时，国际人才流入规模对城市创新能力的弹性系数为 0.065，当跨越第一个门槛值以后，影响系数上升为 0.164，但是随着第二个门槛的跨越，即当高等教育水平大于 0.034 时，其影响系数则下降为 0.032。这说明当高等教育水平较低时，国际人才流入对城市的创新效应并没有完全发挥出来，因此在一定范围内，随着高等教育水平的不断提升，国际人才的创新效应不断增强，但是高等教育水平的进一步发展需要更多的教育投资，这可能在一定程度上挤占了城市的研发投资，从而导致其创新效应又有所减弱。

（二）城市地理面积

城市地理面积对城市创新能力的影响则呈现单一槛特征。根据表 10-12 列（2）的估计结果，可以看出，当城市地理面积值小于或等于 7399.000 时，国际人才流入规模对城市创新指数的弹性系数为 0.008，但并没有通过显著性检验，随着城市地理面积跨过 7399.000 这一门槛值后，其对城市创新指数的弹性系数为 0.279，且通过了 1% 水平下显著性检验。由此可见，大城市的规模更加有利于国际人才创新效应的发挥。

（三）基础设施水平

基础设施水平对城市创新能力的影响呈现出双门槛特征。根据表 10-12 列（3）的估计结果，可以看出，当基础设施水平低于 7.500 时，国际人才流入规模对城市创新能力的弹性系数为 0.031，当跨越第一个门槛值以后，影响系数上升为 0.241，但是随着第二个门槛的跨越，即当基础设施水平大于 7.640 时，其影响系数则下降为 0.073，但依旧显著，最后跨越第三个门槛值 8.240 以后，系数则未通过显著性检验。这说明在一定范围内，提高城市的基础设施水平能够有效地促进国际人才流入对城市的创新效应。

（四）城市蔓延指数

城市蔓延指数对城市创新能力的影响呈现出双门槛特征。根据表10-12列（4）的估计结果，可以看出，当城市蔓延指数小于或等于0.417时，国际人才流入规模对城市创新能力的弹性系数为0.037，当跨越第一个门槛值以后，影响系数上升为0.225，但是随着第二个门槛的跨越，影响系数下降为0.012，且只通过10%水平下的显著性检验。这一结果说明，适当程度的城市蔓延对国际人才创新效应的发挥有积极的促进作用。

此外，从表10-12的列（1）至列（4）还可以发现，无论是哪个模型，其 R^2 的值较总样本回归中的0.672相比，均有不同程度的提升，这也说明了在门槛效应模型下的拟合度比线性估计的更优。

表 10-12　　　　　　门槛效应模型的参数估计结果

	（1）	（2）	（3）	（4）
	高等教育水平	城市地理面积	基础设施水平	城市蔓延指数
*fore_stu*1	0.065***	0.008	0.031***	0.037***
	(0.008)	(0.007)	(0.007)	(0.006)
*fore_stu*2	0.164***	0.279***	0.241***	0.225***
	(0.009)	(0.011)	(0.008)	(0.008)
*fore_stu*3	0.032***		0.073***	0.012*
	(0.007)		(0.007)	(0.007)
*fore_stu*4			0.007	
			(0.006)	
eco	0.013***	0.015***	0.014***	0.014***
	(0.001)	(0.001)	(0.001)	(0.001)
open	0.188***	0.150***	0.140***	0.151***
	(0.040)	(0.038)	(0.035)	(0.036)
human	0.322***	0.222***	0.208***	0.222***
	(0.013)	(0.013)	(0.011)	(0.012)
pop	0.056***	0.068***	0.055***	0.050***
	(0.007)	(0.006)	(0.006)	(0.006)

续表

	（1）	（2）	（3）	（4）
	高等教育水平	城市地理面积	基础设施水平	城市蔓延指数
fix_invest	0.122	0.085	0.020	0.032
	（0.086）	（0.083）	（0.075）	（0.079）
second	−0.055*	−0.024	−0.050**	−0.036
	（0.029）	（0.028）	（0.025）	（0.026）
Constant	−15.848***	−15.675***	−12.347***	−12.948***
	（1.688）	（1.607）	（1.467）	（1.521）
时间效应	控制	控制	控制	控制
城市固定效应	控制	控制	控制	控制
Observations	2688.000	2688.000	2688.000	2676.000
R^2	0.759	0.778	0.817	0.805

第六节　本章小结

　　本章使用中国城市创新指数来分析国际人才流入对城市创新活动的影响，选取 2001—2013 年 284 个城市的面板数据作为研究样本。研究发现，国际人才的流入确实对城市创新能力的提升存在显著的促进作用，但对不同规模城市的影响存在显著的差异，即国际人才流入对超大城市的创新能力存在显著的促进作用，而对特大城市和大城市的创新能力没有显著的影响；同时，国际人才流入对处于不同城市群的城市创新能力影响也存在差异，即对京津冀城市群、成渝城市群以及中原城市群的城市创新能力存在显著的促进作用，其中成渝城市群的促进作用最为显著，而对长三角城市群、长江中游城市群以及关中平原城市群地区受到国际人才流入的影响并不显著。

　　本章还通过使用城市发明专利授权数据代替本章的被解释变量创新能力指数，从另一个角度验证国际人才流入对城市创新能力的促进效应；同时，考虑到城市之间的创新活动可能存在一定的空间溢出效应，进一步引入空间计量模型，分别采用了空间自回归模型（SAR）、空间误差模型（SEM）和空间杜宾模型（SDM）三种不同的空间计量模型来测度城市间创新活动及其影响因素之间可能存在的空间溢出效应。研究发现，一个城市的创新指数并未对其邻近城市创新指数产生显著的影响，而国际人才流入规模对本城市创新能力的提升有显著的正面影响，但是对邻近城市却存在显著的负面影响，这说明城市之间在吸引国际人才方面存在一定的竞争效应。

考虑到不同城市之间可能在地理位置、基础设施以及教育水平等方面存在较大的差异，而这些差异的存在很可能导致国际人才流入对城市创新能力的促进作用产生一定的差异，本章还选择高等教育水平、城市地理面积、基础设施水平以及城市蔓延指数作为门槛变量，进行门槛效应检验。分析发现，国际人才流入对城市创新能力的影响的确存在显著的门槛效应，并且在门槛效应模型下的拟合度比线性估计的更优。

第十一章

研究结论与政策建议

本章在对本书研究的内容进行总结的基础上，借鉴主要发达国家吸引国际人才和推动技术进步的宝贵经验，并在此基础上将"他山之石"与我国国际人才流入现状相结合，分别从国家层面、地方层面以及高校层面提出切实可行的相关吸引国际人才的政策建议。在客观陈述本书不足之处的基础上，进一步指出未来研究的可行方向。

第一节　研究结论

本书通过对国际人才、技术溢出等相关概念的界定，以及对与国际人才流动和技术进步相关的国内外文献的梳理和归纳总结，首先，从理论层面剖析和阐释国际人才流入促进中国技术进步和创新的四个重要机制，即国际人才流入与人力资本累积、国际人才流入与外商直接投资、国际人才流入与对外直接投资以及国际人才流入与多元文化创新。其次，本书在基于留学视角对我国国际人才流入的现状进行分析的基础上，依次检验了国际人才流入对我国人力资本累积、外商直接投资和对外直接投资的促进效应。最后，本书通过实证分析深入探讨了国际人才流入对我国全要素生产率和城市层面创新能力的影响。本书得到的主要结论如下。

第一，国际人才流入规模的增加可以显著地促进地区人力资本的积累，但这种促进作用存在一定的区域差异。随着国际人才流入规模的增加，从全国整体上看，可以显著促进地区人力资本的累积；从流入国际人才不同类型的角度来看，除奖学金留学生外，学历留学生，非学历留学生，以及自费留学生均对人力资本积累有显著的促进作用；从国际人才流入区域不同的角度来看，在东部地区，不论是学历留学生、非学历留学生，还是获得政府奖学金留学生、自费留学生，国际人才流入均对人力资本积累没有显著的促进作用，在中部地区，除获得政府奖学金留学生外，国际人才流入对人力资本积累有显著的促进作用，在西部地区，国际人才流入对人力资本积累的促进作用主要体现在学历留学生上。

第二，国际人才流入能够显著促进地区外商直接投资水平的提升。从整体上看，以国际留学生为代表的国际人才流入提高了全国各省份及部分热点经济区域吸引 FDI 的能力，但国际人才流入对 FDI 区位分布的影响在不同的经济区域存在一定的差异，主要体现在国际人才的流入对长三角地区 FDI 的增长无显著的促进作用，但对环渤海地区以及西部地区的影响则较为显著，其中以环渤海地区的影响最为明显。进一步研究还发现，国际人才流入能够通过降低企业经营环境缺失和地理集聚水平低下的负面影响间接促进 FDI 水平的提升。国际人才的流入与企业经营环境因素之间存在某种替代效应，即如果能够吸引更多的国际人才在一定程度上可以弥补由于不良的企业经营环境所带来的负面影响；同样，国际人才的流入与地理集聚水平之间也存在这种替代效应，即吸引更多的国际人才在一定程度上可以弥补地理集聚水平的低下所带来的负面影响。

第三，国际人才流入能够有效推动中国对外直接投资。国际人才流入能够通过投资成本降低效应、投资风险规避效应以及人才瓶颈突破效应推动中国对外直接投资。然而，这一促进作用并不是一成不变的，一方面，当国际人才流入规模较大时，通过网络效应产生的投资风险规避效应会更加显著，因此对 OFDI 的促进作用更有效；而当人才流入规模较小时，由于网络效应难以形成，从而导致人才因素对 OFDI 的促进机制失灵。另一方面，当地理距离较近时，国际人才交流产生的文化壁垒降低效应会更加显著，因此对 OFDI 的促进作用更有效；而当地理距离过远时，由于文化壁垒阻碍作用的显著增加以及投资成本的迅速上升导致人才因素对 OFDI 的促进机制失灵。国际留学生规模的增加还可以在某种程度上抵消由于双边贸易缺失、两国经济发展水平相似以及东道国制度不健全所带来的负面影响，从而促进中国对外直接投资。此外，通过检验中国政府奖学金政策的有效性，本书还发现，通过奖学金等相关优惠政策带动来华留学规模的增加则会导致国际留学生因素对 OFDI 的促进效应失灵。

第四，国际人才流入能够显著促进地区全要素生产率的提升。研究发现，国际人才流入规模每增加 1%，全要素生产率变化指数将增加 0.006，且在 5% 水平下显著；其对技术进步变化指数影响为，国际人才流入规模每增加 1%，技术进步变化指数将增加 0.005，且在 5% 水平下显著；对技术效率变化指数则没有显著影响。进一步研究发现，国际人才对全要素生产率的促进效应更多地来自非学历留学生和自筹经费留学生人才。同时，使用地区 PM2.5 作为工具变量，采用工具变量二阶段最小二乘法（IV-2SLS）验证了研究结论的稳健性。此外，考虑到国际人才流入对全要素生产率的影响可能是非线性的，通过选择外商投资水平和市场化程度作为门槛变量进一步构建门槛回归模型分析发现，外商直接投资对全要素生产率的影响呈现单一门槛特征，市场化程度对全要素生产率的影响则呈现出双门槛特征。

第五，国际人才的流入能够显著促进城市层面创新能力的提升。但对不同规模城市的影响存在显著的差异，即国际人才流入对超大城市创新能力存在显著的促进作用，而对特大城市和大城市的创新能力没有显著的影响；同时，国际人才流入对处于不同城市群的城市创新能力影响也存在差异，即对京津冀城市群、成渝城市群以及中原城市群的城市创新能力存在显著的促进作用，其中成渝城市群的促进作用最为显著，而对长三角城市群、长江中游城市群以及关中平原城市群地区的影响并不显著。进一步引入空间计量模型分析发现，一个城市的创新指数并未对其邻近城市创新指数产生显著的影响，而国际人才流入规模对本城市创新能力的提升有显著的正面影响，但是对邻近城市却存在显著的负面影响，这说明城市之间在吸引国际人才方面存在一定的竞争效应。此外，选择高等教育水平、城市地理面积、基础设施水平以及城市蔓延指数作为门槛变量，进行门槛效应检验分析发现，国际人才流入对城市创新能力的影响的确存在显著的门槛效应，并且在门槛效应模型下的拟合度比线性估计更优。

第二节 政策建议

一 国家层面：制定国际人才战略，降低人才流动壁垒

（一）制定国际人才战略

由于国际留学人才对中国技术进步和创新具有重要的促进作用，政府应高度重视国际人才因素在提升中国技术创新中的重要作用，因此，国家层面上应积极制定吸引国际人才的相关优惠政策。

在吸引国际留学生人才方面，Raycbaudburi 等（2007）指出，人均 GDP、高等教育入学率和生活成本等因素会影响留学生的目标决策。因此，政府部门可以通过进一步扩大奖学金的覆盖范围和增设奖学金在各个地区的名额，从而吸引更多来自发达国家以及新兴发展中国家的人才。在制定和实施国际人才优惠政策的过程中，一方面，应逐步改变"一刀切"的政策现状（陆菁，2019），比如对不同层次不同专业的国际留学生人才应制定差异化的优惠配套政策措施，以促进我国高等教育服务贸易的全方位发展。另一方面，应注意发挥"中国政府奖学金"等留学生优惠政策的精准性。"精准施策"是习近平总书记在国内扶贫工作中提出的重要思想，这一策略同样适用于发展中国的留学教育，即中国政府在制定相关优惠政策时应视生源国的国情与经济水平状况进行"差别对待"，比如在优惠政策覆盖面上可以适当地向来自发展中国家的留学生人才倾斜，尽可能地为有需要的学生提供帮助，以此来吸引更多的优秀人才。此外，还可创设专门针对海外华人华侨子女来华留学的奖学金政策，他们将有助于传播中国的文化思想，并在中国与世界各国的对接中发挥出重要的桥梁作用。

同时，Gonzalez 等（2011）以伊拉斯谟项目（欧盟发起的一项高

等教育交流计划）为例分析了影响国际留学生流动的决定因素，得出除国家大小、大学世界排名、消费水平、官方语言等因素外，国家间的距离因素也是影响国际学生流动的重要因素之一。因此，政府在制定相关优惠政策时应更多地关注与中国邻近的国家或地区。比如，随着 2015 年 3 月《推动共建丝绸之路经济带和 21 世纪海上丝绸之路的愿景与行动》的发布，应抓住"一带一路"倡议实施的重大契机，增设针对"一带一路"沿线国家留学生的优惠政策，从而吸引更多来自新兴发展中国家的人才，如 2016 年 8 月，中国教育部提出将设立"丝绸之路"中国政府奖学金，在未来 5 年里，每年资助 1 万名沿线国家新生来华学习或研修。

此外，还应不断完善国际留学生来华的一系列配套支持政策。目前，我国已先后出台一些政策，例如，2010 年制订《留学中国计划》、2014 年提出"来华留学与出国留学并重"指导思想以及 2017 年解除多项外国留学生在华工作限制等。我国在未来还可考虑适当放宽留学生在华打工和实习的相关限制，对于有突出科研成果的留学生予以优待。此外，我国政府还应当进一步完善和改进在华留学生的管理制度，例如留学生的医疗保险、勤工俭学、就业指导等相关问题的管理办法，通过提供优质的留学生服务在世界树立良好的口碑，从而吸引更多国际优秀留学生人才，不断促进我国技术进步和创新。

当然，国际人才的内涵并不仅仅局限于留学生，因此，中国在下一步的开放过程中还应重视除留学人才以外的各类国际人才的引进，实现从利用外部市场到利用外部智力的转变。积极引进国外的高端人才，比如政府在 2008 年推出的"外专千人计划"，通过从发达国家和新兴发展中国家大规模引进各类高端人才，从而不断提升我国的科技研发能力，同时通过构建强大的国际人才网络，帮助我国吸引更多的国际优秀人才（Beine et al., 2014），从而更好地推动中国的技术进步与创新发展。

大力推动中国各类人才合作项目的多元化发展。中国政府在设立各类外国留学生项目时应兼顾制定面向各类外国专家学者的一些高端人才项目，注重国际人才结构的均衡发展。比如，通过开展一些专门针对世界各国政府官员和社会精英的高端培养项目，进一步增强各个国家精英群体对中国文化的认同感。如美国的"富布莱特项目"（Fullbright Program）已与160多个国家和地区签订合作协议，据美国国务院教育文化局统计，包括"富布莱特项目"在内的美国国际学术交流项目中有395位项目成员成为各国国家或政府首脑，21位成员成为国际组织负责人，77位成员成为诺贝尔奖获得者。高端人才和领袖对中国文化的理解和认同，有助于我国吸引更多的国际人才，并且这种合作培养方式也有助于为中国创造一个宽松的外部环境。

（二）降低国际人才流动壁垒

一方面，政府应该通过多方面措施，不断降低文化语言壁垒。国际人才流入促进中国技术进步与创新的重要机制之一是多元文化创新效应，而语言障碍或是文化差异所导致的文化距离，会对这种创新效应产生负面影响。因此，政府应在国际上积极推广汉语教学，同时传播中国文化。比如，孔子学院（Confucius Institute）则为汉语国际推广和中国文化传播做出了巨大的贡献。截至2018年年底，我国已在154个国家和地区累计建立548所孔子学院和1193个中小学孔子课堂，注册学员人数达210万人。① 孔子学院主要职责包括汉语教学、汉语教师培训、中国教育与文化信息咨询、举办中外语言文化交流活动等。因此，政府应当借力于海外孔子学院，通过海外孔子学院的汉语教学来破除语言障碍，并通过孔子学院加大对我国文化的宣传，让更多的外国学生和学者更好地了解中国文化的博大精深，增强我国文化的吸引力。此外，我国政府还可以通过孔子学院举行教育展览、来华留学咨询服务以及奖学金申请辅助、高端人才优惠政策等，促进外国学生和专家对我国留学教育和人才引进政策的了解，从而吸引更多的国际优秀人才。另外，中国政府在推广中国文化的同时，也应适当鼓励高技术、高层次人才"走出去"，只有通过国家间人才的交流和政治的共识，才能更好地促进文化的融合。

另一方面，政府应该不断优化签证服务。以加拿大为例，2016年

---

① https：//baike.baidu.com/item/孔子学院/812632？fr=aladdin，2019年7月19日。

5 月，加拿大移民局（CIC）开放了新类型学习签证项目，即加拿大中学实验项目（Secondary Pilot Program）。该项目主要针对的是在华就读加拿大中学课程并计划申请去加拿大读 2010—2012 年级的中学生，为其提供更为简单的学生签证申请程序，同时简化了资金要求。中国政府也应该进一步加强各类签证服务，尤其是涉及国际留学生或国家需要的外国高层次人才和急需紧缺专门人才的相关签证，同时也可以考虑开放新类型的人才签证。同时，政府还应逐步放开移民政策，尤其是针对技术移民的相关政策。关于此前国际留学生毕业后不得在中国就业的情况，2017 年 1 月，人力资源社会保障部、外交部、教育部联合下发了《关于允许优秀外籍高校毕业生在华就业有关事项的通知》，拟允许在中国境内高校取得硕士及以上学位的外国留学生，以及在境外知名高校取得硕士及以上学位的外籍毕业生在华就业，为引进国际优秀人才进一步放宽了条件。在此基础上，还应该适当优化我国现有的人才优惠政策。以加拿大为例，留学生毕业后只要在加拿大有一年工作经验即可申请经验类移民。与此同时，还专门设立了一项招揽海外高端精英人才和企业家的创业移民计划，即海外企业家先向加拿大创业基金或投资公司申请对其创业计划的支持和资助，获立项批准后上报移民部提交企业家移民申请，之后赴加创建公司。中国政府也应该考虑采取类似的做法，吸引各国高技术人才来华工作。

二　地方层面：配套人才优惠政策，注重城市品牌建设

（一）配套人才优惠政策

首先，在吸引海外高层次人才方面，地方政府应积极配合中央政府，实施配套的高层次人才引进政策。比如，之前随着国家政府"外专千人计划"的实施，地方政府也配套推出了相应的"千人计划""百人计划"等，从而有效地吸引了大量的国际高层次人才来华工作。因此，地方政府应继续在配套优惠政策的推行上加大力度。如 2016 年 12 月，在公安部支持下上海科创中心建设出入境政策"新十条"正式实施，为吸引、留住海外人才创造了更好的政策条件和环境。2016 年 1 月，公安部推出支持北京创新发展的 20 项出入境政策，其中包括大力支持优秀外籍学子在中关村进行创业实习活动，对优秀外籍人士签证、入境出境、停留居留提供支持。2019 年深圳市则发布了《深圳市海外高层次人才奖励补贴及优惠政策（2019）》，该政策涵盖了奖励补贴、居留和出入境便利、落户、子女入学、配偶就业以及医疗保险等多方面的针对海外高层次人才的相关优惠政策，除提供丰厚的奖励补贴外，切实为海外人才来华工作解决了所有的后顾之忧。

其次，在针对国际留学生的奖学金政策方面，地方政府也应该在国家政府奖学金的基础上，提供相应的地方政府奖学金政策，从而不断优化我国的奖学金资助结构。以国家政策为纲领，各地方政府配合教育部和留学基金委设立多维度的奖学金和助学金，构建来华留学的多元化资助体系，例如江苏省政府设立"江苏省政府茉莉花奖学金"，南京市政府设立市级层面的"外国留学生奖学金"，为留学生的来华学习科研生活提供较为全面的基础物质保障。但奖学金的申请审核流程要按照教育部和留学基金委的指示严格把控，筛选出各方面都优秀的人才进行奖助学金资助鼓励，积极发挥奖学金的正向引领作用，利用多种途径和渠道，为国际留学生提供求学帮助。

地方政府在提供相应的地方政府奖学金的同时，还应积极调动社会各方的积极性，不断拓宽国际留学生获取奖助学金的渠道。比如，政府可以适当引导当地的大型企业参与到发展国际留学教育中来，为国际留学生设立专项奖助学金、提供相关专业的实习岗位等，这既可以为国际留学生提供一定的经济资助，同时还可以为企业提供所需的跨国人才，甚至还可以通过国际人才网络效应，帮助企业招募到需要的海外人才，从而达到"双赢"的结果。因此，地方政府可以通过进一步拓宽国际留学生奖助学金渠道，扩大奖助学金规模，为我国吸引更多优秀的海外学生来华发挥出积极的推动作用。

（二）注重城市品牌建设

地方政府应积极提高当地的经济发展水平和对外开放程度，同时注重地区或城市品牌的建设。所谓"城市品牌"，主要是指城市建设者分析、提炼、整合所属城市的独特人文地理要素禀赋，历史文化沉淀等个性化要素。尤其是一些拥有厚重的文化底蕴和丰富的历史遗迹的地区，更容易对国外留学生或海外高层次人才产生巨大吸引力。同时，地方政府还可以通过各种途径不断提高其对外开放程度。因为，影响国际留学生规模的因素主要包括经济发展水平、政治稳定程度、对外开放程度、环境、城市建设、文化氛围等因素（王金祥，2005；曲如晓等，2011）。

此外，地方政府还应该定期举办一系列的交流推广活动，在宣传地方或城市历史文化的同时，为国际留学生和海外高层次人才提供充足的留学和工作相关的资讯。同时，还可以鼓励当地企业举办一些针对国际留学生和海外高层次人才的专门招聘会，比如 2016 年 4 月，天津"津洽会"专门组织了一场京津冀外籍人才招聘会，为有意愿留华的国际学生提供找寻工作的渠道。

三　高校层面：提升大学国际声誉，优化人才培养模式

（一）提升大学国际声誉

大学的国际声誉是影响国际留学生流动的重要因素之一（Beine et al.，2014），因此高校也应进一步提高自身办学质量以及其国际知名度。高校应依托国家政策支持，并结合自身办学特色和资源优势，加强与国外高校的合作与交流，如通过与国际知名高校合作，加大国际化课程比重，制订高层次国际化人才培养计划，进一步提高自身办学质量及国际知名度，以增强我国高等教育的国际竞争力；并积极在国外与当地高校联合办学，采用联合培养的方式吸引生源，以提高国外知名度；同时，建立良好的师资队伍，吸引在国际上名声显赫的专家学者回国发展，充分做到以质取胜，不断提升我国的高等教育服务质量和国际化水平。从最新公布的 2020 "QS 世界大学排名来看"，共有 42 所中国高校入围，除排名最高的清华大学名列第 16 位外，还有 12 所高校也进入世界百强。

高校在不断提升国际声誉与教育水平的同时，本就承担着为国际留学生提供教育的重要使命，同时对留学生的学习生活情况也最为熟悉，因此还应当注重建设一个安全友好、包容开放的留学环境。为国际留学生创造较好的学习和生活环境，例如改善学生公寓、图书馆、教学多媒体设备、锻炼设施、实验室、网络环境等硬件条件，解决留学生学习生活的后顾之忧。另外，应努力构建一个包容开放的校园环

境，尽可能地将世界各地的文化元素融合在校园里，尽可能地向来自世界各地的国际留学生传递出所有师生的热情与友好，帮助他们更好地融入中国和融入校园的生活氛围。

（二）优化人才培养模式

高校应当注重教学软实力的提升，不断优化专业设置，为海外学生来中国留学提供更多的专业选择，并进一步优化留学生教育的课程体系设计；同时设立特色学科，突出学科优势，尝试打造享誉国际的知名学科。同时，为留学生提供更多的实习实践机会和学术交流机会，及时传递国际最先进的学术思想和成果，使我国高等院校的教育质量与国际前沿水平相接轨。另外，考虑到世界各国在宗教、语言以及文化传统等方面的巨大差异性，高校还应致力于"多语种"人才的培养，重视语言与文化对来华留学教育发展的重要促进作用。比如增设涉及不同国家的语言课程和历史文化课程。根据美国国际教育学会（Institute of International Education，IIE）2016 年发布的相关数据可知，中国已成为继美国和英国之后的全球第三大留学目的国。[①] 并且随着"一带一路"倡议的提出，沿线国家更是成为来华国际留学生的重要增长点。从 2004 年至 2016 年，来华国际留学生总数增长了近 3 倍，同期来自"一带一路"沿线国家留学生增长了 7 倍多，来华留学人数最多的 10 个国家有 7 个来自"一带一路"国家。因此，高校在吸引世界各国留学生来华学习的同时，应尽可能地吸引高质量的国际留学生。如适当提高国际留学生的入学门槛，建立留学生入学考核体系，同时制定合理的留学生教育质量评价标准，严格把控毕业生的质量管理。只有切实保证我国留学生的教育质量，才能不断提高我国高等教育的国际声誉，最终达到通过来华留学教育自身吸引更多的留学生的目的。

---

① New 2016 Project Atlas Trends and Global Data Factsheet，https：//www.iie.org/Researchand-Insights/Project-Atlas/Tools/Current-Infographics，2017 年 10 月 9 日。

第三节 未来的研究方向

随着经济全球化程度的不断加深，携带着新技术、新思想和具有较强创造力的国际人才跨国流动现象日益频繁。本书基于留学视角分析了国际人才流入对中国技术进步与创新的促进作用，主要关注的不是全部国际人才，而仅仅是国际留学生这一类人才，因此，本书还难以涵盖各种类型的国际人才可能产生的影响。综合国内外在近年来关于高技术移民与技术进步及创新之间关系的研究，并结合本书的不足之处，本书还有将来值得进一步研究和拓展的空间，主要体现在以下三个方面：

第一，由于本书是基于留学的视角下展开的研究，因此在研究对象上主要关注的是国际留学生群体，并未拓展到更加广泛意义上的国际人才。然而，随着全球化的不断深化，越来越多的海外专家学者以及高层次人才选择来到中国工作，这些直接参与经济建设或科学研究的海外人才必将对中国的技术进步产生较大的影响，因此，在今后的研究中，在沿着国际人才流动对创新影响研究主线的基础上，应当在研究对象上进一步拓展，如更多地关注高技术移民、海外专家学者等国际人才的流入可能产生的影响，结合实际情况展开更多具有应用价值的研究。

第二，在理论机制方面，本书通过文献的梳理得出了国际人才流入促进中国技术进步的四个重要机制，即国际人才流入与人力资本累积、国际人才流入与外商直接投资、国际人才流入与对外直接投资以及国际人才流入与多元文化创新；但是在机制检验过程中，由于省际层面国际留学生来源国信息的缺失，无法对国际留学生的多元文化创新效应进行测算，因此本书主要检验了国际人才流入对人力资本累积、外商直接投资以及对外直接投资的影响。因此，在今后的研究中，将持续关注该领域的最新相关研究，尝试结合新的方法和数据在多元文化创新效应的测算方面开展进一步研究。

　　第三，在数据使用方面，本书主要使用的是省级层面和城市层面的面板数据，从数据能够反映的信息量来看，宏观数据存在一定的局限性，因为无法获取更详细的关于国际人才的个人特征信息。因此，在将来的研究中，将尝试数据上的多元化，尽可能寻求与国际人才相关的一些微观调查数据，通过将宏观数据与微观数据相匹配的方法，使关于国际人才流动方面的研究更加精细化。

参考文献

中文文献

《爱因斯坦文集》（第三卷），许良伟等译，商务印书馆 1979 年版。

巴罗·罗伯特、萨拉伊马丁·哈维尔：《经济增长》，中国人民大学出版社 2000 年版。

蔡昉：《未来的人口红利——中国经济增长源泉的开拓》，《中国人口科学》2009 年第 1 期。

蔡伟毅、陈学识：《国际知识溢出与中国技术进步》，《数量经济技术经济研究》2010 年第 6 期。

陈开军、赵春明：《贸易开放对我国人力资本积累的影响——动态面板数据模型的经验研究》，《国际贸易问题》2014 年第 3 期。

陈培如、冼国明：《中国对外直接投资的逆向技术溢出效应——基于二元边际的视角》，《科研管理》2020 年第 4 期。

陈强等：《中国对外直接投资能否产生逆向技术溢出效应？》，《中国软科学》2016 年第 7 期。

陈怡安：《中国海外人才回流的国际知识溢出效应与技术进步研究》，博士学位论文，首都经济贸易大学，2014 年。

仇怡、聂萼辉：《留学生回流的技术外溢效应——基于中国省际面板数据的实证研究》，《国际贸易问题》2015 年第 2 期。

崔庆玲：《来华留学教育现存问题及原因分析》，《高等教育研究》2008 年第 1 期。

戴长征、王海滨：《国际人才流动和人才安全问题》，《经济社会体制比较》2009 年第 6 期。

戴魁早、刘友金：《行业市场化进程与创新绩效——中国高技术产业的经验分析》，《数量经济技术经济研究》2013 年第 9 期。

戴维·希尔伯特，https：//baike. baidu. com/ithttps：//baike. baidu. com/item/.

单豪杰：《中国资本存量 K 的再估算：1952—2006》，《数量经济技术经济研究》2008 年第 10 期。

丁一凡：《从利用外部市场到利用外部智力的转变》，《国际经济评论》2016 年第 5 期。

樊纲等：《中国市场化进程对经济增长的贡献》，《经济研究》2011 年第 9 期。

樊纲等：《中国市场化指数》，经济科学出版社 2010 年版。

谷媛媛、邱斌：《来华留学教育与中国对外直接投资——基于"一带一路"沿线国家数据的实证研究》，《国际贸易问题》2017 年第 4 期。

谷媛媛、邱斌：《市场化进程是否影响来华留学教育发展？——基于省级面板数据的实证检验》，《教育与经济》2017 年第 1 期。

谷媛媛、邱斌：《中国留学教育能否减少生源国人口贫困——基于"一带一路"沿线国家的实证研究》，《教育研究》2019 年第 11 期。

顾永才：《略论国际教育服务贸易》，《国际商务》（对外经济贸易大学学报）1998 年第 3 期。

郭家堂、骆品亮：《互联网对中国全要素生产率有促进作用吗？》，《管理世界》2016 年第 10 期。

郭烨、许陈生：《双边高层会晤与中国在"一带一路"沿线国家的直接投资》，《国际贸易问题》2016 年第 2 期。

韩维春：《国际留学生兼职就业问题研究——基于北京地区高校留学生的调查统计》，《国际商务》（对外经济贸易大学学报）2014 年第 5 期。

何洁、许罗丹：《中国工业部门引进外国直接投资外溢效应的实证研究》，《世界经济文汇》1999 年第 2 期。

华萍:《不同教育水平对全要素生产率增长的影响——来自中国省份的实证研究》,《经济学》(季刊) 2005 年第 4 期。

黄肖琦、柴敏:《新经济地理学视角下的 FDI 区位选择》,《管理世界》2006 年第 10 期。

霍春辉等:《地方领导人任期与城市创新力》,《经济问题》2020年第 3 期。

孔伟杰:《基于知识产权保护的国际技术溢出与经济增长》,博士学位论文,浙江工商大学,2010 年。

寇宗来、刘学悦:《中国城市和产业创新力报告(2017)》,复旦大学产业发展研究中心 2017 年版。

李海峥等:《中国人力资本测度与指数构建》,《经济研究》2010年第 8 期。

李坤望等:《中国与主要贸易伙伴的双边贸易自由度——基于新经济地理学的一个衡量》,《世界经济文汇》2005 年第 4 期。

李梅、柳士昌:《对外直接投资逆向技术溢出的地区差异和门槛效应——基于中国省际面板数据的门槛回归分析》,《管理世界》2012年第 4 期。

李平:《国际技术扩散的路径和方式》,《世界经济》2006 年第9 期。

李平:《世界留学教育现状及发展分析》,《山东科技大学学报》(社会科学版) 2005 年第 2 期。

李平、许家云:《国际智力回流的技术扩散效应研究——基于中国地区差异及门槛回归的实证分析》,《经济学》(季刊) 2011 年第3 期。

林琳:《中国智力回流现状与原因初探》,《华中农业大学学报》(社会科学版) 2009 年第 3 期。

林毅夫、张鹏飞:《适宜技术、技术发展和发展中国家的经济增长》,《经济学》(季刊) 2006 年第 3 期。

刘宏、张蕾:《中国 ODI 逆向技术溢出对全要素生产率的影响程度研究》,《财贸经济》2012 年第 1 期。

刘荣添、林峰：《我国东、中、西部外商直接投资（FDI）区位差异因素的 Panel Data 分析》，《数量经济技术经济研究》2005 年第 7 期。

刘生龙、胡鞍钢：《基础设施的外部性在中国的检验：1988—2007》，《经济研究》2010 年第 3 期。

陆菁等：《全面开放格局下的中国高等教育服务国际化——高等教育服务出口与留学生来华因素的实证分析》，《中国高教研究》2019 年第 1 期。

吕朝凤、朱丹丹：《市场化改革如何影响长期经济增长》，《管理世界》2016 年第 2 期。

吕娜：《来华留学教育的发展现状、主要问题及对策研究》，《经济研究参考》2015 年第 22 期。

吕延方等：《进出口贸易对生产率、收入、环境的门限效应——基于 1992—2010 年我国省际人均 GDP 的非线性面板模型》，《经济学（季刊）》2015 年第 2 期。

栾凤池、马万华：《来华留学教育问题与对策探析》，《清华大学教育研究》2011 年第 10 期。

毛其淋、许家云：《中国对外直接投资如何影响了企业加成率：事实与机制》，《世界经济》2016 年第 6 期。

南旭光：《人才流动、知识溢出和区域发展：一个动态知识连接模型》，《科技与经济》2009 年第 3 期。

牛雄鹰等：《国际人才流入、人力资本对创新效率的影响》，《人口与经济》2018 年第 6 期。

潘镇、金中坤：《双边政治关系、东道国制度风险与中国对外直接投资》，《财贸经济》2015 年第 6 期。

彭国华：《中国地区收入差距、全要素生产率及其收敛分析》，《经济研究》2005 年第 9 期。

彭中文：《西方关于人力资本流动与技术溢出研究综述》，《经济纵横》2006 年第 4 期。

綦建红、杨丽：《中国 OFDI 的区位决定因素——基于地理距离与文化距离的检验》,《经济地理》2012 年第 12 期。

曲如晓、江铨:《国际留学生区域选择及其影响因素分析》,《高等教育研究》2011 年第 3 期。

沙文兵:《东道国特征与中国对外直接投资逆向技术溢出——基于跨国面板数据的经验研究》,《世界经济研究》2014 年第 5 期。

邵传林:《中国式分权、市场化进程与经济增长》,《统计研究》2016 年第 33 期。

沈坤荣、郁强:《外国直接投资、技术外溢与内生经济增长——中国数据的计量检验与实证分析》,《中国社会科学》2001 年第 5 期。

盛丹、王永进:《契约执行效率能够影响 FDI 的区位分布吗?》,《经济学》(季刊)2010 年第 4 期。

苏治、徐淑丹:《中国技术进步与经济增长收敛性测度——基于创新与效率的视角》,《中国社会科学》2015 年第 7 期。

孙晓华等:《市场化进程与地区经济发展差距》,《数量经济技术经济研究》2015 年第 6 期。

覃壮才:《专业服务:教育服务贸易永恒的比较优势》,《比较教育研究》2003 年第 4 期。

王桂军、卢潇潇:《"一带一路"倡议与中国企业升级》,《中国工业经济》2019 年第 3 期。

王桂军、张辉:《"一带一路"与中国 OFDI 企业 TFP:对发达国家投资视角》,《世界经济》2020 年第 5 期。

王金祥:《论区域经济发展对国际留学生教育的作用》,《辽宁大学学报》(哲学社会科学版)2005 年第 2 期。

王通讯:《人才国际化论纲》,《行政与法》2007 年第 1 期。

王小鲁等:《中国分省企业经营环境指数报告(2013)》,中信出版社 2013 年版。

王永钦等:《中国对外直接投资区位选择的决定因素:制度、税负和资源禀赋》,《经济研究》2014 年第 12 期。

魏浩、陈开军:《国际人才流入对中国出口贸易影响的实证分析》,《中国人口科学》2015 年第 4 期。

魏浩、袁然：《国际人才流入与中国企业的研发投入》，《世界经济》2018 年第 12 期。

冼国明、文东伟：《FDI、地区专业化与产业集聚》，《管理世界》2006 年第 12 期。

谢杰、张海森：《出口商品结构变化对经济增长的门限效应：浙江省与全国的对比研究》，《国际贸易问题》2012 年第 9 期。

谢科范等：《重点城市创新能力比较分析》，《管理世界》2009 年第 1 期。

许家云等：《跨国人才外流与中国人力资本积累》，《人口与经济》2016 年第 3 期。

许培源：《我国对外开放与 TFP 增长的关系》，清华大学出版社 2012 年版。

阎大颖：《中国市场化进程与各地区的城乡收入差距：内在联系与影响机制》，《当代财经》2007 年第 10 期。

颜银根：《FDI 区位选择：市场潜能、地理集聚与同源国效应》，《财贸经济》2014 年第 9 期。

杨海霞：《海归人才推动中国创新》，《神州学人》2008 年第 1 期。

杨军红：《国际留学生构成特点及影响因素分析》，《中南民族大学学报》（人文社会科学版）2006 年第 26 期。

杨立：《文化壁垒、文化扩张、文化变化》，《世界经济与政治》2005 年第 2 期。

姚洋、崔静远：《中国人力资本的测算研究》，《中国人口科学》2015 年第 1 期。

尹建华、周鑫悦：《中国对外直接投资逆向技术溢出效应经验研究——基于技术差距门槛视角》，《科研管理》2014 年第 3 期。

俞玮奇、曹燕：《教育国际化背景下国际留学生的教育需求与体验分析》，《高教探索》2015 年第 3 期。

［以色列］约瑟夫·本戴维：《科学家在社会中的角色》，赵佳苓译，四川人民出版社 1988 年版。

原倩：《城市群是否能够促进城市发展》，《世界经济》2016 年第 9 期。

岳咬兴、范涛：《制度环境与中国对亚洲直接投资区位分布》，《财贸经济》2014 年第 6 期。

张萃：《外来人力资本、文化多样性与中国城市创新》，《世界经济》2019 年第 11 期。

张建清等：《市场化进程与中国经济的不平衡增长》，《武汉大学学报》2014 年第 7 期。

张军、金煜：《中国的金融深化和生产率关系的再检测：1987—2001》，《经济研究》2005 年第 11 期。

张宇、蒋殿春：《FDI、产业集聚与产业技术进步——基于中国制造行业数据的实证检验》，《财经研究》2008 年第 1 期。

赵文军、于津平：《市场化进程与我国经济增长方式》，《南开经济研究》2014 年第 3 期。

赵永亮：《移民网络与贸易创造效应》，《世界经济研究》2012 年第 5 期。

郑世林等：《电信基础设施与中国经济增长》，《经济研究》2014 年第 5 期。

郑向荣：《制约国际留学生教育发展的因素探析》，《教育导刊》2005 年第 2 期。

周谷平、阚阅：《"一带一路"战略的人才支撑与教育路径》，《教育研究》2015 年第 10 期。

周记顺、万晶：《对发展中国家 OFDI 逆向技术溢出机制探究——基于中国对"一带一路"20 个中低收入国家 OFDI 研究》，《工业技术经济》2020 年第 4 期。

周满生：《国际教育服务贸易的新趋向及对策思考》，《教育研究》2003 年第 1 期。

周香均、罗志敏：《国际留学生教育政策的演变与展望》，《西南科技大学高教研究》2015 年第 3 期。

周兴、张鹏：《市场化进程对技术进步与创新的影响——基于中国省级面板数据的实证分析》,《上海经济研究》2014 年第 2 期。

朱敏、高越:《人力资本流动对 FDI 技术溢出效应的影响——基于吸收能力的实证研究》,《湖北经济学院学报》2012 年第 1 期。

朱彤、崔昊:《对外直接投资、逆向技术溢出与中国技术进步》,《世界经济研究》2012 年第 10 期。

祝影、涂琪:《全球科技创新中心的产业结构特征——来自美国 34 个大都市区的证据》,《城市发展研究》2016 年第 12 期。

宗芳宇等:《双边投资协定、制度环境和企业对外直接投资区位选择》,《经济研究》2012 年第 5 期。

邹嘉龄、刘卫东:《2001—2013 年中国与"一带一路"沿线国家贸易网络分析》,《地理科学》2016 年第 6 期。

英文文献

Acemoglu Daron and Zilibotti Fabrizio, "Productivity Differences", *The Quarterly Journal of Economics*, Vol. 116, No. 2, 2001.

Adda Jerome et al., "A Dynamic Model of Return Migration", *IZA Ninth Summer School Paper*, 2006.

Alesina Alberto and Ferrara Eliana La, "Ethnic Diversity and Economic Performance", *Journal of Economic Literature*, Vol. 43, No. 3, 2005.

Anderson James E. and Marcouiller Douglas, "Insecurity and The Pattern of Trade:An Empirical Investigation", *Review of Economics and Statistics*, Vol. 84, No. 2, 2002.

Anderson James E. and Wincoop Eric van, "Gravity with Gravitas:A Solution to the Border Puzzle", *The American Economic Review*, Vol. 93, No. 1, 2003.

Anderson James E. and Wincoop Eric van, "Trade Costs", *Journal of Economic Literature*, Vol. 42, No. 3, 2004.

Anselin Luc, et al., "Local Geographic Spillovers between University Research and High Technology Innovations", *Journal of Urban Economics*, Vol. 42, No. 3, 1997.

Audretsch David, et al., "Cultural Diversity and Entrepreneurship:A

Regional Analysis for Germany", *The Annals of Regional Science*, No. 45, 2010.

Avalos Antonio and Savvides Andreas, "The Manufacturing Wage Inequality in Latin America and East Asia", *Review of Development Economics*, Vol. 10, No. 4, 2006.

Bai Jushan, "Estimation of a Change Point in Multiple Regression Models", *Review of Economics and Statistics*, Vol. 79, No. 4, 1997.

Baldwin Richard, et al., "Economic Geography and Public Policy", Princeton: Princeton University Press, 2003.

Barkema Harry G., et al., "Foreign Entry, Cultural Barriers, and Learning", *Strategic Management*, Vol. 17, No. 2, 1996.

Barro Robert J., "Economic Growth in a Cross Section of Countries", *The Quarterly Journal of Economics*, Vol. 106, No. 2, 1991.

Barro Robert J. and Lee Jong Wha, "International Measures of Schooling Years and Schooling Quality", *The American Economic Review*, Vol. 86, No. 2, 1996.

Beine Michel, et al., "Brain Drain and Human Capital Formation in Developing Countries: Winners and Losers", *The Economic Journal*, Vol. 118, No. 528, 2008.

Beine Michel, et al., "Determinants of the International Mobility of Students", *Economics of Education Review*, Vol. 41, 2014.

Bellini Elena, et al., "Cultural Diversity and Economic Performance: Evidence from European Regions", In: Crescenzi Riccardo and Percoco Marco (eds.), *Geography, Institutions and Regional Economic Performance*, Heidelberg: Springer, 2012.

Benhabib Jess and Spiegel Mark M., "The Role of Human Capital in Economic Development Evidence: From Aggregate Cross–Country Data", *Journal of Monetary Economics*, Vol. 34, No. 2, 1994.

Berkowitz Daniel, et al., "Trade, Law, and Product Complexity", *The Review of Economics and Statistics*, Vol. 88, No. 2, 2006.

Berliant Marcus and Fujita Masahisa, "Knowledge Creation as a Square Dance on the Hilbert Cube", *International Economic Review*, Vol. 49, No. 4, 2008.

Bhagwati Jagdish N. , "Taxing the Brain Drain", *Challenge*, Vol. 19, No. 3, 1976.

Biao Xiang, "Promoting Knowledge Exchange through Diaspora Networks (The Case of the People's Republic of China)", In Wescott Clay Goodloe and Brinkerhoff Jennifer M (eds.), *Converting Migration Drains into Gains: Harnessing the Resources of Overseas Professionals*, Manila: Asian Development Bank, 2006.

Blonigen Bruce A. , "A Review of the Empirical Literature on FDI Determinants", *Atlantic Economic Journal*, Vol. 33, No. 4, 2005.

Borensztein Eichrngreen, et al. , "How Does Foreign Direct Investment Affect Economic Growth?", *Journal of International Economics*, Vol. 45, No. 1, 1998.

Borjas George J. , *Immigration Economics*, Cambridge: Harvard University Press, 2014.

Borjas George J. , "The Economic Analysis of Immigration", In: Ashenfelter Orley and Card David (eds.), *Handbook of Labor Economics*, Amsterdam: North-Holland, 2011.

Bourke Ann, "A model of the Determinants of International Trade in Higher Education", *The Service Industries Journal*, Vol. 20, No. 1, 2000.

Buckley Peter J. and Casson Mark, "The Optimal Timing of a Foreign Direct Investment", *The Economic Journal*, Vol. 91, No. 361, 1981.

Burns Andrew and Mohapatra Sanket, "International Migration and Technological Progress", *Migration and Development Brief*, No. 4, World Bank, Washington, DC. , 2008.

Busse Matthias and Hefeker Carsten, "Political Risk, Institutions and Foreign Direct Investment", *European Journal of Political Economy*, Vol. 23, No. 2, 2007.

Caniels Marjolein C. J. , " Knowledge Spillovers and Economic Growth: Regional Growth Differentials Across Europe", In: Turner R. Kerry, Georgiou Stavros and Bateman Ian J. (eds.) , *Environment Decision Making and Risk Management*, Cheltenham: Edward Elgar, 2000.

Caragliu Andrea, et al. , " The Winner Takes It All: Forward-Looking Cities and Urban Innovation", *The Annals of Regional Science*, Vol. 56, 2016.

Carlino Gerald A. , et al. , " Urban Density and the Rate of Invention", *Journal of Urban Economics*, Vol. 61, No. 3, 2007.

Caves Richard E. , *Multinational Enterprise and Economic Analysis*, Cambridge: Cambridge University Press, 1996.

Caves Richard E. , " Multinational Firms, Competition, and Productivity in Host-Country Markets", *Economica*, Vol. 42, No. 162, 1974.

Chan K. S. , " Consistency and Limiting Distribution of the Least Squares Estimator of a Threshold Autoregressive Model", *The Annals of Statistics*, Vol. 21, No. 1, 1993.

Chellaraj Gnanaraj, et al. , " The Contribution of International Graduate Students to US Innovation", *Review of International Economics*, Vol. 16, No. 3, 2008.

Chen Yun-Chung, " The Limits of Brain Circulation: Chinese Returnees and Technological Development in Beijing", *Pacific Affairs*, Vol. 81, No. 2, 2008.

Clark Terry Nichols, et al. , " Amenities Drive Urban Growth", *Journal of Urban Affairs*, Vol. 24, No. 5, 2002.

Clemens Michael A. , " Skill Flow: A Fundamental Reconsideration of Skilled-Worker Mobility and Development", *Center for Global Development*, Working Paper No. 180, 2009.

Coe David T. and Helpman Elhanan, " International R&D Spillovers", *European Economic Review*, Vol. 39, No. 5, 1995.

Combes Pierre-Philippe, et al. , " The Trade Creating Effects of Business and Social Networks: Evidence from France", *Journal of International Economics*, Vol. 66, No. 1, 2005.

de Graaff Thomas and Nijkamp Peter, "Socio – Economic Impacts of Migrant Clustering on Dutch Neighborhood's: In Search of Optimal Migrant Diversity", *Socio-Economic Planning Sciences*, Vol. 44, No. 4, 2010.

Docquier Frédéric and Lodigiani Elisabetta, "Skilled Migration and Business Networks", *Open Economies Review*, No. 21, 2010.

Docquier Frédéric and Rapoport Hillel, "Globalization, Brain Drain, and Development", *Journal of Economic Literature*, Vol. 50, No. 3, 2012.

Du Luosha, et al., "FDI Spillovers and Industrial Policy: The Role of Tariffs and Tax Holidays", *World Development*, Vol. 64, No. 12, 2014.

Duleep Harriet Orcutt and Regets Mark C., "Immigrants and Human – Capital Investment", *The American Economic Review*, Vol. 89, No. 2, 1999.

Dunning John H., "Internationalizing Porter's Diamond", *MIR: Management International Review*, Vol. 33, No. 2, 1993.

Dunning John H., "The Geographical Sources of Competitiveness of Firms: Some Results of a New Survey", *Transnational Corporations*, No. 3, 1996.

Duranton Gilles and Puga Diego, "Nursery Cities: Urban Diversity, Process Innovation, and the Life Cycle of Products", *The American Economic Review*, Vol. 91, No. 5, 2001.

Eaton Jonathan and Kortum Samuel, "Trade in Ideas Patenting and Productivity in the OECD", *Journal of International Economics*, Vol. 40, No. 3-4, 1996.

Eggert Wolfgang, et al., "Education, Unemployment and Migration", *Journal of Public Economics*, Vol. 94, No. 5-6, 2010.

Fallah Belal N., et al., "Urban Sprawl and Productivity: Evidence from US Metropolitan Areas", *Papers in Regional Science*, Vol. 90, No. 4, 2011.

Fallick Bruce, et al., "Job – Hopping in Silicon Valley: Some Evidence Concerning the Microfoundations of a High – Technology Cluster", *The Review of Economics and Statistics*, Vol. 88, No. 3, 2006.

Farmer J. Doyne and Lafond Francois, "How Predictable is Technological Progress?", *Research Policy*, Vol. 45, No. 3, 2016.

Farrell M. J. , "The Measurement of Productive Efficiency", *Journal of the Royal Statistical Society: Series A (General)*, Vol. 120, No. 3, 1957.

Fischer Manfred M. and Varga Attila, "Spatial Knowledge Spillovers and University Research: Evidence from Austria", *The Annals of Regional Science*, Vol. 37, No. 2, 2003.

Fosfuri Andrea and Motta Massimo, "Ronde T. Foreign Direct Investment and Spillovers through Workers' Mobility", *Journal of International Economics*, Vol. 53, No. 1, 2001.

Frantzen Dirk, "Intersectoral and International R&D Knowledge Spillovers and Total Factor Productivity", *Scottish Journal of Political Economy*, Vol. 49, No. 3, 2002.

Freeman Chris and Soete Luc, *The Economics of Industrial Innovation* (3rd ed.), New York: Routledge, 1997.

Fujita Masahisa and Weber Shlomo, "Strategic Immigration Policies and Welfare in Heterogeneous Countries", *Fondazione Eni Enrico Mattei*, Working Paper No. 2, 2004.

Gagliardi Luisa, "Does Skilled Migration Foster Innovation Performance? Evidence from British Local Areas", *Papers in Regional Science*, Vol. 94, No. 4, 2015.

Gao Ting, "Ethnic Chinese Networks and International Investment: Evidence from Inward FDI in China", *Journal of Asian Economics*, Vol. 14, No. 4, 2003.

Glaeser Edward L. , et al. , "Growth in Cities", *Journal of Political Economy*, No. 100, No. 6, 1992.

Glaeser Edward L. , et al. , "Urban Economics and Entrepreneurship", *Journal of Urban Economics*, Vol. 67, No. 1, 2010.

Glaeser Edward L. and Resseger Matthew G. , "The Complementarity between Cities and Skills", *Journal of Regional Science*, Vol. 50, No. 1, 2010.

Globerman Steven, "Foreign Direct Investment and Spillover Efficiency Benefits in Canadian Manufacturing Industries", *The Canadian Journal of Economics*, Vol. 12, No. 1, 1979.

Gonzalez Carlos Rodriguez, et al. , "The Determinants of the International Students Mobility Flows: An Empirical Study on the Erasmus Programme", *High Education*, Vol. 62, No. 4, 2011.

Gorg Holger and Strobl Eric, "Spillovers from Foreign Firm through Worker Mobility: An Empirical Investigation", *The Scandinavian Journal of Economics*, Vol. 107, No. 4, 2005.

Griliches Zvi, "Issues in Assessing the Contribution of Research and Development to Productivity Growth", *Bell Journal of Econometrics*, Vol. 10, No. 1, 1979.

Griliches Zvi, "Productivity, R&D, and Basic Research at the Firm Level in the 1970s", *The American Economic Review*, Vol. 76, No. 1, 1986.

Grossman Gene M. and Helpman Elhanan, *Innovation and Growth in the Global Economy*, Cambridge: MIT Press, 1991.

Grubel Herbert B. and Scott Anthony D. , "International Flow of Human Capital", *The American Economic Review*, Vol. 56, No. (1/2), 1966.

Guillaumont Jeanneney Sylviane, et al. , "Financial Development, Economic Efficiency, and Productivity Growth: Evidence from China", *The Developing Economies*, Vol. 44, No. 1, 2006.

Hakura Dalia and Jaumotte Florence, *The Role of Inter-and Intra-industry Trade in Technology Diffusion*, Washington D. C. : International Monetary Fund, 1999.

Hansen Bruce E. , "Inference When a Nuisance Parameter is Not Identified under the Null Hypothesis", *Econometrica*, Vol. 64, No. 2, 1996.

Hansen Bruce E., "Sample Splitting and Threshold Estimation", *Econometrica*, Vol. 68, No. 3, 2000.

Hansen Bruce E., "Threshold Effects in Non-Dynamic Panels: Estimation, Testing and Inference", *Journal of Econometrics*, Vol. 93, No. 2, 1999.

Harris Richard G., et al., "The International Effects of China's Growth, Trade and Education Booms", *The World Economy*, Vol. 34, No. 10, 2011.

Head Keith and Ries John, "Immigration and Trade Creation: Econometric Evidence from Canada", *The Canadian Journal of Economics*, Vol. 31, No. 1, 1998.

Hejazi Walid and Safarian A. Edward, "Trade, Foreign Direct Investment, and R&D Spillovers", *Journal of International Business Studies*, Vol. 30, No. 3, 1999.

Henisz Witold J. and Delios Andrew, "Uncertainty, Imitation, and Plant Location: Japanese Multinational Corporations, 1990 - 1996", *Administrative Science Quarterly*, Vol. 46, No. 3, 2001.

Huang Yiping, "Understanding China's Belt & Road Initiative: Motivation Framework and Assessment", *China Economic Review*, No. 40, 2016.

Hulten Charles R., et al., "Infrastructure, Externalities, and Economic Development: A Study of the Indian Manufacturing Industry", *The World Bank Economic Review*, Vol. 20, No. 2, 2006.

Hunt Jennifer and Gauthier-Loiselle Marjolaine, "How Much Does Immigration Boost Innovation?", *Macroeconomics*, Vol. 2, No. 2, 2010.

Hunt Jennifer, "Which Immigrants are Most Innovative and Entrepreneurial? Distinctions by Entry Visa", *Journal of Labor Economics*, Vol. 29, No. 3, 2011.

Jacobs Jane, *The Death and Life of the Great American Cities*, New York: Random House, 1961.

Jacobs Jane, *The Life of Cities*, New York: Random House, 1969.

Jaffe Adam B., "Real Effects of Academic Research", *The American Economic Review*, Vol. 79, No. 5, 1989.

Jaumotte Florence, *Technology Diffusion and Trade: An Empirical Investigation*, Cambridge, Massachusetts: Harvard University, 1998.

Johnson Jean M. and Regets Mark C., "International Mobility of Scientists and Engineers to the United States – Brain Drain or Brain Circulation?", NSF–Issue Brief: 98–316, *National Science Foundation*, Washington D. C., 1998.

Jones Charles I. and Romer Paul M., "The New Kaldor Facts: Ideas, Institutions, Population, and Human Capital", *American Economic Journal: Macroeconomics*, Vol 2, No. 1, 2010.

Jonkers Koen and Tijssen Robert, "Chinese Researchers Returning Home: Impacts of International Mobility on Research Collaboration and Scientific Productivity", *Scientometrics*, Vol. 77, No. 2, 2008.

Jorgenson Dale W. and Fraumeni Barbara M., "Investment in Education and U. S. Economic Growth", *The Scandinavian Journal of Economics*, Vol. 94, 1992.

Kapur Devesh and McHale John, "The Global Migration of Talent: What Does it Mean for Developing Countries?", *CGD Brief*, Center for Global Development, Washington D. C., 2005.

Katz Lawrence F. and Murphy Kevin M., "Changes in Relative Wages, 1963 – 1987: Supply and Demand Factors", *Quarterly Journal of Economics*, Vol. 107, No. 1, 1992.

Kee Hiau Looi, "Local Intermediate Inputs and the Shared Supplier Spillovers of Foreign Direct Investment", *Journal of Development Economics*, Vol. 112, No. 1, 2015.

Keely Louise C., "Exchanging Good Ideas", *Journal of Economic Theory*, Vol. 111, No. 2, 2003.

Keller Wolfgang, "Geographic Localization of International Technology

Diffusion", *The American Economic Review*, Vol. 92, No. 1, 2002.

Kerr William R. , "Breakthrough Inventions and Migrating Clusters of Innovations", *Journal of Urban Economics*, Vol. 67, No. 1, 2010.

Kerr William R. , "Innovation and Business Growth", In Keuschnigg Christian (ed.), *Moving to the Innovation Frontier*, London: Centre for Economic Policy Research Press, 2016.

Kogut Bruce and Chang Sea Jin, "Technological Capabilities and Japanese Foreign Direct Investment in the United States", *The Review of Economics and Statistics*, Vol. 73, No. 3, 1991.

Kokko Ari, "Technology, Market Characteristics, and Spillovers", *Journal of Development Economics*, Vol. 43, No. 2, 1994.

Krugman Paul, *Geography and Trade*, Published Jointly by Leuven: Leuven University Press and Cambridge: MIT Press, 1991.

Krugman Paul, "Scale Economies, Product Differentiation, and the Pattern of Trade", *The America Economic Review*, Vol. 70, No. 5, 1980.

Kugler Maurice and Rapoport Hillel, "Migration and FDI: Complements or Substitutes?", Paper Presented at the CEPR/ESF Conference on Outsourcing, Migration, and the European Economy, Rome, 2006.

Landry Charles, *The Creative City: A Toolkit for Urban Innovators*, London: Earthscan Publications, 2012.

Larsen Kurt, et al. , "Trade in Educational Services: Trends and Emerging Issues", *The World Economy*, Vol. 25, No. 6, 2002.

Lazear Edward P. , "Diversity and Immigration", In: Borjas George J. (ed.), *Issues in the Economics of Immigration*, Chicago: University of Chicago Press, 2000.

Lazear Edward P. , "Globalisation and the Market for Team-Mates", *The Economic Journal*, Vol. 109, No. 454, 1999.

Le Thanh, "Are Student Flows a Significant Channel of R&D Spillovers from the North to the South?", *Economics Letters*, Vol. 107, No. 3, 2010.

Le Thanh, "Brain Drain or Brain Circulation: Evidence from OECD's International Migration and R&D Spillovers", *Scottish Journal of Political Economy*, Vol. 555, No. 5, 2008.

Lee Everett S., "A Theory of Migration", *Demography*, No. 3, 1966.

Lee Neil, "Migrant and Ethnic Diversity, Cities and Innovation: Firm Effects or City Effects?", *Journal of Economic Geography*, Vol. 15, No. 4, 2014.

Li Jian, et al., "Outward Foreign Direct Investment and Domestic Innovation Performance: Evidence from China", *International Business Review*, Vol. 25, No. 5, 2016.

Lichtenberg Frank R. and Potterie Bruno van Pottelsberghe de la, "International R&D Spillovers: A Comment", *European Economic Review*, Vol. 42, No. 8, 1998.

Lucas Robert E., "On the Mechanics of Economic Development", *Journal of Monetary Economics*, Vol. 22, No. 1, 1988.

Mahroum Sami, "Highly Skilled Globetrotters: Mapping the International Migration of Human Capital", *R&D Management*, Vol. 30, No. 1, 2000.

Mankiw N. Gregory, et al., "The Growth of Nations", *Brookings Papers on Economic Activity*, No. 1, 1995.

Mare David C., et al., "Immigration and Innovation", *Motu Economic and Public Policy Research*, Working Paper No. 11-05, 2011.

Mayr Karin and Peri Giovanni, "Brain Drain and Brain Return: Theory and Application to Eastern-Western Europe", *The B. E. Journal of Economic Analysis & Policy*, Vol. 9, No. 1, 2009.

Mazzolari Francesca and Neumark David, "Beyond Wages: The Effects of Immigration on the Scale and Composition of Output", *National Bureau of Economic Research*, Working Paper 14900, 2009.

McMahon Mary E., "Higher Education in a World Market", *Higher Education*, Vol. 24, No. 12, 1992.

More Roger A. , "Barriers to Innovation: Intraorganizational Disloca-tions", *Journal of Product Innovation Management*, Vol. 2, No. 3, 1985.

Mountford Andrew, "Can a Brain Drain be Good for Growth in the Source Economy?", *Journal of Development Economics*, Vol. 53, No. 2, 1997.

Niebuhr Annekatrin, "Migration and Innovation: Does Cultural Diver-sity Matter for Regional R&D Activity?", *Papers in Regional Science*, Vol. 89, No. 3, 2010.

Noorbakhsh Farhad, et al. , "Human Capital and FDI Inflows to De-veloping Countries: New Empirical Evidence", *World development*, Vol. 29, No. 9, 2001.

Ottaviano Gianmarco I. P. , et al. , "Immigration, Trade and Produc-tivity in Services: Evidence from U. K. Firms", *Journal of International Economics*, Vol. 112, No. 5, 2018.

Ottaviano Gianmarco I. P. and Peri Giovanni, "Cities and cultures", *Journal of Urban Economics*, Vol. 58, No. 2, 2005.

Ottaviano Gianmarco I. P. and Peri Giovanni, "The Economic Value of Cultural Diversity: Evidence from US Cities", *Journal of Economic Geogra-phy*, Vol. 6, No. 1, 2006.

Ozgen Ceren, et al. , "Does Cultural Diversity of Migrant Employees Af-fect Innovation?", *International Migration Review*, Vol. 48, No. 1, 2014.

Ozgen Ceren, et al. , "Immigration and Innovation in European Re-gion", In: Nijkamp Peter, Poot Jacques and Sahin Mediha (eds.), *Mi-gration Impact Assessment*, Cheltenham: Edward Elgar Publishing, 2012.

Park Jungsoo, "International Student Flows and R&D Spillovers", *Economics Letters*, Vol. 82, No. 3, 2004.

Parrotta Pierpaolo, et al. , "Labor Diversity and Firm Productivity", *European Economic Review*, Vol. 66, 2014.

Parsons Christopher and Vezina Pierre Louis, "Migrant Networks and Trade: the Vietnamese Boat People as a Natural Experiment", *The Eco-*

nomic Journal, Vol. 128, No. 612, 2018.

Partridge Jamie and Furtan William Hartley, "Increasing Canada's International Competitiveness: Is There a Link between Skilled Immigrants and Innovation?", Paper Presented atthe American Agricultural Economics Association Annual Meeting, Orlando, 2008.

Pascharopoulos George, "Returns to Investment in Education: A Global Update", *World Development*, Vol. 22, No. 9, 1994.

Pholphirul Piriya and Rukumnuaykit Pungpound, "Does Immigration Always Promote Innovation? Evidence from Thai Manufactures", *Journal of International Migration and Integration*, Vol. 18, No. 1, 2017.

Poot Jacques and Strutt Anna, "International Trade Agreements and International Migration", *The World Economy*, Vol. 33, No. 12, 2010.

Poot Jacques, et al., "*Migration and Human Capital*", *Cheltenham: Edward Elgar Publishing*, 2009.

Portes Richard and Rey Helene, "The Determinants of Cross-Border Equity Flows", *Journal of International Economics*, Vol. 65, No. 2, 2005.

Portes Richard, et al., "Information and Capital Flows: The Determinants of Transactions in Financial Assets", *European Economic Review*, Vol. 45, No. 4-6, 2001.

Potterie Bruno van Pottelsberghe de la and Lichtenberg Frank, "Does Foreign Direct Investment Transfer Technology Across Borders?", *The Review of Economics and Statistics*, Vol. 83, No. 3, 2001.

Pradhan Jaya Prakash and Singh Neelam, "Outward FDI and Knowledge Flows: A Study of the Indian Automotive Sector", *International Journal of Institutions and Economies*, Vol. 1, No. 1, 2008.

Psacharopoulos George, "Returns to Investment in Education: A Global Update", *World Development*, Vol. 22, No. 9, 1994.

Quigley John M., "Urban Diversity and Economic Growth", *The Journal of Economic Perspectives*, Vol. 12, No. 2, 1998.

Rauch James E., "Business and Social Networks in International

Trade", *Journal of Economic Literature*, Vol. 39, No. 4, 2001.

Rauch James E. and Trindade Vitor, "Ethnic Chinese Networks in International Trade", *Review of Economics and Statistics*, Vol. 84, No. 1, 2002.

Raychaudhuri Ajitava and De Prabir, "Barriers to Trade in Higher Education Services: Empirical Evidence from Asia-Pacific Countries", *Asia-Pacific Trade and Investment Review*, Vol. 3, No. 2, 2007.

Roger White and Tadesse Bedassa, "Cultural Distance and The US Immigrant-Trade Link", *The World Economy*, Vol. 31, No. 8, 2008.

Romer Paul Michael, "Endogenous Technological Change", *Journal of Political Economy*, Vol. 98, No. 5, 1990.

Rose Andrew K. and Wincoop Eric Van, "National Money as a Barrier to International Trade: The Real Case for Currency Union", *The American Economic Review*, Vol. 91, No. 2, 2001.

Salidjanova Nargiza, "Going Out: An Overview of China's Outward Foreign Direct Investment", *US-China Economic and Security Review Commission*, 2011.

Santos Manon Domingues Dos and Postel-Vinay Fabien, "Migration as a Source of Growth: The Perspective of a Developing Country", *Journal of Population Economics*, No. 16, 2003.

Saxenian AnnaLee, *Silicon Valley's New Immigrant Entrepreneurs*, San Francisco: Public Policy Institute of California, 1999.

Saxenian AnnaLee, "Brain Circulation: How High-Skill Immigration Makes Everyone Better Off", *The Bookings Review*, Vol. 20, No. 1, 2002.

Schumpeter J. A., *Capitalism, Socialism, and Democracy*, New York: Harper, 1950.

Sedgley Norman and Elmslie Bruce, "Do We Still Need Cities? Evidence on Rates of Innovation from Count Data Models of Metropolitan Statistical Area Patents", *American Journal of Economics and Sociology*, Vol. 70, No. 1, 2011.

She Qianru and Wotherspoon Terry, "International Student Mobility and

Highly Skilled Migration: A Comparative Study of Canada, the United States, and the United Kingdom", *Springer Plus*, Vol. 2, No. 132, 2013.

Solow Rolow M., "Technical Change and the Aggregate Production Function", *Review of Economics and Statistics*, Vol. 39, No. 2, 1957.

Stark Oded, et al., "A Brain Gain with a Brain Drain", *Economics Letters*, Vol. 55, No. 2, 1997.

Stuen Eric T., et al., "Skilled Immigration and Innovation: Evidence from Enrolment Fluctuations in us Doctoral Programmes", *The Economic Journal*, Vol. 122, No. 565, 2012.

Tung Rosalie L., "Brain Circulation, Diaspora, and International Competitiveness", *European Management Journal*, Vol. 26, No. 5, 2008.

Walz Uwe, "Innovation, Foreign Direct Investment and Growth", *Economica*, Vol. 64, No. 253, 1997.

Williams Allan M., "International Labour Migration and Tacit Knowledge Transactions: A Multi-Level Perspective", *Global Networks*, Vol. 7, No. 1, 2007.

Xu Chenggang, "The Fundamental Institutions of China's Reforms and Development", *Journal of Economic Literature*, Vol. 49, No. 4, 2011.

Yuan Lin and Pangarkar Nitin, "Inertia Versus Mimicry in Location Choices by Chinese Multinationals", *International Marketing Review*, Vol. 27, No. 3, 2010.

Zhang Xiaoxi and Daly Kevin, "The Determinants of China's Outward Foreign Direct Investment", *Emerging Markets Review*, Vol. 12, No. 4, 2011.

Zucker Lynne G. and Darby Michael R., "Star Scientists, Innovation and Regional and National Immigration", *National Bureau of Economic Research*, Working Paper No. 13547, 2007.

Østergaard Christian R., et al., "Does a Different View Create Something New? The Effect of Employee Diversity on Innovation", *Research Policy*, Vol. 40, No. 3, 2011.

后　记

　　自 2015 年开始攻读博士学位以来，本人从事国际留学生相关研究已有近 7 年的时间，但由于国家的高速发展以及国内国际环境的快速变化，仍然感觉自己有诸多方面需要不断学习和提升。在过去的 40 多年，海外留学生人数急剧上升，从 1975 年全球的 80 万人上升至 2017 年的 530 万人，增长了 5 倍多。在各类来华国际人才中，国际留学生也是中国吸引国际人才的重要群体。相关统计数据显示，1999 年，中国留学生总数为 4.47 万人，2010 年增长至 26.51 万人，2010 年 9 月，为进一步推动来华留学事业发展，教育部出台了《留学中国计划》，到 2018 年，国际留学生较 1999 年增长了 10 多倍，达到 49.22 万人。

　　本书尝试从来华留学的视角，对我国国际人才流入的现状进行分析，并在此基础上，依次检验国际人才流入对我国人力资本积累、外商直接投资以及对外直接投资的促进效应；通过实证分析深入探讨了国际人才流入对我国全要素生产率和城市创新能力的影响。总体来说，本书研究涉及教育经济学、劳动经济学、移民经济学以及宏观经济学等多个领域，尝试从多学科角度合理阐释国际人才流入对中国技术进步的影响，为国际人才流动研究构建了一个跨学科的理论框架，同时也为国家进一步吸引国际优质人才以及促进技术进步提供一定的政策参考与建议。

　　本书的整理和写作完成于 2022 年的暑假，整个过程需要投入大量的时间和精力，感谢我的先生谢坤，不仅在我写作期间义无反顾地承担起大量的家务，同时也在力所能及的范围内对本书的文字进行了校对和修改。我还要感谢我的父母，一直以来，我的爸爸妈妈都毫无保留地支持我学习和进步，无论是在经济上还是精神上，总是给予我充分的支持，让我在从事研究的同时从来没有任何后顾之忧。

在本书出版过程中，南京大学冒荣教授，中国社会科学出版社刘晓红老师给予了许多关心和支持。在此一并表示感谢！

本书的内容是本人近年来关于国际留学生及国际人才相关研究工作的一个总结，其中若存在不当和偏误之处，还望读者批评指正。

谷媛媛于江苏南京

2022 年 11 月 16 日